buchhalter training · Iris Thomsen

Die Autorin

Iris Thomsen ist Betriebswirtin mit jahrelanger Erfahrung in Steuerberaterkanzleien und Industriebetrieben. Sie betreut kleine und mittelständische Unternehmen, die ihre Buchführung selbst erledigen. Mit den täglichen Problemen, aber auch mit schwierigen Sachverhalten in der Buchführung ist sie deshalb bestens vertraut. Ihr Wissen gibt sie als Referentin sowie als Autorin zahlreicher Publikationen der Haufe Mediengruppe weiter.

Auf der Internetseite www.iris-thomsen.de finden Sie Änderungen bzw. Neuerungen zu Themen, die in diesem Buch beschrieben werden. Sie können auch gerne per E-Mail Fragen stellen oder Feedback geben.

buchhalter training

Iris Thomsen

Haufe Mediengruppe
Freiburg · Berlin · München

Bibliografische Information der Deutschen Nationalbibliothek

Die Deutsche Nationalbibliothek verzeichnet diese Publikation in der Deutschen Nationalbibliografie; detaillierte bibliografische Daten sind im Internet über http://dnb.ddb.de abrufbar.

ISBN: ISBN: 978-3-648-01254-3   Bestell-Nr. 01061-0002

2. Auflage 2011

© 2010, Haufe-Lexware GmbH & Co. KG, Munzinger Straße 9, 79111 Freiburg

Redaktionsanschrift: Fraunhoferstraße 5, 82152 Planegg/München
Telefon: (089) 895 17-0
Telefax: (089) 895 17-290
www.haufe.de
online@haufe.de
Produktmanagement: Steffen Kurth

Alle Rechte, auch die des auszugsweisen Nachdrucks, der fotomechanischen Wiedergabe (einschließlich Mikrokopie) sowie die Auswertung durch Datenbanken, vorbehalten.

Lektorat und Desktop-Publishing: Tina Braun, b-satz, Berlin
Umschlag: RED GmbH, Talangerstraße 3, 82152 Krailling/München
Druck: Schätzl Druck & Medien, Am Stillflecken 4, 86609 Donauwörth

Zur Herstellung dieses Buches wurde alterungsbeständiges Papier verwendet.

Vorwort

Diese Trainingsunterlage enthält Übungen, die teilweise aufeinander aufbauen. Um die einzelnen Ergebnisse getrennt von den anderen Übungen sichtbar zu machen, erfolgen die Eingaben eines Kapitels jeweils in einem bestimmten Monat. Achten Sie also bei der Auswahl Ihrer Berichte auf den richtigen Monat.

Gleich am Anfang wird eine neue Firma angelegt, in der Sie die Übungen durchführen sollten. Wählen Sie hier den Kontenplan SKR 03, stimmen auch die Kontonummern auf den Bildern mit Ihren Ergebnissen überein. Die Wahl der Gewinnermittlungsart, Einnahmen-Überschussrechnung oder Bilanzierung, können Sie frei wählen, da Sie immer einen Hinweis bekommen, wenn es Unterschiede gibt.

In einer Tabelle zeigen wir Ihnen vor jedem Kapitel, wenn bestimmte Einstellungen und Eingaben für die jeweiligen Übungen erforderlich sind. So können Sie einzelne Kapitel überspringen oder eine andere Reihenfolge bei Ihrem Training wählen.

Voraussetzungen für die Übungen		
Einstellungen	Was sollten Sie beachten?	
Hinweise zu den Eingaben		

Wer die Unterlage in der vorgegebenen Reihenfolge durcharbeitet, kann diese Übersicht jeweils überspringen. Bezüglich der verschiedenen Programmversionen ist Folgendes zu beachten:

Grundsätzlich können Sie die Übungen in allen Programmversionen durchführen. Lediglich die beiden Kapitel „Firma anlegen im Programm" und „Jahresabschluss mit dem Programm" bilden eine Ausnahme. Hier müssen Sie sich nur das Kapitel für Ihre Programmversion, standard und plus oder pro und premium, heraussuchen.

Iris Thomsen

Inhaltsverzeichnis

Ist Ihre Software aktuell? Sind Ihre Daten sicher?   13
    Ist das Service Center aktiviert?   14
    Hat Ihr Computer keinen Internetanschluss?   15
    Sicherung – Welche Daten werden gesichert?   17
    Rücksicherung – Wann ist das notwendig?   19
    Datenexport – Welche Daten werden gesichert?   19
    Was ist beim Datenimport zu beachten?   21

Die Firma anlegen (buchhalter standard und plus)   23
    Firmendaten anlegen   24
    Welche Gewinnermittlungsart wenden Sie an?   25
    Welches ist Ihr erstes Buchungsjahr?   26
    Mit welchem Kontenrahmen arbeiten Sie?   27
    Unterliegen Sie der Soll- oder der Ist-Versteuerung?   28
    Angaben des Finanzamts   29
    Belegnummernkreise und DATEV-Unterstützung   29
    Die Firmenangaben ändern und ergänzen   31

Die Firma anlegen (buchhalter pro und premium)   33
    Firmendaten anlegen   34
    Angaben des Finanzamts   35
    Mit welchem Kontenrahmen arbeiten Sie?   36
    Das Wirtschaftsjahr, Perioden und DATEV-Unterstützung   37
    Welches ist Ihr erstes Buchungsjahr?   39
    Welche Gewinnermittlungsart wenden Sie an?   40
    Soll- oder Ist-Versteuerung und Belegnummernkreise   41
    Firmenstammdaten nachträglich ändern und ergänzen   42

Die Buchungsarten Stapel oder Dialog und die Buchungsmasken   45
    Stapelbuchungen und Dialogbuchungen ändern   46
    Wo finden Sie welche Buchung nach der Eingabe?   47
    Einnahmen/Ausgaben in den Stapel für Kasse und Bank   50
    Was bietet die Schnellbuchungsmaske?   51

Inhaltsverzeichnis

Arbeiten mit mehreren Stapeln	53
Arbeiten mit Belegdatum und Buchungsperioden	54
Hinweis zur Handels- und Steuerbilanz	54
Arbeiten mit Belegnummern und Buchungsvorlagen	**57**
Belegnummernkreise anlegen	58
Belegnummernkreise verwenden	60
Buchungsvorlagen anlegen	60
Buchungsvorlagen verwenden	63
Ihre Programmeinstellungen	**65**
Die allgemeinen Einstellungen überprüfen	66
Ihre Buchungsmasken einrichten	67
Weitere Einstellungen in den Versionen pro und premium	68
Auswahl der Menüpunkte	69
Die Eröffnungswerte im ersten Jahr erfassen	**71**
Welche Anfangsbestände werden wann erfasst?	72
Belegnummernkreis für Anfangsbestände	73
Anfangsbestände von Kasse und Bank erfassen	73
Eröffnungsbilanz vervollständigen wenn die Vorjahresbilanz vorliegt	75
Vorteile von Debitoren und Kreditoren	77
Ihr Unternehmen wurde gerade erst gegründet	79
Bisher wurde mit einer anderen Software gearbeitet	79
Kassenbelege schnell und effektiv erfassen	**81**
Belegnummernkreis für Kassenbelege	82
Anfangsbestand kontrollieren	82
Kontensuche während der Eingabe	84
Kontrolle des Steuersatzes	85
Vorlagen beim Buchen anlegen	87
Buchungsvorlagen verwenden	88
Ihre Buchungen sind noch im Stapel	90
Ihre Buchungen sind im Journal	91
Wie wird der Kontenplan optimal genutzt?	**93**
Konten finden im Kontenplan	94
Konten finden in der Buchungsmaske	95

Inhaltsverzeichnis

Die verschiedenen Kontenkategorien	96
Die Kontenbezeichnung anpassen	97
Einstellungen zur Umsatzsteuer	98
Einstellungen zur Gewinnermittlung	100
Konten neu anlegen durch kopieren	101
Die individuelle Kontenübersicht einrichten	102

Debitoren anlegen und Kundenrechnungen erfassen — 105

Die Vorteile von Debitorenkonten	106
Für welchen Kunden lohnt es sich ein Debitorenkonto anzulegen?	106
Notwendige Eingaben für die Buchführung	107
Angaben für das Mahnwesen und den Zahlungsverkehr	109
Belegnummernkreis für Rechnungen	110
Anfangsbestände von Debitorenkonten erfassen	111
Kundenrechnungen erfassen	113
OP-Debitoren und Debitorenkonten ansehen	114

Kreditoren anlegen und Eingangsrechnungen erfassen — 117

Die Vorteile von Kreditorenkonten	118
Für welchen Lieferanten lohnt es sich ein Kreditorenkonto anzulegen?	118
Notwendige Eingaben für die Buchführung	119
Angaben für den Zahlungsverkehr	121
Belegnummernkreis für Rechnungen	122
Anfangsbestände von Kreditorenkonten erfassen	123
Eingangsrechnungen erfassen	125
OP-Kreditoren und Kreditorenkonto ansehen	126

Kontoauszüge – Zahlungen von Debitoren und an Kreditoren — 129

Belegnummernkreis für Kontoauszüge	130
Anfangsbestand kontrollieren	130
Die offenen Posten ansehen	131
Geldeingang über das Feld OP	132
Keine Steuer bei Zahlungen	134
Teilzahlungen buchen	134
Zahlung mehrerer Rechnungen	135
Zahlungen mit Skontoabzug	136
OP-Listen ansehen	138

Kontoauszüge – sonstige Geldeingänge und Zahlungen	141
Buchungsmaske für Finanzkonten	142
Kontensuche während der Eingabe	143
Geldeingänge und die Umsatzsteuer	144
Zahlungen und die Vorsteuer	144
Buchungsvorlagen anlegen	146
Buchungsvorlagen verwenden	147
Das Journal und die Konten	148
Die Summen- und Saldenliste	150
Splittbuchungen und die Nettobetragserfassung	151
Positionen des Kontoauszugs erfassen	152
Splittbuchung als Buchungsvorlagen anlegen	154
Rechnungen erfassen	156
Buchungen mit Nettobetragserfassung	157
Die wichtigsten Berichte im laufenden Jahr	159
Ihre Buchungen	160
Listeneinstellungen am Bildschirm	161
Die richtigen Berichtseinstellungen	163
Die Exportmöglichkeiten	164
Die Werte in der Umsatzsteuer-Voranmeldung	166
Die Umsatzsteuer-Voranmeldung mit Elster übermitteln	166
Bilanz mit Gewinn- und Verlustrechnung	167
Hinweis zur Handels- und Steuerbilanz	168
Einnahmen-Überschussrechnung	169
Was ist beim Jahreswechsel zu beachten? (buchhalter standard und plus)	171
Ein neues Buchungsjahr anlegen	172
Ein Blick auf Ihre Vorjahresbestände	173
Hinweis zur Offenen-Posten-Liste und sonstigen Berichten	175
Anfangsbestände von Kasse und Bank erfassen	175
Hinweis zur Einnahmen-Überschussrechnung	177
Mit dem technischen Jahresabschluss die Anfangsbestände übertragen	177
Technischen Jahresabschluss aufheben	181
Monat abschließen und wieder öffnen	181

Inhaltsverzeichnis

Was ist beim Jahreswechsel zu beachten? (buchhalter pro und premium)	183
Ihre Vorjahresbestände	184
Hinweis zur Saldenübernahme	186
Buchungsjahr anlegen und Saldenvortrag aktivieren	187
Saldenvortrag einstellen und Salden übertragen	188
Hinweis zur Einnahmen-Überschussrechnung	191
Restliche Anfangsbestände übertragen durch Vortragsaktualisierung	191
Technischer Jahresabschluss	192
Periode abschließen und wieder öffnen	193
Ihre Buchungen mit der DATEV-Schnittstelle exportieren	195
Die DATEV Schnittstelle einrichten	196
Ein Blick auf Ihre Buchungen	197
Die beiden Exportmöglichkeiten	198
Mehr zu den DATEV-Angaben	199
Debitoren- und Kreditorenkonten exportieren	201
Ihre Buchungen exportieren	203
Die Konten für den Steuerberater hinterlegen	204
Die Buchungen mit dieser Funktion exportieren	205
Hinweis zu den DATEV-Steuerschlüsseln	205
Das Mahnwesen nutzen	207
Die Angaben im Debitorenkonto prüfen	208
Die Offene-Posten-Liste prüfen	210
Mahnfristen in den Firmenstammdaten hinterlegen	211
Ihre Bankverbindung hinterlegen	213
Die fälligen Rechnungen auswählen	213
Die Mahnschreiben erstellen	215
Das Mahnschreiben anpassen	217
Die Mahnstufe setzen	218
Den Zahlungsverkehr erledigen	219
Die Angaben in den Personenkonten prüfen	220
Die Offene-Posten-Liste prüfen	221
Ihre Bankverbindung hinterlegen	223
Programmeinstellungen	224
Die fälligen Rechnungen bezahlen	226

Gelder von Kunden einziehen	227
Die Zahlungen automatisch verbuchen	228
Den Kontoauszug nach der Verbuchung erfassen	229

Stichwortverzeichnis 231

Ist Ihre Software aktuell?
Sind Ihre Daten sicher?

Ihre Programmversion sollte immer auf dem aktuellsten Stand sein, nutzen Sie neben den jährlichen Updates die kostenlose Internetaktualisierung. Außerdem sollten Sie Ihre Daten regelmäßig sichern. Über welche Funktionen Sie welche Daten sichern, erfahren Sie hier.

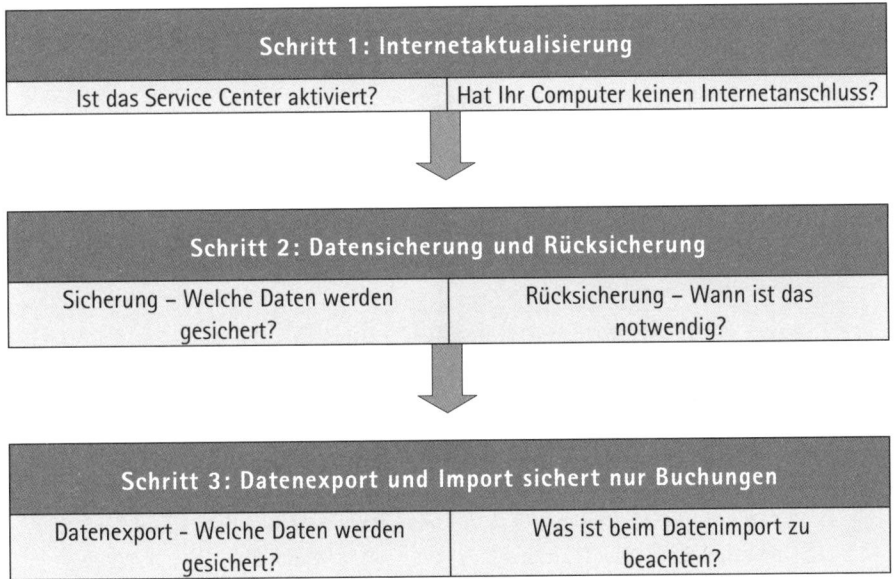

Ist Ihre Software aktuell? Sind Ihre Daten sicher?

→ Schritt 1: Internetaktualisierung

Selbst wenn die Software installiert wurde bzw. das neueste Update aufgespielt ist, arbeitet Lexware an der aktuellen Programmversion weiter. Sobald es Programmverbesserungen gibt oder Anpassungen aufgrund gesetzlicher Änderungen erforderlich sind, bietet Ihnen Lexware kostenlose Service Packs. Um Sie über Neuerungen zu informieren hat Lexware ein **Service Center** eingerichtet.

Ist das Service Center aktiviert?

Ist Ihr Computer am Internet angeschlossen und ist das Service Center aktiviert, finden Sie in Ihrer Taskleiste eine kleine grüne Weltkugel.

Abb. 1: **Ist die Funktion Lexware Info Service aktiviert?** *Wenn ja, sehen Sie in der Taskleiste eine grüne Weltkugel.*

Mit einem Doppelklick auf diese Kugel öffnen Sie das Service Center. Fehlt das Symbol, können Sie das Service Center auch im Menü ? → **Lexware Info Service** → öffnen.

Schritt 1: Internetaktualisierung

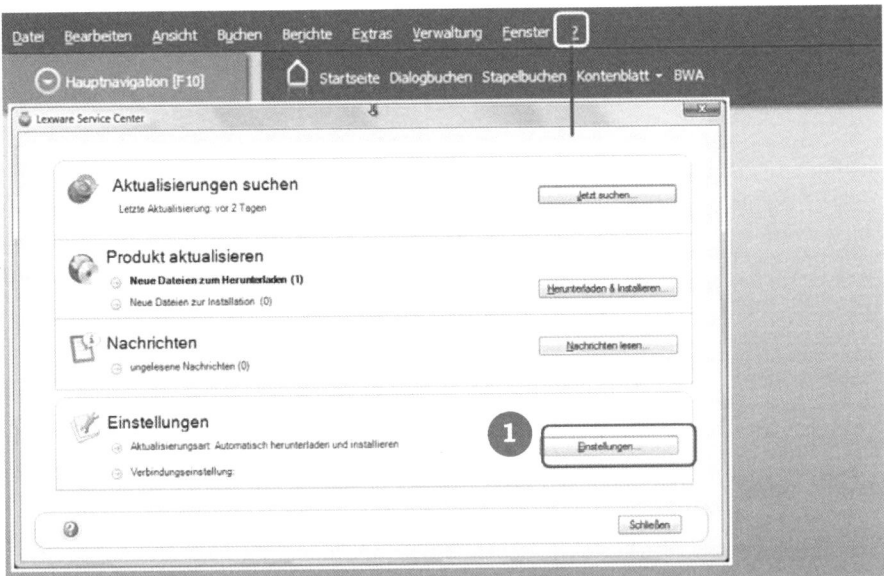

Abb. 2: **Lexware Info Service manuell aktivieren:** *Klicken Sie im Menü ? auf Lexware Info Service, öffnet sich dieses Fenster. Unter* **Einstellungen** ❶ *können Sie das Service Center aktivieren.*

Hier sehen Sie, wann das Programm zuletzt nach Aktualisierungen gesucht hat und ob es Neuigkeiten gibt.

Unter **Einstellungen** können Sie das Service Center aktivieren. In der Regel ist das Service Center nicht nur aktiviert, es ist auch so eingestellt, dass die Aktualisierungen automatisch gesucht, heruntergeladen und installiert werden. Diese Einstellungen können Sie jederzeit ändern und an Ihre Bedürfnisse anpassen. Vielleicht möchten Sie ja nur informiert werden und die Dateien selbst herunterladen und installieren.

Die Programmversionen Lexware buchhalter pro und premium sind netzwerkfähig, d.h. mehrere Benutzer können mit der Software arbeiten. In diesem Fall sollte nur im Rechner des Administrators die Standardeinstellung beibehalten werden. Bei allen anderen Computern genügt die Information, dass eine Aktualisierung vorliegt. So kann der Administrator die Installationen auf den Rechnern richtig verwalten.

Hat Ihr Computer keinen Internetanschluss?

Die Internetaktualisierung können Sie auch über einen anderen Rechner ausführen. Öffnen Sie dazu im Internet die Seite **www.lexware.de.** Hier wählen Sie unter **Sup-**

Ist Ihre Software aktuell? Sind Ihre Daten sicher?

port Ihr Programm sowie die Versionsnummer aus, klicken links unter **Übersicht** auf den Eintrag **Service-Packs** und wählen dort die gewünschte Aktualisierung aus. Und schon steht Ihr Service Pack zum Download bereit.

> **Tipp**
> Die Versionsnummer Ihres Programms finden Sie im Menü ? → **Info**.

Jetzt ist die Datei nur noch über eine CD oder einen USB-Stick zu sichern und auf Ihrem Rechner zu installieren.

Übung
Überprüfen Sie Ihre Einstellungen im Modul **Lexware Info Service**.

Lösung
Klicken Sie auf die grüne Weltkugel in Ihrer Taskleiste oder wählen Sie im Menü ? die Funktion **Lexware Info Service**. Ist das Fenster geöffnet, finden Sie ganz unten den Button **Einstellungen**. Wenn Sie hier klicken öffnet sich folgendes Fenster:

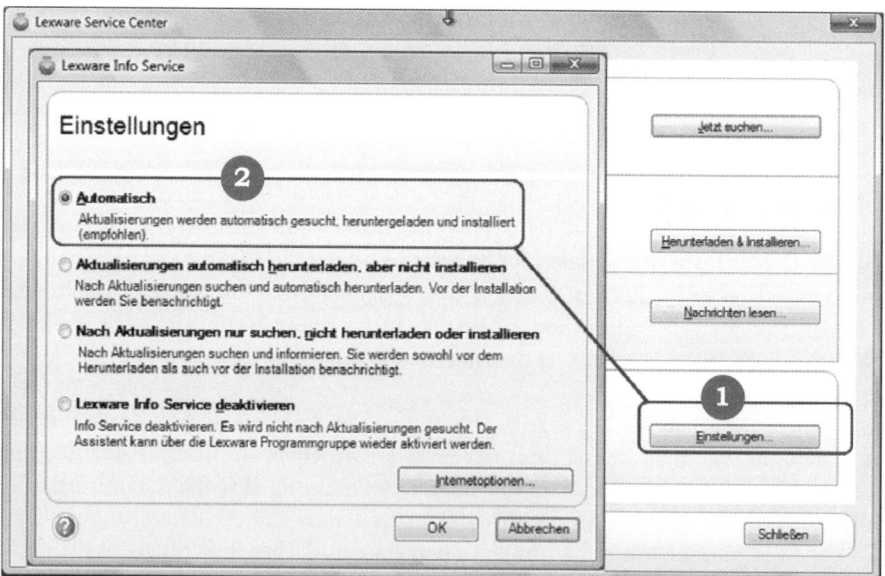

Abb. 3: *Einstellungen im Lexware Info Service: Ist das Service Center geöffnet, können Sie zum Beispiel unter* **Einstellungen** ❶ *die Auswahl „Automatisch"* ❷ *wählen.*

→ Schritt 2: Datensicherung und Rücksicherung

Klicken Sie nach der Erfassung von Einstellungen auf **Speichern** oder in den Eingabemasken auf **Buchen** sind die Daten auf Ihrem Computer gespeichert. Aber wie sicher ist Ihr Computer? Eine Datensicherung ist eigentlich nur erforderlich für den Notfall, wie z.B. Festplattendefekt oder Diebstahl. Zu Ihrer eigenen Sicherheit empfehlen wir Ihnen, die Datensicherung täglich bzw. nach jedem Arbeitstag im Programm durchzuführen und auf einem externen Datenträger zu speichern.

> **Tipp**
> Lassen Sie sich vom Programm an die Datensicherung erinnern. Unter **Extras → Optionen → Allgemein** können Sie das entsprechend einstellen.

Sicherung – Welche Daten werden gesichert?

Mit dem Lexware buchhalter können Sie die Buchführung für mehrere Firmen erledigen. Außerdem verwalten Sie im Laufe der Jahre in jeder Firma mehrere Buchungsjahre. Hier stellt sich die Frage, wie oft die Datensicherung durchzuführen ist bis alle Daten gesichert sind. Nur einmal, lautet die Antwort. Eine Datensicherung sichert die Daten und Buchungen aller Firmen und aller Jahre in einem Schritt. Ganz gleich, von welcher Firma und welchem Buchungsjahr Sie diese Funktion starten.

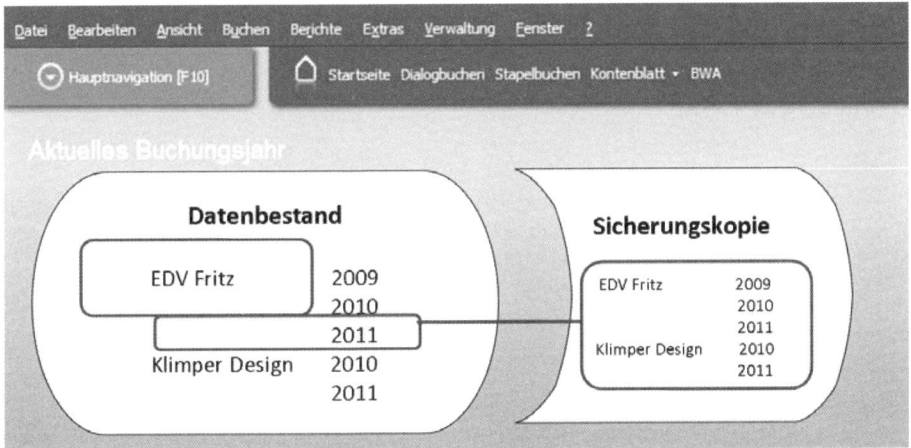

Abb. 4: ***Welche Daten sichert eine Datensicherung?*** *Wenn Sie sich in der Firma EDV Fritz im Jahr 2011 befinden und die Datensicherung starten, werden in einem Schritt die Daten aller Firmen mit allen Buchungsjahren gesichert.*

Im Programm unter **Datei → Datensicherung** starten Sie die Sicherung. Ein Assistent führt Sie, wobei die zweite Seite die Wichtigste ist. Hier legen Sie den Ort fest, an dem die Daten gesichert werden sollen.

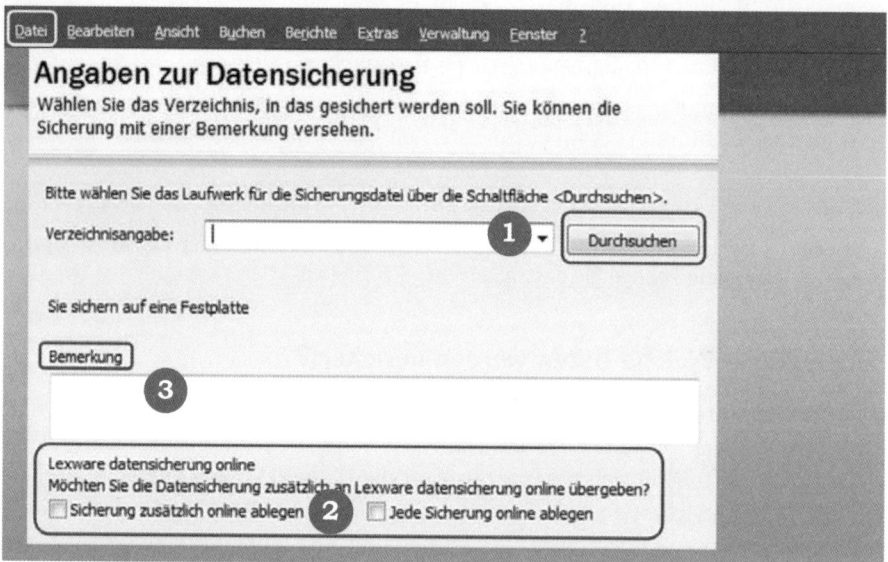

Abb. 5: *Datensicherung durchführen:* In diesem Fenster wählen Sie unter **Durchsuchen** ❶ den Speicherort aus. Nutzen Sie die neue Online-Datensicherung von Lexware, gibt es unten zwei Auswahlpunkte ❷. Im Feld Bemerkungen ❸ können Sie Notizen zur Datensicherung hinterlegen.

Mit einem Klick auf **Durchsuchen** können Sie den gewünschten Speicherort auswählen. Lexware vergibt den Dateinamen selbst, und zwar für jede Datensicherung einen unverwechselbaren Namen. Der Dateiname enthält neben dem Programmkürzel das Datum und die Uhrzeit mit Sekundenangabe.

> **Tipp**
>
> Da Sie keinen Einfluss auf den Dateinamen haben, bietet sich das Feld **Bemerkungen** an. Hier können Sie persönliche Notizen eintragen, um bei einer späteren Rücksicherung die Datei besser wiederzuerkennen.

Seit der Version 2011 besteht die Möglichkeit, die Datensicherung in einem Rechenzentrum von Lexware online abzulegen. Mehr zu der Vorgehensweise und zu den Preisen finden Sie im Menü **? → Lexware Service Center.**

Ist der Speicherort gewählt, können Sie nach dem Klick auf **Weiter** die Sicherung starten.

Rücksicherung – Wann ist das notwendig?

Die Datenrücksicherung soll Ihren alten Datenbestand wieder herstellen, falls Ihrem Neuen etwas passiert ist. In diesem Fall werden alle Daten Ihres Programms mit den Daten der Sicherung überschrieben.

Die Datenrücksicherung starten Sie über das Menü **Datei → Datensicherung → Rücksicherung.** Auch hier leitet Sie die Software, Sie müssen nur noch die richtige Datei auswählen und schon wird die entsprechende Datensicherung eingespielt.

> **Tipp**
>
> In den Programmversionen pro und premium gibt es die Möglichkeit der Firmensicherung. Hier können Sie tatsächlich nur die Daten von einer Firma sichern und bei einer Firmenrücksicherung im gleichen Programm bringen Sie nur die Daten dieser einen Firma wieder auf den alten Stand.

→ Schritt 3: Datenexport und Import sichert nur Buchungen

Möchten Sie Ihre Buchführung vom Steuerberater kontrollieren lassen oder ist es schon so weit, dass er den Jahresabschluss machen soll? Dann braucht er Ihre Buchführungsdaten. Für diesen Fall bietet sich der Datenexport an.

Datenexport – Welche Daten werden gesichert?

Im Gegensatz zur Datensicherung sichern Sie beim Datenexport lediglich Ihre Buchungen und zwar von jeweils einer Firma nur einen bestimmten Zeitraum. Sie öffnen das gewünschte Buchungsjahr der Firma und starten den Export. Möchten Sie mehrere Jahre exportieren, müssen Sie den Export wiederholen.

Das Programm bietet mehrere Exportmöglichkeiten an. Beim klassischen Datenexport werden alle Buchungssätze in einer bestimmten Reihenfolge in eine Tabelle geschrieben. Und beim Datenimport ist dann Schritt für Schritt zu bestimmen, in welcher Spalte was steht.

Beim „DATEV-Export" ist die Reihenfolge eindeutig festgelegt. So können die Daten von allen Programmen mit einer DATEV-Schnittstelle ganz einfach gelesen werden.

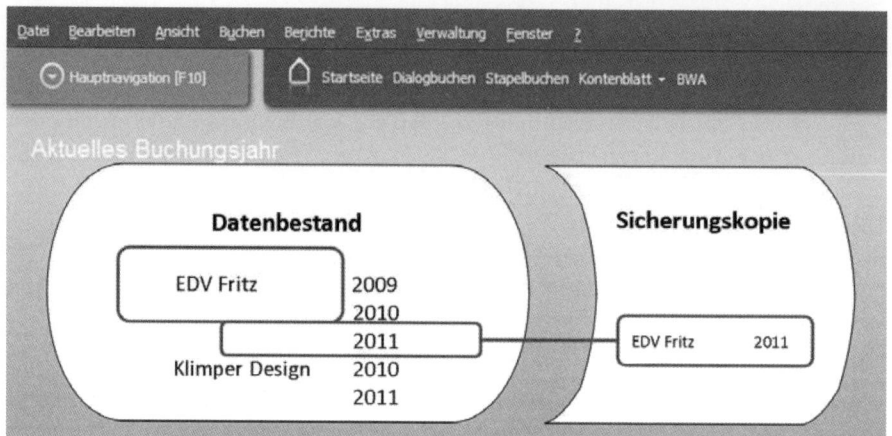

Abb. 6:   **Welche Daten sichert ein Datenexport?** *Wenn Sie sich in der Firma EDV Fritz im Jahr 2011 befinden und den Datenexport starten, werden nur die Buchungen aus dem Jahr 2011 kopiert bzw. exportiert.*

Im Menü **Datei** unter **Export → DATEV** oder **DATEV-Schnittstelle → Export** exportieren Sie die Buchungsdaten der geöffneten Firma. Sie wählen den Zeitraum aus, einen Monat, ein Quartal oder das ganze Wirtschaftsjahr.

Tipp

Fehlt der Menüpunkt, müssen Sie die DATEV-Unterstützung unter **Bearbeiten → Firmenangaben** aktivieren. Führt auch das nicht zum Erfolg, müssen Sie den Menüpunkt unter **Verwaltung → Konfigurationsassistent → Einstellungen → Datei** einschalten.

Ein Assistent führt Sie durch die einzelnen Schritte. Im Fenster **Auswahl** markieren Sie **Buchungsdaten** und wählen über den Klick auf **Durchsuchen** den gewünschten Speicherort aus.

Tipp

Beachten Sie bitte auch die **Hilfe**, die Ihnen hier zur Verfügung steht. Die Hilfe des Programms bietet Ihnen zunächst nur die Informationen, die Sie für die aufgerufene Funktion benötigen.

Schritt 3: Datenexport und Import sichert nur Buchungen

Durch den „DATEV-Export" werden zwei Dateien erstellt, und beide Dateien benötigt Ihr Steuerberater zum Einlesen der Daten. Vergessen Sie nicht zu kontrollieren, ob alle Daten vollständig übermittelt wurden. Zusätzlich zu den beiden Exportdateien sollten Sie Ihrem Steuerberater eine aktuelle Summen- und Saldenliste mitgeben. Nur so hat er die Möglichkeit den Datenexport zu kontrollieren. Diese Liste können Sie unter **Berichte** drucken oder als pdf speichern. Hier handelt es sich um eine Übersicht über alle bebuchten Konten. Nachdem er Ihre Buchführungsdaten in seine Software eingespielt hat, kann er sich ebenfalls eine Summen- und Saldenliste drucken und die beiden Listen miteinander vergleichen. Erst dann kann er sicher sein, dass er alle Daten erhalten hat.

Das Gleiche gilt für den Datenimport. In diesem Fall sollten Sie die letzte Summen- und Saldenliste Ihres Steuerberaters anfordern und mit der Liste des Lexware buchhalters vergleichen.

Was ist beim Datenimport zu beachten?

Hat der Steuerberater Ihre Buchführungsdaten kontrolliert und Umbuchungen vorgenommen oder hat er sogar die Abschlussbuchungen erledigt, fehlen diese Buchungen in Ihrem Programm. Er kann Ihnen nun eine Umbuchungsliste schicken, die Sie manuell erfassen, oder er kann Ihnen die Daten elektronisch zum Beispiel über die „DATEV-Schnittstelle" übermitteln.

Im Menü **Datei** unter **Import** → **DATEV** oder **DATEV-Schnittstelle** → **Import** importieren Sie die Daten in das entsprechende Buchungsjahr der geöffneten Firma.

> **Achtung**
> Achten Sie darauf, dass Ihr Steuerberater Ihnen tatsächlich nur seine Umbuchungen übermittelt, denn Ihre Buchführungsdaten sind in der Software ja schon vorhanden.

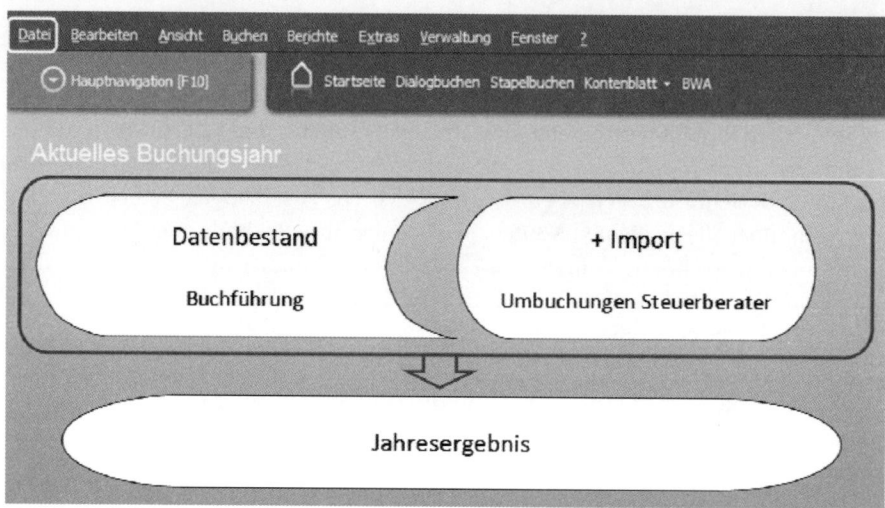

Abb. 7: **Welche Daten sollten Sie importieren?** Haben Sie Ihre Buchführungsdaten zuvor an Ihren Steuerberater exportiert und hat er den Jahresabschluss in seinem Programm fertig gestellt, dürfen Sie nur die Umbuchungen des Steuerberaters importieren.

Sowie der Import abgeschlossen ist, finden Sie die Umbuchungen Ihres Steuerberaters unter **Ansicht →Buchungsstapel.**

Die Firma anlegen
(buchhalter standard und plus)

Sie können im Programm mehrere Firmen anlegen und auch ganz leicht wieder löschen. Doch bevor Sie mit der eigentlichen Buchführung beginnen, müssen die Firmenstammdaten stimmen. Einige Daten, wenn auch nur wenige, lassen sich tatsächlich später nicht mehr ändern. Gleichzeitig genügen nur wenige Angaben, um mit der Buchführung starten zu können.

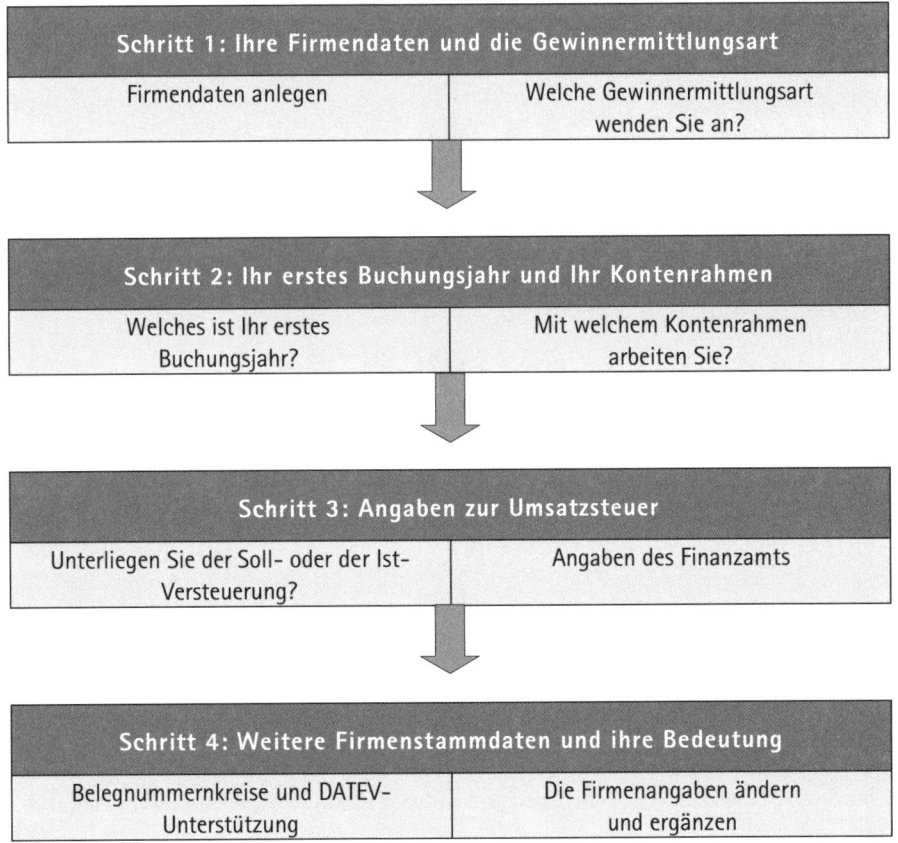

Schritt 1: Ihre Firmendaten und die Gewinnermittlungsart	
Firmendaten anlegen	Welche Gewinnermittlungsart wenden Sie an?

Schritt 2: Ihr erstes Buchungsjahr und Ihr Kontenrahmen	
Welches ist Ihr erstes Buchungsjahr?	Mit welchem Kontenrahmen arbeiten Sie?

Schritt 3: Angaben zur Umsatzsteuer	
Unterliegen Sie der Soll- oder der Ist-Versteuerung?	Angaben des Finanzamts

Schritt 4: Weitere Firmenstammdaten und ihre Bedeutung	
Belegnummernkreise und DATEV-Unterstützung	Die Firmenangaben ändern und ergänzen

Die Firma anlegen (buchhalter standard und plus)

Voraussetzungen für die Übungen	
Einstellungen	Um im Programm eine neue Firma anzulegen, brauchen Sie eine Berechtigung. Sollten Sie keine solche Berechtigung haben, können Sie die Software auf einem anderen Computer installieren ohne sie zu aktivieren. So können Sie auf diesem Rechner 30 Tage in einer Demoversion arbeiten.

→ Schritt 1: Ihre Firmendaten und die Gewinnermittlungsart

Firmendaten anlegen

Im Menü **Datei** → **Firma neu** legen Sie Ihr Unternehmen im Programm an. Hier werden Angaben wie Name und Adresse eingetragen.

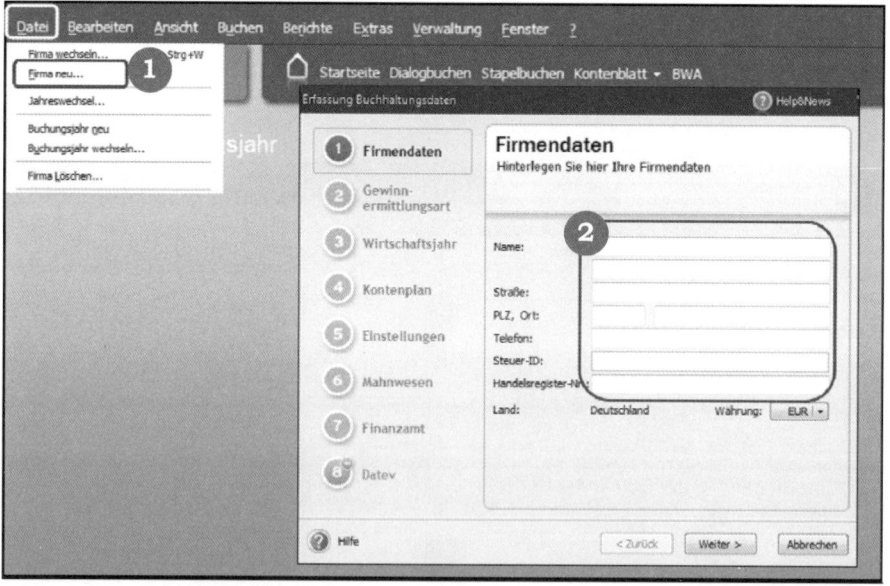

Abb. 1: ***Ihr Unternehmen anlegen:*** *Wählen Sie im Menü* ***Datei*** → ***Firma neu*** ❶ *öffnet sich dieses Fenster. Hier geben Sie unter anderem den Namen und die Adresse* ❷ *des Unternehmens ein.*

Eine Steuer ID für das Unternehmen gibt es noch nicht, daher bleibt dieses Feld leer.

> **Tipp**
> Bis auf den Namen Ihres Unternehmens können Sie alle Daten auch später noch ergänzen.

Schritt 1: Ihre Firmendaten und die Gewinnermittlungsart

Welche Gewinnermittlungsart wenden Sie an?

Es gibt zwei verschiedene Gewinnermittlungsarten, die Bilanz mit Gewinn- und Verlustrechnung, auch genannt Betriebsvermögensvergleich, sowie die Einnahmen-Überschussrechnung. Nur eine kann auf Ihr Unternehmen zutreffen und nur eine können Sie im Programm auswählen. Wer macht was?

Bilanz mit Gewinn- und Verlustrechnung	Einnahmen-Überschussrechnung
Alle Kapitalgesellschaften (GmbH, AG, Ltd.)	Alle Freiberufler
Alle Unternehmen, die im Handelsregister eingetragen sind (außer ggf. Einzelfirmen)	Im Handelsregister eingetragene Einzelfirmen, die in zwei aufeinander folgenden Geschäftsjahren diese Grenzen nicht übersteigen: Umsatz 500.000 Euro und Gewinn 50.000 Euro
Unternehmen, die nicht im Handelsregister eingetragen sind sowie Vereine, die eine dieser Grenzen übersteigen: Umsatz 500.000 Euro oder Gewinn 50.000 Euro	Unternehmen, die nicht im Handelsregister eingetragen sind und keine dieser Grenzen übersteigen: Umsatz 500.000 Euro oder Gewinn 50.000 Euro

Sind Sie sich nicht sicher, welche Gewinnermittlungsart auf Ihr Unternehmen zutrifft, finden Sie an dieser Stelle in der Software unter **Help & News** weitere Hinweise.

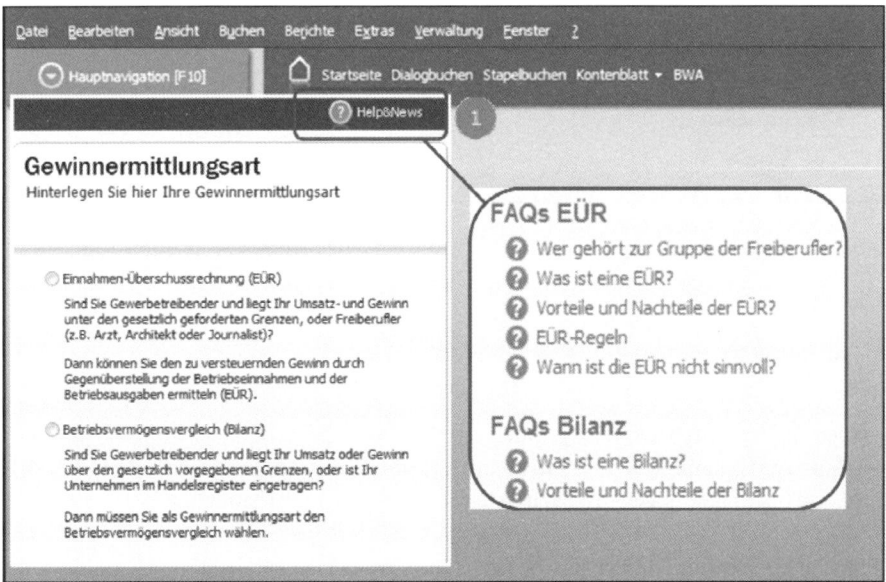

Abb. 2: ***Wahl der Gewinnermittlungsart:*** *Hier müssen Sie sich entscheiden. Muss Ihr Unternehmen eine Einnahmen-Überschussrechnung oder eine Bilanz erstellen? Unter* **Help & News** ❶ *erhalten Sie dazu Informationen.*

Die Firma anlegen (buchhalter standard und plus)

Achtung
Die Gewinnermittlungsart kann später nicht mehr geändert werden. Im Zweifelsfalle sollten Sie unbedingt Ihren Steuerberater fragen.

→ Schritt 2: Ihr erstes Buchungsjahr und Ihr Kontenrahmen

Welches ist Ihr erstes Buchungsjahr?

Bei der Firmenanlage müssen Sie sich entscheiden, welches Jahr Ihr **erstes Buchungsjahr** sein wird. Von da an können Sie nur noch Folgejahre anlegen.

Abb. 3: **Angaben zum Wirtschaftsjahr:** Tragen Sie hier Ihr erstes Buchungsjahr ein ❶. Nur wenn Sie ein abweichendes Wirtschaftsjahr ❷ beim Finanzamt beantragt haben, müssen Sie hier unter Beginn des Wirtschaftsjahres einen anderen Monat als Januar hinterlegen.

Haben Sie Ihr Unternehmen gerade erst gegründet, zum Beispiel im März des laufenden Jahres, handelt es sich nicht um ein abweichendes Wirtschaftsjahr. Für den Lexware buchhalter startet Ihr Wirtschaftsjahr trotzdem im Januar.

Bilanzieren Sie und haben Sie beim Finanzamt ein abweichendes Wirtschaftsjahr beantragt, müssen Sie hier **abweichendes Wirtschaftsjahr** wählen. Nur dann beginnt das Wirtschaftsjahr nicht im Januar.

Schritt 2: Ihr erstes Buchungsjahr und Ihr Kontenrahmen

> **Achtung**
> Das erste Buchungsjahr kann später nicht mehr geändert werden. Sind Sie sich nicht sicher, ob Sie vielleicht die Buchführung für das Vorjahr doch noch nachholen möchten, sollten Sie zur Sicherheit das Vorjahr als erstes Buchungsjahr anlegen. Nur so haben Sie später die Wahl, entweder mit dem aktuellen Jahr oder dem Vorjahr zu beginnen.

Mit welchem Kontenrahmen arbeiten Sie?

Das Programm bietet Ihnen mehrere Standardkontenrahmen zur Auswahl. Erledigen Sie die Buchführung sowie den Jahresabschluss selbst, können Sie sich frei für einen Kontenrahmen entscheiden. Arbeiten Sie allerdings mit einem Steuerberater zusammen, sollten Sie den gleichen Kontenrahmen verwenden wie er. Nur dann sprechen Sie über die gleichen Kontonummern, was Ihnen das folgende Beispiel zeigt.

Die gängigsten Kontenrahmen heißen zum Beispiel SKR 03 und SKR 04. Sie verwenden für die gleichen Konten unterschiedliche Nummern.

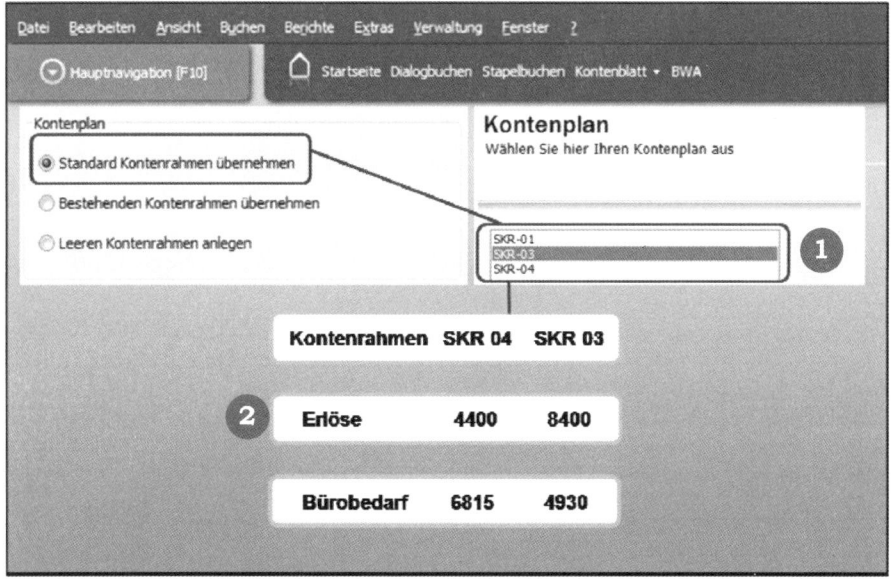

Abb. 4: **Auswahl des Kontenrahmens:** *Die Standardkontenrahmen SKR 03 und SKR 04* ❶ *beinhalten beide die gleichen Konten, sie verwenden nur andere Nummern. So ist die Nummer des Kontos „Erlöse"* ❷ *im SKR 04 die „4400" und im SKR 03 die „8400".*

> **Beispiel**
> Sie rufen beim Steuerberater an und fragen auf welches Konto Kopierpapier zu buchen ist. Nutzt er den Kontenrahmen SKR 03 wird er Ihnen das Konto „4930 Bürobedarf" empfehlen. Hilft Ihnen diese Antwort, wenn Sie den Kontenrahmen SKR 04 verwenden?

Sprechen Sie sich unbedingt mit Ihrem Steuerberater ab, das spart viel Zeit. Vor allem dann, wenn Sie ihm am Jahresende die Buchführungsdaten übermitteln möchten.

→ Schritt 3: Angaben zur Umsatzsteuer

Stellen Sie Ihren Kunden Umsatzsteuer in Rechnung? Sind Sie zum Vorsteuerabzug berechtigt? Wenn ja, wählen Sie hier die **Umsatzsteuerpflicht** aus. So wird die Software beim Buchen die Umsatzsteuer aus den Bruttobeträgen herausrechnen und auf gesonderten Konten sammeln. Auf Knopfdruck erhalten Sie dann Ihre Umsatzsteuer-Voranmeldung.

Unterliegen Sie der Soll- oder der Ist-Versteuerung?

Hier geht es darum, zu welchem Zeitpunkt Sie die Umsatzsteuer, die Sie Ihrem Kunden in Rechnung gestellt haben, an das Finanzamt abführen müssen.

- Bei Abschluss des Auftrags = Soll-Versteuerung
- Bei Geldeingang = Ist-Versteuerung

Die Ist-Versteuerung dürfen Freiberufler anwenden sowie alle anderen Unternehmen mit einem Vorjahresumsatz unter 500.000 Euro. Die Ist-Versteuerung muss beim Finanzamt beantragt werden. Besteht also **Umsatzsteuerpflicht** müssen Sie hier die **Soll- oder die Ist-Versteuerung** auswählen.

> **Achtung**
> Fragen Sie ggf. Ihren Steuerberater oder das Finanzamt, denn das Gewählte können Sie nur in den Monaten ändern, in denen Sie noch nicht gebucht haben. In der Regel findet der Wechsel der Besteuerungsarten zu Beginn des Jahres statt. In diesem Fall sollten Sie direkt nach der Anlage des neuen Buchungsjahres die Umstellung vornehmen.

Wechselt Ihr Unternehmen im laufenden Jahr von der Soll- zur Ist-Versteuerung oder umgekehrt, müssen Sie im Menü **Bearbeiten** die Firmeneinstellungen zur Soll- und Ist-Versteuerung ändern. Sowie Sie die andere Besteuerungsart gewählt haben, müssen Sie das Datum des Wechsel angeben. Dazu teilt Ihnen das Programm mit, ab welchem Monat das frühestens möglich ist, bzw. bis zu welchem Datum bisher gebucht wurde.

Schritt 4: Weitere Firmenstammdaten und ihre Bedeutung

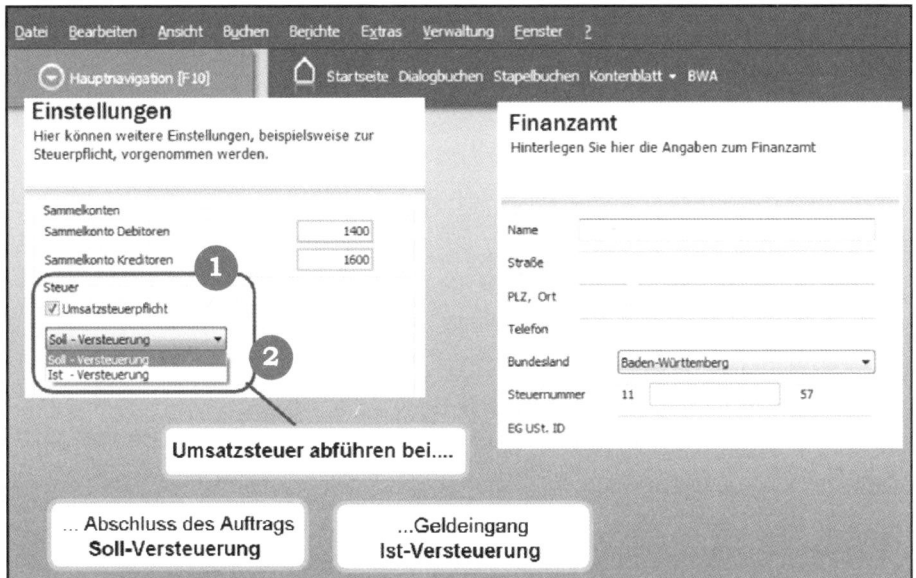

Abb. 5: **Angaben zur Umsatzsteuer:** *Hat Ihr Unternehmen umsatzsteuerpflichtige Umsätze bzw. ist es zum Vorsteuerabzug berechtigt, müssen Sie hier „Umsatzsteuerpflicht"* ❶ *auswählen. In diesem Fall müssen Sie auch hinterlegen, ob Ihr Unternehmen der Soll- oder der Ist-Versteuerung* ❷ *unterliegt.*

Angaben des Finanzamts

Die Adresse des Finanzamtes sowie die Steuernummer müssen Sie eintragen, bevor Sie die erste Umsatzsteuer-Voranmeldung an das Finanzamt übermitteln. Die Umsatzsteuer-Identifikationsnummer können Sie freiwillig hinterlegen.

→ Schritt 4: Weitere Firmenstammdaten und ihre Bedeutung

Belegnummernkreise und DATEV-Unterstützung

Hier ist es empfehlenswert, die Funktion **unterschiedliche Belegnummernkreise** zu aktivieren. So haben Sie die Möglichkeit, zum Beispiel die Kassenbelege getrennt von den Kontoauszügen oder Rechnungen fortlaufend zu nummerieren.

Die Firma anlegen (buchhalter standard und plus)

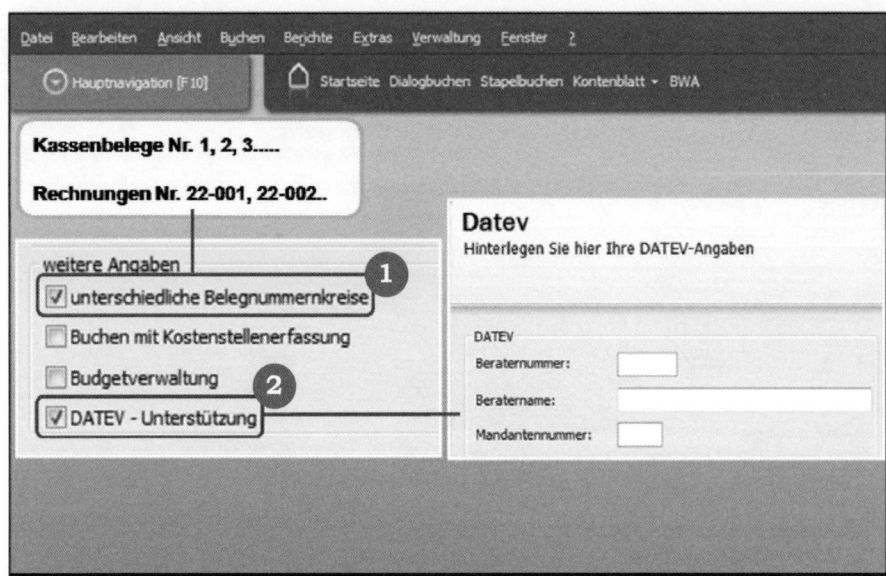

Abb. 6: ***Weitere Einstellungen:*** *Nutzen Sie die Funktion „unterschiedliche Belegnummernkreise* ❶ *, finden Sie später Ihre Belege zu den Buchungen schneller. Möchten Sie Ihre Daten an den Steuerberater übermitteln, müssen Sie die „DATEV-Unterstützung"* ❷ *aktivieren.*

Möchten Sie später die Buchführungsdaten für Ihren Steuerberater exportieren, und zwar über die „DATEV-Schnittstelle", müssen Sie die **DATEV-Unterstützung** aktivieren.

| Tipp
Die Angaben Ihres Steuerberaters müssen Sie erst vor dem ersten DATEV-Export eintragen.

Jetzt können Sie die Firmenanlage abschließen und Ihre Eingaben speichern. Alle weiteren Einstellungen können Sie jederzeit nachholen.

Der Lexware buchhalter bietet neben der Buchführung auch die Möglichkeit der Kostenstellenerfassung sowie der Budgetverwaltung. Diese Funktionen können Sie gleich, aber auch später noch aktivieren. Auch die Angaben zum Mahnwesen können Sie jederzeit nachholen.

Schritt 4: Weitere Firmenstammdaten und ihre Bedeutung

Die Firmenangaben ändern und ergänzen

Sind alle Daten erfasst, können Sie unter **Bearbeiten → Firma** die Adresse, die Steuernummer, die Einstellungen zur Umsatzsteuer, die Angaben des Steuerberaters und vieles mehr jederzeit ändern oder ergänzen. Noch einmal zur Erinnerung: Nicht ändern können Sie die Gewinnermittlungsart, das erste Buchungsjahr und den Kontenrahmen.

Übung Alternative 1 für Bilanzierende

Legen Sie bitte die Firma EDV Fritz im Programm an.

Adresse	Schillerstraße 17, 79098 Freiburg
	Telefon 0761/123456
Gewinnermittlungsart	Betriebsvermögensvergleich
1. Buchungsjahr	2011
Kontenrahmen	Standardkontenrahmen SKR 03
Umsatzsteuerpflicht	ja – Soll-Versteuerung
unterschiedliche Belegnummernkreise	ja
Buchen mit Kostenstellen	nein
Budgetverwaltung	nein
DATEV-Unterstützung	ja
Mahnwesen	Angaben bitte noch nicht eintragen
Finanzamt	Freiburg Stadt, Sautierstr. 24, 79104 Freiburg
DATEV	Angaben bitte noch nicht eintragen

Übung Alternative 2 für Einnahmen-Überschussrechner

Legen Sie bitte die Firma Klimper Design im Programm an.

Adresse	Klavierstraße 18, 79098 Freiburg
	Telefon 0761/234567
Gewinnermittlungsart	Einnahmen-Überschussrechnung
1. Buchungsjahr	2011
Kontenrahmen	Standardkontenrahmen SKR 03
Umsatzsteuerpflicht	ja – Ist-Versteuerung
unterschiedliche Belegnummernkreise	ja
Buchen mit Kostenstellen	nein
Budgetverwaltung	nein
DATEV-Unterstützung	ja
Mahnwesen	Angaben bitte noch nicht eintragen
Finanzamt	Freiburg Stadt, Sautierstr. 24, 79104 Freiburg
DATEV	Angaben bitte noch nicht eintragen

Die Firma anlegen (buchhalter standard und plus)

Lösung

Unter **Datei** → **Firma neu** werden die Daten eingegeben und unter **Bearbeiten** → **Firma** können Sie die Eingaben ändern und ergänzen.

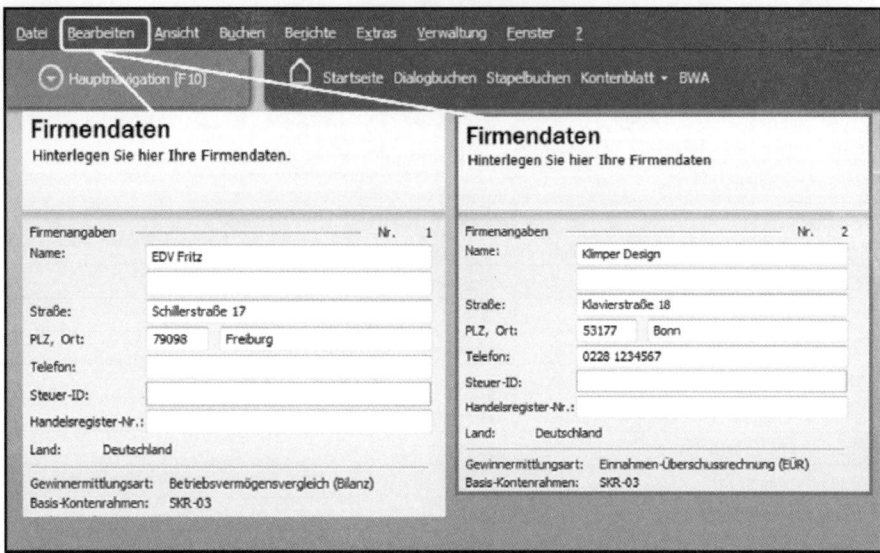

Abb. 7: **Firmenstammdaten bearbeiten:** Im Menü **Bearbeiten** können Sie die Firmenstammdaten ansehen und ändern.

Weitere Informationen

Videos unter www.lexware.de/support
- Einstieg leicht gemacht – die Firmenanlage
- Die Firmenanlage in Lexware buchhalter plus

Die Firma anlegen (buchhalter pro und premium)

Ihre Firmenstammdaten müssen stimmen bevor Sie mit der eigentlichen Buchführung beginnen. Denn ist die Firma einmal angelegt, lassen sich einige Daten, wenn auch nur wenige, tatsächlich später nicht mehr ändern. Dennoch genügen nur wenige Angaben, um mit der Buchführung starten zu können.

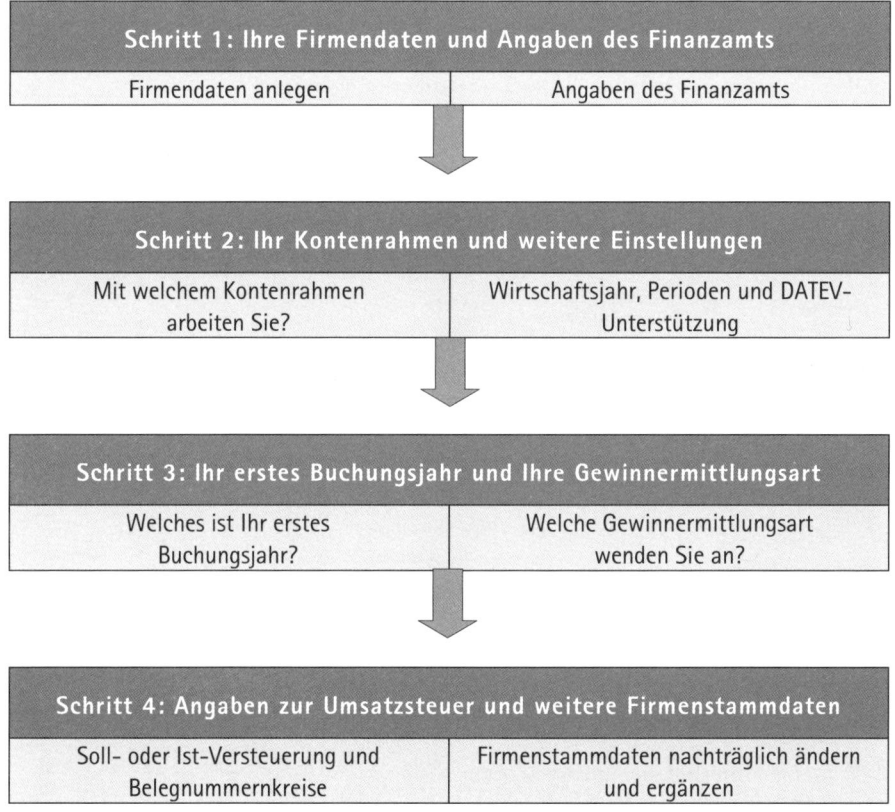

Die Firma anlegen (buchhalter pro und premium)

Voraussetzungen für die Übungen	
Einstellungen	Um im Programm eine neue Firma anzulegen, brauchen Sie eine Berechtigung. Sollten Sie keine solche Berechtigung haben, können Sie die Software auf einem anderen Computer installieren ohne sie zu aktivieren. So können Sie auf diesem Rechner 30 Tage in einer Demoversion arbeiten.

→ Schritt 1: Ihre Firmendaten und Angaben des Finanzamts

Firmendaten anlegen

Im Menü **Datei → Neu → Firma → neu** legen Sie Ihr Unternehmen im Programm an. Hier werden Angaben wie Name und Adresse eingetragen.

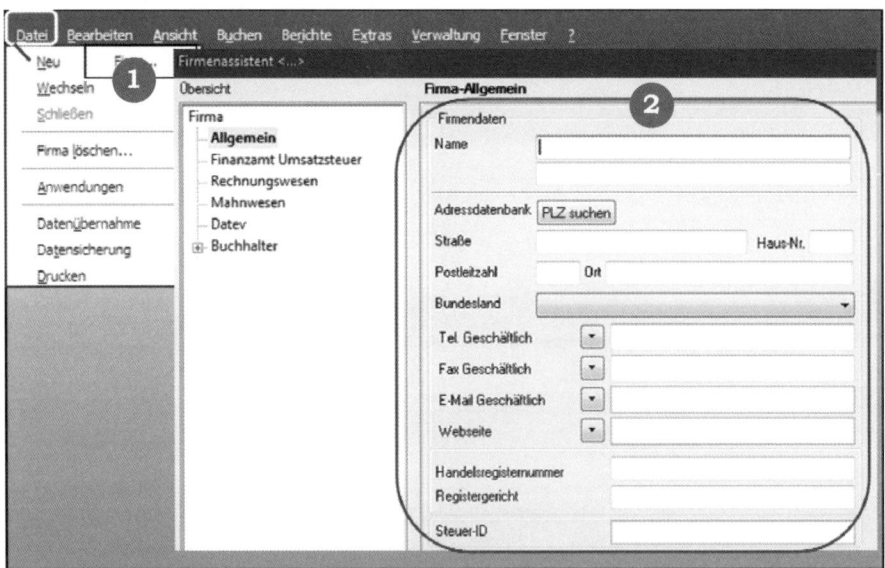

Abb. 1: **Ihr Unternehmen anlegen:** Wenn Sie im Menü **Datei → Neu → Firma** ❶ wählen, öffnet sich dieses Fenster. Hier geben Sie unter anderem den Namen und die Adresse ❷ des Unternehmens ein.

Eine Steuer ID für das Unternehmen gibt es noch nicht, daher bleibt dieses Feld leer.

Schritt 1: Ihre Firmendaten und Angaben des Finanzamts

> **Tipp**
> Bis auf den Namen Ihres Unternehmens können Sie alle Daten auch später noch ergänzen.

Angaben des Finanzamts

Wählen Sie hier die **Umsatzsteuerpflicht** aus, wird die Software beim Buchen die Umsatzsteuer aus den Bruttobeträgen herausrechnen und auf gesonderten Konten sammeln. Und schon steht Ihre Umsatzsteuer-Voranmeldung zur Verfügung. Hier müssen Sie nur noch Ihre Steuernummer eintragen, die Adresse des Finanzamts nicht. Diese können Sie über die Funktion **Finanzamt auswählen** automatisch einspielen.

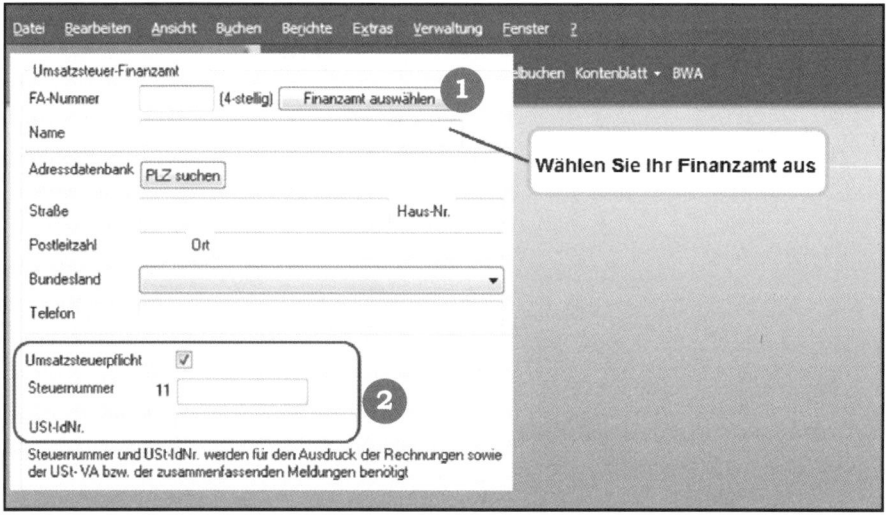

Abb. 2: ***Angaben zur Umsatzsteuer:*** *Über die Funktion* ***Finanzamt auswählen*** *können Sie die Daten des Finanzamts* ❶ *einspielen. Hat Ihr Unternehmen umsatzsteuerpflichtige Umsätze, bzw. ist es zum Vorsteuerabzug berechtigt, wählen Sie die „Umsatzsteuerpflicht"* ❷ *aus.*

> **Tipp**
> Die Adresse des Finanzamtes sowie die Steuernummer müssen Sie eintragen, bevor Sie die erste Umsatzsteuer-Voranmeldung an das Finanzamt übermitteln. Und die Umsatzsteuer-Identifikationsnummer vor der ersten „Zusammenfassenden Meldung".

Die Firma anlegen (buchhalter pro und premium)

→ Schritt 2: Ihr Kontenrahmen und weitere Einstellungen

Mit welchem Kontenrahmen arbeiten Sie?

Das Programm bietet Ihnen mehrere Standardkontenrahmen zur Auswahl. Erledigen Sie die Buchführung sowie den Jahresabschluss selbst, können Sie sich frei für einen Kontenrahmen entscheiden. Arbeiten Sie allerdings mit einem Steuerberater zusammen, sollten Sie den gleichen Kontenrahmen verwenden wie er. Nur dann sprechen Sie über die gleichen Kontonummern, was Ihnen die folgende Abbildung zeigt.

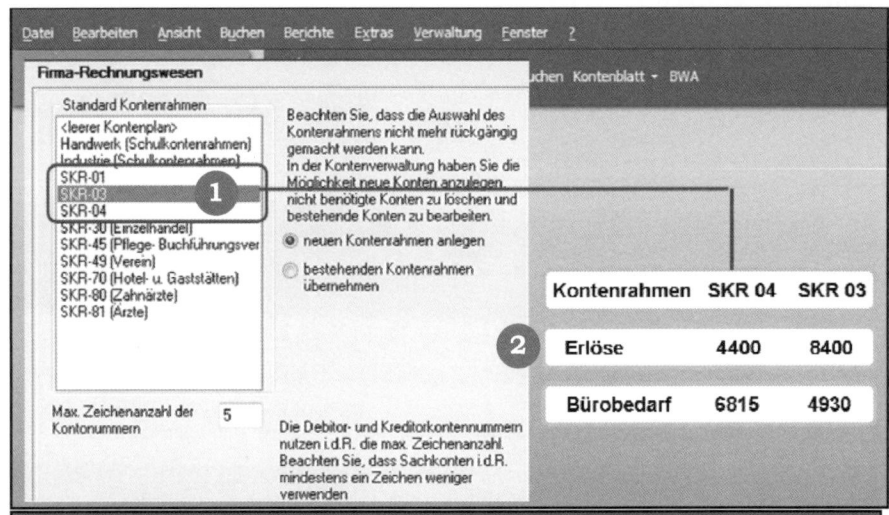

Abb. 3: **Auswahl des Kontenrahmens:** *Die gängigsten Standardkontenrahmen SKR 03 und SKR 04* ❶ *beinhalten beide die gleichen Konten, sie verwenden nur andere Nummern. So ist die Nummer des Kontos „Erlöse"* ❷ *im SKR 04 die „4400" und im SKR 03 die „8400".*

> **Beispiel**
>
> Sie rufen beim Steuerberater an und fragen auf welches Konto Kopierpapier zu buchen ist. Nutzt er den Kontenrahmen SKR 03 wird er Ihnen das Konto „4930 Bürobedarf" empfehlen. Hilft Ihnen diese Antwort, wenn Sie den Kontenrahmen SKR 04 verwenden?

Schritt 2: Ihr Kontenrahmen und weitere Einstellungen

Sprechen Sie sich unbedingt mit Ihrem Steuerberater ab, das spart viel Zeit. Vor allem dann, wenn Sie ihm am Jahresende die Buchführungsdaten übermitteln möchten.

Die Angaben zum Mahnwesen können Sie jederzeit nachholen.

Das Wirtschaftsjahr, Perioden und DATEV-Unterstützung

Anschließend erfassen Sie die Angaben zu Ihrem Wirtschaftsjahr und der Anzahl der Perioden, mit denen Sie buchen möchten.

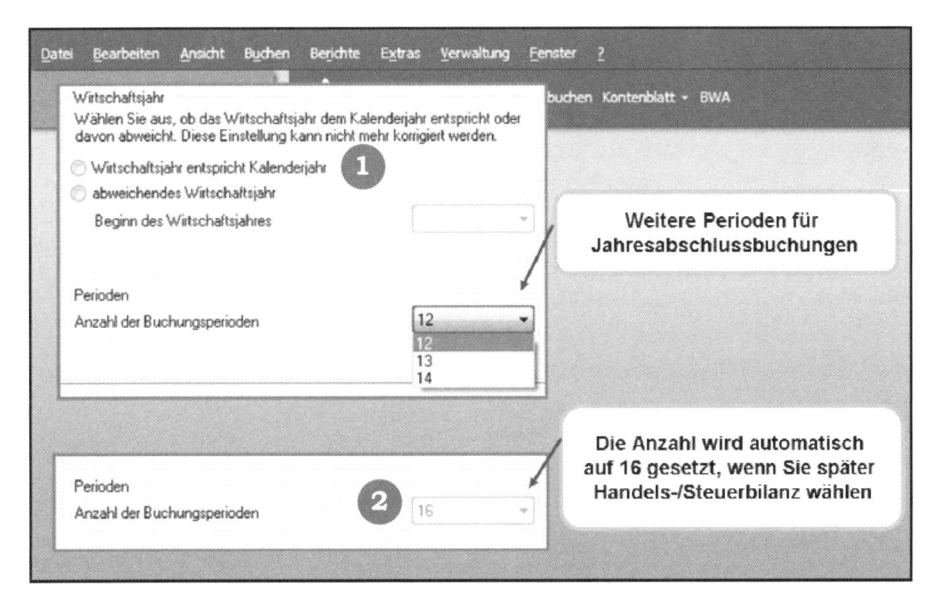

Abb. 4: **Angaben zum Wirtschaftsjahr und zur Anzahl der Perioden:** *In der Regel wählen Sie hier „Wirtschaftsjahr entspricht dem Kalenderjahr"* ❶ *. Möchten Sie zusätzlich zum Belegdatum auch Perioden erfassen, können Sie hier die Anzahl der Perioden* ❷ *festlegen.*

Auch wenn Sie Ihr Unternehmen gerade erst gegründet haben – zum Beispiel im März des laufenden Jahres – wählen Sie hier „**Wirtschaftsjahr entspricht dem Kalenderjahr**". Bilanzieren Sie und haben Sie beim Finanzamt ein abweichendes Wirtschaftsjahr beantragt, müssen Sie hier **abweichendes Wirtschaftsjahr** wählen. Nur dann beginnt das Wirtschaftsjahr nicht im Januar.

Das Buchen mit Belegdatum und Perioden bietet Ihnen noch mehr Auswahlmöglichkeiten bei Ihren Berichten. Buchen Sie zum Beispiel die Jahresabschlussbuchungen am 31.12. in der Periode 13 oder 14, können Sie sich diese in einer eigenen Liste anzeigen lassen, getrennt von den normalen Dezemberbuchungen.

> **Achtung**
> Wählen Sie später die Gewinnermittlungsart „Betriebsvermögensvergleich„ und zusätzlich die Funktion Handels-/Steuerbilanz wird hier die Anzahl der Buchungsperioden automatisch auf 16 gesetzt. Mehr dazu erfahren Sie bei der Wahl der Gewinnermittlungsart.

Möchten Sie später die Buchführungsdaten für Ihren Steuerberater über die DATEV-Schnittstelle exportieren, müssen Sie die **DATEV Unterstützung** aktivieren.

Abb. 5: ***Übermittlung Ihrer Daten an den Steuerberater:*** *Aktivieren Sie hier die „DATEV-Unterstützung"* ❶ *. Die Angaben Ihres Steuerberaters müssen Sie erst vor dem ersten DATEV-Export eintragen.*

→ Schritt 3: Ihr erstes Buchungsjahr und Ihre Gewinnermittlungsart

Im nächsten Fenster legen Sie das erste Buchungsjahr fest und wählen die Gewinnermittlungsart aus.

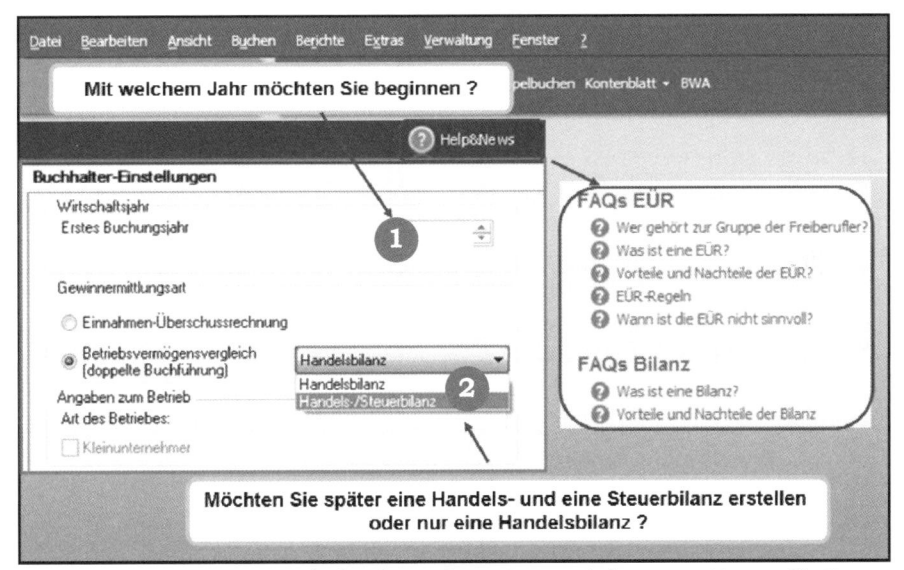

*Abb. 6: **Angaben zu Wirtschaftsjahr und Gewinnermittlungsart:** Tragen Sie Ihr erstes Buchungsjahr ein ❶ und wählen Sie die Gewinnermittlungsart Ihres Unternehmens aus. Ist „Betriebsvermögensvergleich" aktiviert, müssen Sie auch die Art der Bilanz ❷ wählen.*

Welches ist Ihr erstes Buchungsjahr?

Bei der Firmenanlage müssen Sie sich entscheiden, welches Jahr Ihr **erstes Buchungsjahr** sein wird. Von da an können Sie nur noch Folgejahre anlegen.

> **Achtung**
> Das erste Buchungsjahr kann später nicht mehr geändert werden. Sind Sie sich nicht sicher, ob Sie vielleicht die Buchführung für das Vorjahr doch noch nachholen möchten, sollten Sie zur Sicherheit das Vorjahr als erstes Buchungsjahr anlegen. Nur so haben Sie später die Wahl, entweder mit dem aktuellen Jahr oder dem Vorjahr zu beginnen.

Welche Gewinnermittlungsart wenden Sie an?

Es gibt zwei verschiedene Gewinnermittlungsarten, die Bilanz mit Gewinn- und Verlustrechnung, auch genannt Betriebsvermögensvergleich, sowie die Einnahmen-Überschussrechnung. Nur eine kann auf Ihr Unternehmen zutreffen und nur eine können Sie im Lexware buchhalter auswählen. Wer macht was?

Bilanz mit Gewinn- und Verlustrechnung	Einnahmen-Überschussrechnung
Alle Kapitalgesellschaften (GmbH, AG, Ltd.)	Alle Freiberufler
Alle Unternehmen, die im Handelsregister eingetragen sind (außer ggf. Einzelfirmen)	Im Handelsregister eingetragene Einzelfirmen, die in zwei aufeinander folgenden Geschäftsjahren diese Grenzen nicht übersteigen: Umsatz 500.000 Euro und Gewinn 50.000 Euro
Unternehmen, die nicht im Handelsregister eingetragen sind sowie Vereine, die eine dieser Grenzen übersteigen: Umsatz 500.000 Euro oder Gewinn 50.000 Euro	Unternehmen, die nicht im Handelsregister eingetragen sind und keine dieser Grenzen übersteigen: Umsatz 500.000 Euro oder Gewinn 50.000 Euro

Sind Sie sich nicht sicher, welche Gewinnermittlungsart auf Ihr Unternehmen zutrifft, finden Sie an dieser Stelle im Programm unter **Help & News** weitere Hinweise.

> **Achtung**
> Die Gewinnermittlungsart kann später nicht mehr geändert werden. Im Zweifelsfalle sollten Sie unbedingt Ihren Steuerberater fragen.

Haben Sie die Gewinnermittlungsart „Betriebsvermögensvergleich" gewählt, müssen Sie zusätzlich wählen, ob Sie nur die Handelsbilanz mit dem Programm erstellen möchten oder eine Handels- und eine Steuerbilanz. Sowie Sie die Funktion „Handels-/Steuerbilanz" gewählt haben, wird die Anzahl der Perioden automatisch auf 16 erhöht. Denn nur wenn Sie in der richtigen Periode buchen erhalten Sie später zwei verschiedene Bilanzen.

Die Handelsbilanz wird alle Buchungen der Perioden 1-15 zeigen und die Steuerbilanz die Buchungen der Perioden 1-16.

> **Achtung**
> Die Wahl der Handels-/Steuerbilanz kann ebenfalls nicht mehr rückgängig gemacht werden. Diese Entscheidung können Sie aber auch später noch nachholen, wenn Sie es zunächst bei der Einstellung „Handelsbilanz" belassen.

→ Schritt 4: Angaben zur Umsatzsteuer und weitere Firmenstammdaten

Soll- oder Ist-Versteuerung und Belegnummernkreise

Hier geht es darum, zu welchem Zeitpunkt Sie die Umsatzsteuer, die Sie Ihrem Kunden in Rechnung gestellt haben, an das Finanzamt abführen müssen.

- Bei Abschluss des Auftrags = Soll-Versteuerung
- Bei Geldeingang = Ist-Versteuerung

Die Ist-Versteuerung dürfen Freiberufler anwenden sowie alle anderen Unternehmen mit einem Vorjahresumsatz unter 500.000 Euro. Die Ist-Versteuerung muss beim Finanzamt beantragt werden. Besteht also **Umsatzsteuerpflicht** müssen Sie hier die **Soll- oder die Ist-Versteuerung** auswählen.

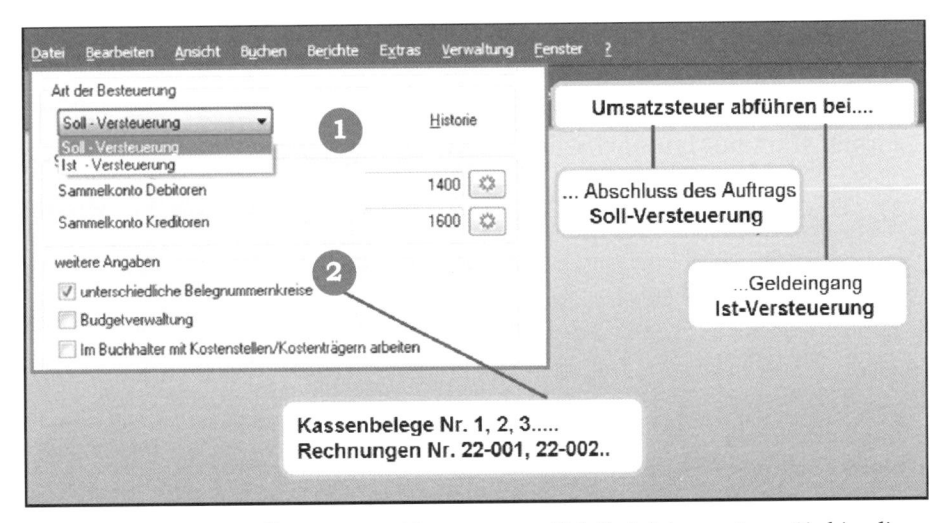

Abb. 7: ***Weitere Einstellungen:*** *Ist „Umsatzsteuerpflicht" aktiviert, müssen Sie hier die „Soll- oder Ist-Versteuerung"* ❶ *hinterlegen. Nutzen Sie die Funktion „unterschiedliche Belegnummernkreise"* ❷ *, finden Sie später Ihre Belege zu den Buchungen schneller.*

Wechselt Ihr Unternehmen im laufenden Jahr von der Soll- zur Ist-Versteuerung oder umgekehrt, müssen Sie im Menü **Bearbeiten** die **Firmeneinstellungen** zur Soll- und Ist-Versteuerung ändern. Sowie Sie die andere Besteuerungsart gewählt haben, teilt Ihnen das Programm mit, ab welchem Monat das frühestens möglich ist, bzw.

bis zu welchem Datum bisher gebucht wurde. Ein Wechsel ist nur möglich in einen Monat, in dem noch nicht gebucht wurde.

> **Achtung**
> Der Wechsel der Besteuerungsarten findet in der Regel zu Beginn des Jahres statt. In diesem Fall sollten Sie direkt nach der Anlage des neuen Buchungsjahres die Umstellung vornehmen. Die automatisch übertragenen Eröffnungsbuchungen zählen noch nicht, d.h. obwohl diese Buchungen bereits im Januar vorhanden sind, dürfen Sie noch im Januar wechseln.

Weiterhin ist es empfehlenswert, die Funktion **unterschiedliche Belegnummernkreise** zu aktivieren. So haben Sie die Möglichkeit, zum Beispiel die Kassenbelege getrennt von den Kontoauszügen oder Rechnungen fortlaufend zu nummerieren.

Jetzt können Sie die Firmenanlage abschließen und Ihre Eingaben speichern. Alle weiteren Einstellungen können Sie jederzeit nachholen. Der Lexware buchhalter pro bietet neben der Buchführung auch die Möglichkeit der Kostenstellenerfassung sowie der Budgetverwaltung. Diese Funktionen können Sie gleich, aber auch später noch aktivieren.

Firmenstammdaten nachträglich ändern und ergänzen

Sind alle Daten erfasst, können Sie unter **Bearbeiten → Firmenangaben** die Adresse, die Steuernummer, die Einstellungen zur Umsatzsteuer, die Angaben des Steuerberaters und vieles mehr jederzeit ändern oder ergänzen. Noch einmal zur Erinnerung: Nicht ändern können Sie die Gewinnermittlungsart, das erste Buchungsjahr und den Kontenrahmen.

Übung Alternative 1 für Bilanzierende
Legen Sie bitte die Firma EDV Fritz im Programm an.

Adresse	Schillerstraße 17, 79098 Freiburg, Telefon 0761/123456
Finanzamt	Finanzamt Freiburg Stadt auswählen
Umsatzsteuerpflicht	ja
Kontenrahmen	Standardkontenrahmen SKR 03
Wirtschaftsjahr entspricht Kalenderjahr	ja
Perioden	14
Mahnwesen	Angaben bitte noch nicht eintragen

Schritt 4: Angaben zur Umsatzsteuer und weitere Firmenstammdaten

DATEV-Unterstützung	ja
DATEV	Angaben bitte noch nicht eintragen
1. Buchungsjahr	2011
Gewinnermittlungsart	Betriebsvermögensvergleich Handels-/Steuerbilanz
Besteuerungsart	Soll-Versteuerung
unterschiedliche Belegnummernkreise	ja
Budgetverwaltung	nein
Mit Kostenstellen / Kostenträgern arbeiten	nein

Übung Alternative 2 für Einnahmen-Überschussrechner

Legen Sie bitte die Firma Klimper Design im Programm an.

Adresse	Klavierstraße 18, 79098 Freiburg Telefon 0761/234567
Finanzamt	Finanzamt Freiburg Stadt auswählen
Umsatzsteuerpflicht	ja
Kontenrahmen	Standardkontenrahmen SKR 03
Wirtschaftsjahr entspricht Kalenderjahr	ja
Perioden	14
Mahnwesen	Angaben bitte noch nicht eintragen
DATEV-Unterstützung	ja
DATEV	Angaben bitte noch nicht eintragen
1. Buchungsjahr	2011
Gewinnermittlungsart	Einnahmen-Überschussrechnung
Besteuerungsart	Ist-Versteuerung
unterschiedliche Belegnummernkreise	ja
Budgetverwaltung	nein
Mit Kostenstellen / Kostenträgern arbeiten	nein

Lösungen

Unter **Datei** → **neu** → **Firma** werden die Daten der Unternehmen eingegeben und unter **Bearbeiten** → **Firmenangaben** können Sie die Eingaben ändern und ergänzen. Die Firmenstammdaten können Sie ansehen oder ausdrucken im Menü **Datei** → **Drucken** oder im Menü **Berichte** → **Berichtszentrale**

Die Firma anlegen (buchhalter pro und premium)

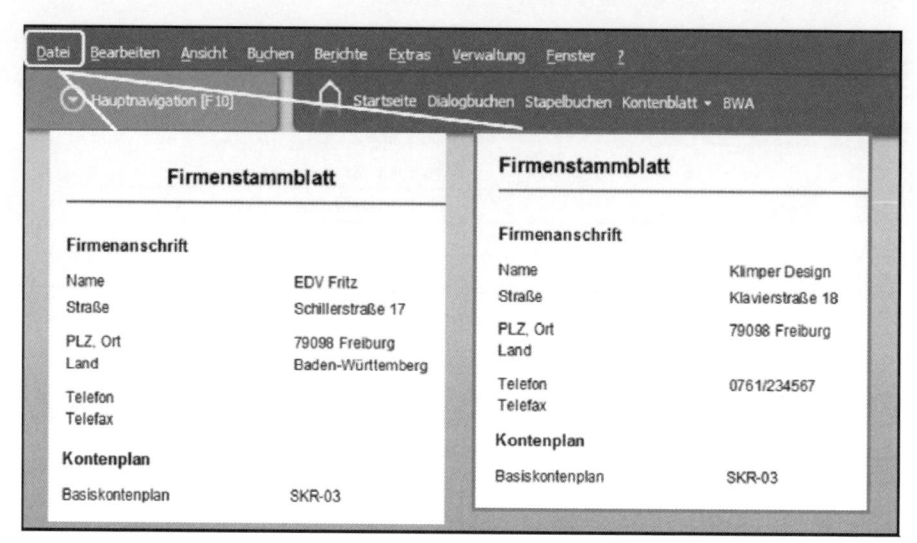

Abb. 8: **Das Firmenstammblatt ansehen:** *Im Menü* **Datei** → **Drucken** *oder* **Berichte** → **Berichtszentrale** *können Sie das Firmenstammblatt ansehen und drucken.*

Weitere Informationen
Videos unter www.lexware.de/support
- Die Firmenanlage in Lexware buchhalter pro

Die Buchungsarten Stapel oder Dialog und die Buchungsmasken

Zur Erfassung Ihrer Buchungen bietet der Lexware buchhalter im Menü Buchen verschiedene Eingabemasken. Sie heißen Stapelbuchen, Dialogbuchen, Einnahmen/Ausgaben in den Stapel und Schnellbuchen in den Stapel. Welche Maske Sie für welche Buchungen verwenden können, erfahren Sie hier.

Ansehen können Sie die erfassten Buchungen in den Menüs Ansicht und Berichte. Ändern, löschen oder stornieren können Sie die Buchungen nur im Menü Ansicht. Und Ihre Ergebnisse sehen Sie nur im Menü Berichte. Aber nicht alle Buchungen finden Sie in allen Berichten. Es kommt darauf an, ob es sich um Stapelbuchungen oder Dialogbuchungen handelt.

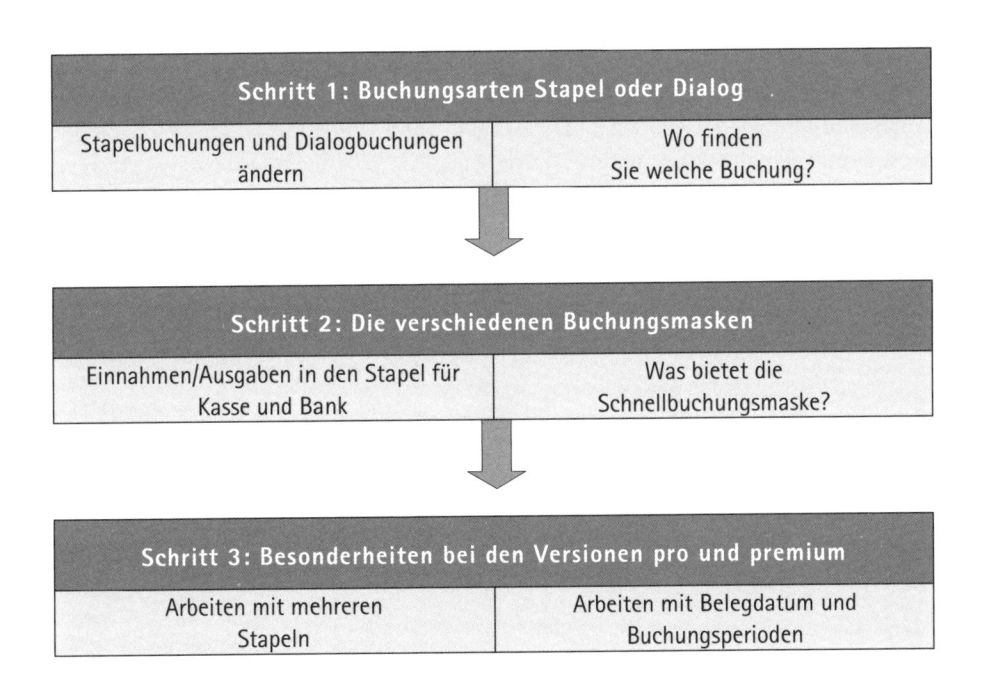

Schritt 1: Buchungsarten Stapel oder Dialog	
Stapelbuchungen und Dialogbuchungen ändern	Wo finden Sie welche Buchung?

Schritt 2: Die verschiedenen Buchungsmasken	
Einnahmen/Ausgaben in den Stapel für Kasse und Bank	Was bietet die Schnellbuchungsmaske?

Schritt 3: Besonderheiten bei den Versionen pro und premium	
Arbeiten mit mehreren Stapeln	Arbeiten mit Belegdatum und Buchungsperioden

Die Buchungsarten Stapel oder Dialog und die Buchungsmasken

Voraussetzungen für die Übungen	
Hinweise zu den Eingaben	Es wird im Januar gebucht. Verwenden Sie bitte keine Belegnummernkreise.

→ Schritt 1: Buchungsarten Stapel oder Dialog?

Eine Stapelbuchung ist sozusagen mit Bleistift geschrieben und eine Dialogbuchung mit Kugelschreiber. In beiden Fällen können Sie Ihre Eingaben jederzeit korrigieren. Aber Ihre Korrekturen bleiben beim Dialogbuchen sichtbar und beim Stapelbuchen nicht.

Stapelbuchungen und Dialogbuchungen ändern

Korrigieren können Sie Ihre Buchungen entweder direkt in der Buchungsmaske oder später im Menü **Ansicht**. Stapelbuchungen finden Sie im **Buchungsstapel** und Dialogbuchungen im **Journal**.

Eine Stapelbuchung können Sie über **Buchung bearbeiten** einfach ändern, bzw. überschreiben. Eine Dialogbuchung müssen Sie zunächst stornieren über **Buchung stornieren** und wieder neu eingeben. Das geht ganz schnell, wenn Sie sich nach der Stornierung die alte Buchung als Neuvorschlag in die Buchungsmaske übertragen lassen.

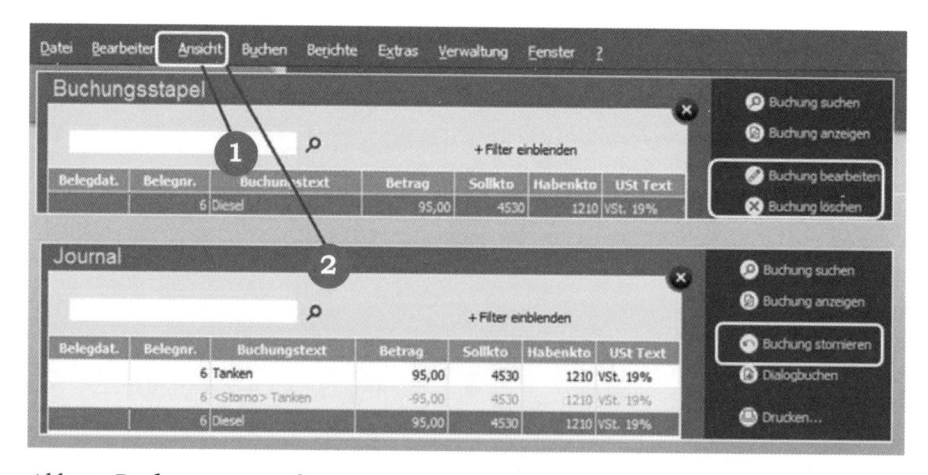

Abb. 1: **Buchungstext ändern von Tanken auf Diesel:** *Wurde eine Stapelbuchung geändert, sehen Sie danach nur noch den neuen Buchungstext.* ❶ *Wurde eine Dialogbuchung storniert und wieder neu eingeben, sehen Sie danach im Journal* ❷ *die stornierte und die neue Buchung.*

Schritt 1: Buchungsarten Stapel oder Dialog?

Es bietet sich an, Ihre Buchungen zunächst im Stapel zu erfassen und erst nach der Kontrolle Ihrer Eingaben aus den Stapelbuchungen Dialogbuchungen zu machen. Das erledigen Sie unter **Buchen → Stapel ausbuchen.** In den Versionen standard und plus werden Sie bereits beim Verlassen der Buchungsmaske gefragt, ob Sie die Buchungen aus dem Stapel in das Journal übertragen möchten. Diese Abfrage können Sie unter **Extras → Optionen → Buchen** ausschalten.

> **Achtung**
> Im Stapel sollten Sie Ihre Buchungen nur für kurze Zeit lassen. Beispielsweise bis alle Positionen eines Kontoauszugs erfasst wurden und der Kontostand im Programm mit dem Stand des Original-Kontoauszugs übereinstimmt.

Spätestens am Monatsende müssen Sie alle Stapelbuchungen ins Journal übertragen. Denn nur dann kann zum Beispiel eine vollständige Umsatzsteuer-Voranmeldung an das Finanzamt übermittelt werden.

Wo finden Sie welche Buchung nach der Eingabe?

Stapelbuchungen finden Sie im Menü **Ansicht** nur im Buchungsstapel, aber im Menü **Berichte** können Sie die Buchung auch auf dem Sachkonto sehen, wenn Sie beim Druck im Auswertungsbereich **Stapel** oder **Alle Buchungen** auswählen.

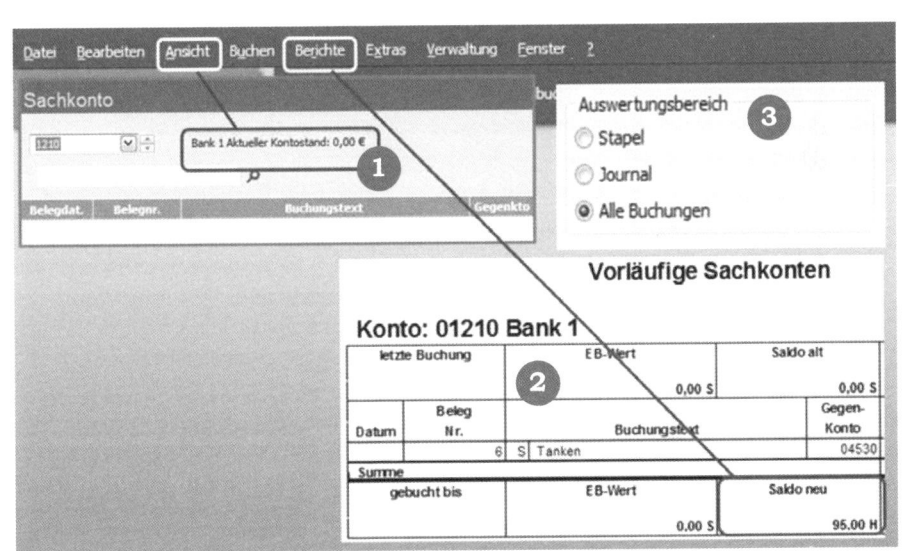

*Abb. 2: **Eine Stapelbuchung ansehen:** Im Menü **Ansicht** sehen Sie eine Stapelbuchung noch nicht auf dem Sachkonto ❶. Im Menü **Berichte** aber schon ❷, wenn Sie im Auswertungsbereich ❸ **Stapel** oder **Alle Buchungen** wählen.*

Die Buchungsarten Stapel oder Dialog und die Buchungsmasken

Auch Ihre Ergebnisse wie Umsatzsteuer-Voranmeldung oder Ihre Gewinnermittlung können Sie ausdrucken, allerdings sind diese mit dem Wort „vorläufig" versehen. Endgültige Auswertungen erhalten Sie nur, wenn Sie alle Stapelbuchungen ins Journal übertragen.

Sowie sich die Buchung des Tankbelegs im Journal befindet, ist sie im Menü **Ansicht** auch auf dem Sachkonto „1200 Bank" zu sehen. Und im Menü **Berichte** können Sie die Buchung auch auf dem Sachkonto ohne das Wort „vorläufig" sehen, wenn Sie beim Druck im Auswertungsbereich **Journal** auswählen.

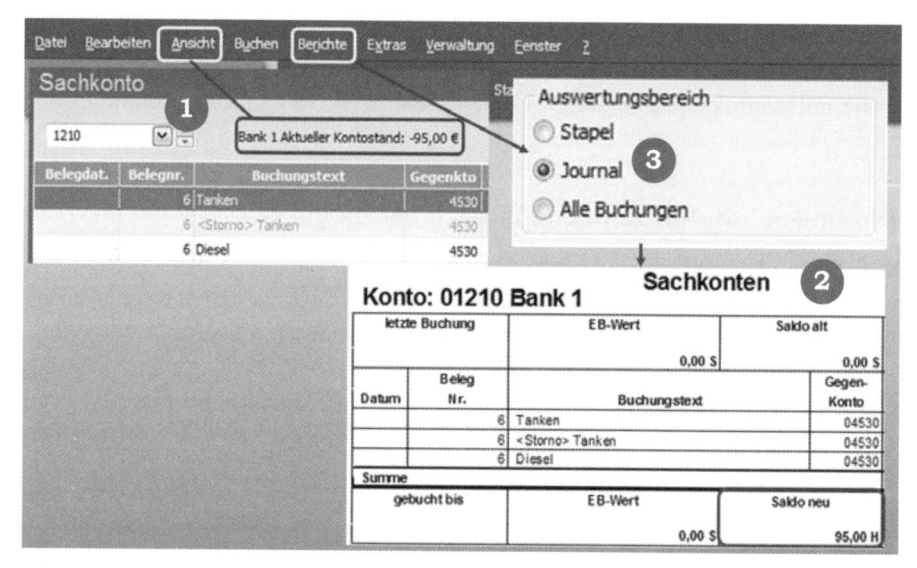

Abb. 3: **Eine Dialogbuchung ist überall sichtbar:** Wurde die Buchung ins Journal übertragen bzw. wurde der Stapel ausgebucht, sehen Sie diese unter **Ansicht** → **Sachkonto** ❶ genauso wie unter **Berichte** → **Sachkonto** ❷, wenn Sie im Auswertungsbereich ❸ **Journal** wählen.

Die Offene-Posten-Verwaltung (OP-Verwaltung) funktioniert nur, wenn alle erfassten Rechnungen aus dem Stapel in das Journal übertragen wurden. Nur dann sehen Sie unter **Ansicht** sowie in der Buchungsmaske unter dem Button **OP** die offenen Rechnungen.

Achtung

Seit der Version 2011 werden Ihnen auch in der Buchungsmaske die Inhalte der Sachkonten gezeigt, wenn Sie im Kontenfeld die Nummer eingeben. In den Versionen standard und premium sehen Sie hier alle Buchungen und in den Versionen standard und

Schritt 2: Die verschiedenen Buchungsmasken

plus müssen Sie in den Programmeinstellungen entscheiden, welche Buchungen Sie sehen möchten, die Buchungen aus dem Stapel oder die aus dem Journal.

→ Schritt 2: Die verschiedenen Buchungsmasken

Die Buchungsmasken **Stapelbuchen** und **Dialogbuchen** unterscheiden sich nur in der Buchungsart. Stapelbuchungen können Sie löschen, Dialogbuchungen nur stornieren. Diese Buchungsmasken sollten Sie für die Erfassung von Kunden- und Lieferantenrechnungen nutzen. Außerdem können Sie hier Umbuchungen für den Jahresabschluss erfassen.

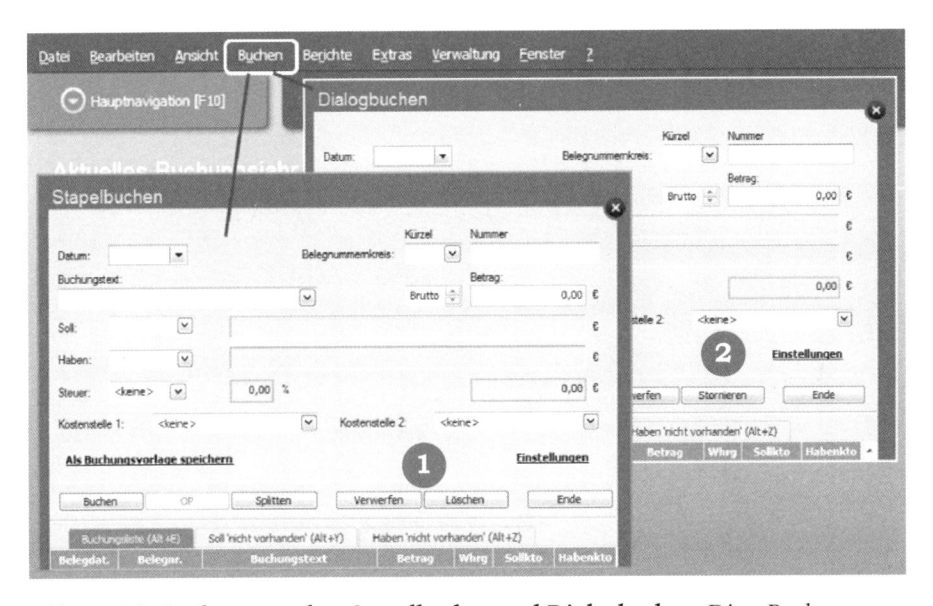

Abb. 4: ***Die Buchungsmasken Stapelbuchen und Dialogbuchen:*** *Diese Buchungsmasken unterscheiden sich nur durch die Buchungsart. Stapelbuchungen können Sie bearbeiten oder löschen* ❶ *, Dialogbuchungen müssen Sie stornieren* ❷ *und wieder neu eingeben.*

Die Buchungsarten Stapel oder Dialog und die Buchungsmasken

Einnahmen/Ausgaben in den Stapel für Kasse und Bank

Diese Buchungsmaske ist sehr empfehlenswert für die Eingabe von Kassenbelegen und Kontoauszügen. Sie haben praktisch für jede Kasse und jedes Bankkonto eine eigene Buchungsmaske und sehen während der Eingabe immer den aktuellen Kontostand.

Sie müssen hier nur das Gegenkonto eingeben, das Konto Kasse oder Bank bucht der Lexware buchhalter automatisch. Über die Auswahl **Einnahme oder Ausgabe** entscheidet die Software im Hintergrund, welches Konto im Soll und welches im Haben gebucht wird.

> **Beispiel**
>
> Angenommen, Sie erfassen hier einen Tankbeleg, der bar bezahlt wurde, also einen Kassenbeleg. In diesem Fall geben Sie das Konto „4530 laufende Kfz-Kosten" ein und wählen Ausgabe. Die Konto „1000 Kasse" bucht das Programm automatisch. Da es sich um eine Ausgabe handelt, lautet die Buchung „4530 laufende Kfz-Kosten" an „1000 Kasse".

Sie können praktisch die Technik der Buchführung umgehen.

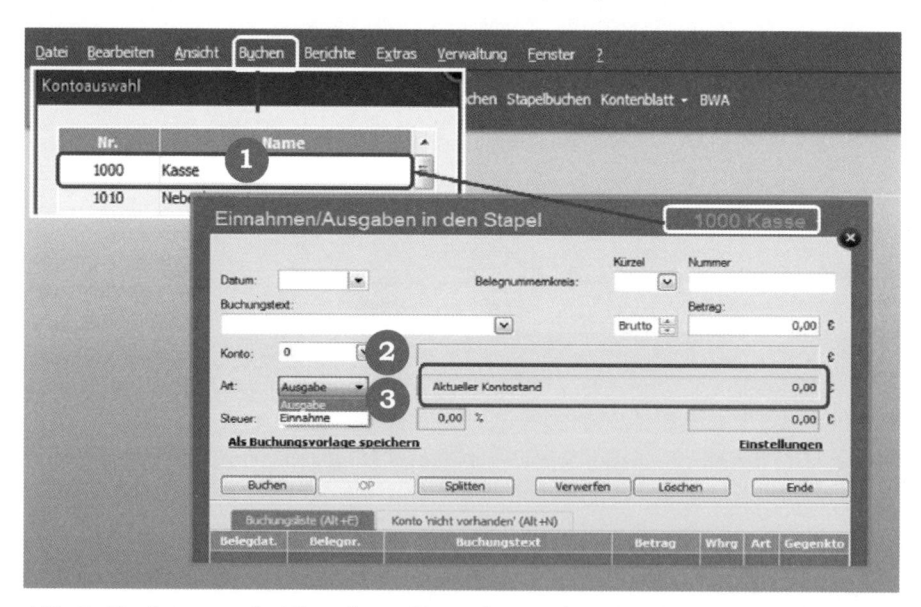

Abb. 5: ***Buchungsmaske Einnahmen/Ausgaben in den Stapel:*** *Möchten Sie Kassenbelege erfassen, wählen Sie das Finanzkonto „1000 Kasse" aus* ❶ *. Für jeden Kassenbeleg geben Sie dann nur noch ein Konto* ❷ *ein und wählen* ***Einnahme*** *oder* ***Ausgabe*** ❸ *.*

Schritt 2: Die verschiedenen Buchungsmasken

> **Achtung**
> In der Kontenauswahl finden Sie alle Konten der Kategorie „Finanzkonto". Sie können diese Buchungsmaske für Verrechnungs- oder Darlehenskonten nur nutzen, wenn Sie **vor der ersten Buchung** im Kontenplan für dieses Konto die Kategorie „Finanzkonto" wählen.

Was bietet die Schnellbuchungsmaske?

Diese Maske ist inhaltlich identisch mit den Buchungsmasken „Stapel- und Dialogbuchen" und kann ebenfalls für die Erfassung von Rechnungen und Umbuchungen genutzt werden. Die Buchungsmaske können Sie über die Funktion **Einstellungen** nach Ihren Bedürfnissen einrichten. Sie können z. B. über die Pfeile die Reihenfolge der Eingabefelder frei wählen. Über die Funktion **Schleppen** wird bestimmt, in welchem Eingabefeld der zuletzt erfasste Wert als Vorschlag stehen bleibt, wie z. B. das Datum.

Beispiel

Abb. 6: **Die Schnellbuchungsmaske einrichten:** *Nach dem Klick auf* **Einstellungen** ❶ *öffnet sich ein Fenster. Über die Pfeile* ❷ *können Sie die Reihenfolge der Eingabefelder bestimmen und unter* **Schleppen** ❸ *festlegen, welche Daten nach dem Buchen stehen bleiben sollen.*

Die Buchungsarten Stapel oder Dialog und die Buchungsmasken

Mehrere Rechnungen an verschiedene Kunden, die alle auf das gleiche Erlöskonto gebucht werden, können Sie hier besonders schnell erfassen. Aktivieren Sie beim Konto „Haben" die Funktion **Schleppen**, wird das Erlöskonto nach jeder Buchung als Vorschlag stehen bleiben.

Übung

Erfassen Sie bitte folgende Belege, die vom Bankkonto abgebucht wurden, unter **Einnahmen/Ausgaben in den Stapel** und beantworten Sie anschließend folgende Fragen:

Buchen → Einnahmen/Ausgaben in den Stapel → 1210 Bank 1					
Datum	Buchungstext	Betrag	Konto	Kategorie	Steuer
10.01.	Diesel	95,00	4530	Ausgabe	VSt 19%
16.01.	Telefongebühren	59,50	4920	Ausgabe	VSt 19%

1. Die Buchungen befinden sich noch im Stapel. Wo finden Sie die Buchungen im Menü **Ansicht**?
2. Welche Eingaben sind notwendig, um Stapelbuchungen im Menü **Berichte** in den verschiedenen Auswertungen zu sehen?

Machen Sie nun aus den Stapelbuchungen Dialogbuchungen. Buchen Sie dazu den Stapel aus bzw. lassen Sie die Buchungen ins Journal übertragen und beantworten Sie anschließend die weiteren Fragen.

3. Wo finden Sie die Dialogbuchungen nun im Menü **Ansicht**?
4. In welchem Fall erhalten Sie im Menü **Berichte** endgültige Auswertungen, d.h. Berichte ohne das Wort „vorläufig"?

Lösung

Folgende Antworten sind richtig:

1. Die Buchungen finden Sie im Menü **Ansicht** nur im Buchungsstapel.
2. Im Menü **Berichte** sehen Sie Stapelbuchungen, indem Sie beim Druck im Auswertungsbereich Stapel oder alle Buchungen wählen.
3. Die Dialogbuchungen finden Sie im Menü **Ansicht** nicht nur im Journal, sondern in allen Listen.
4. Eine Auswertung ohne das Wort „vorläufig" erhalten Sie nur, wenn Sie beim Druck im Auswertungsbereich Journal wählen.

→ Schritt 3: Besonderheiten bei den Versionen pro und premium

Die Versionen pro und premium bieten Ihnen zwei weitere Funktionen beim Buchen.

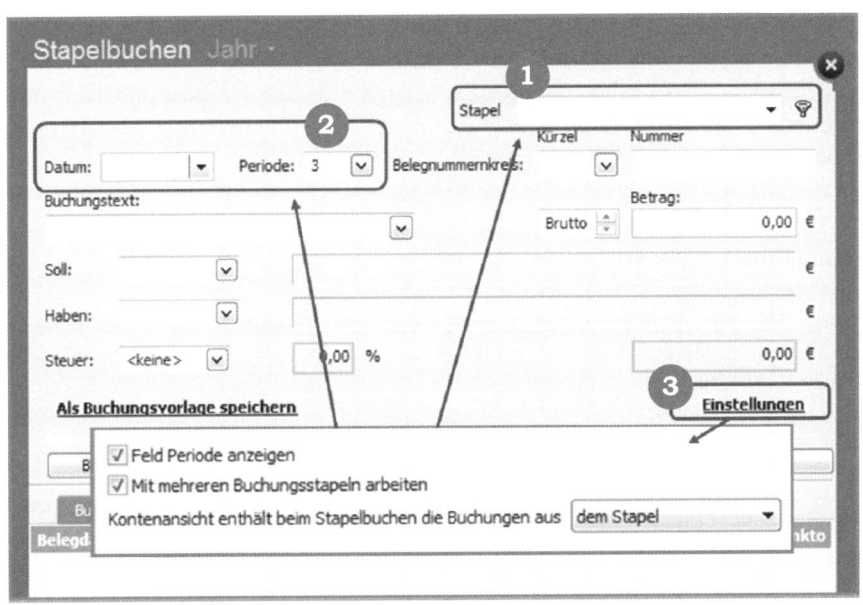

*Abb. 7: **Zusätzliche Funktionen in den Versionen pro und premium:** Möchten Sie mit „mehreren Buchungsstapeln arbeiten" ❶ oder zusätzlich zum Belegdatum mit „Perioden" buchen ❷ müssen Sie diese Funktionen unter **Einstellungen** ❸ einschalten.*

Arbeiten mit mehreren Stapeln

Sie haben die Möglichkeit, mit mehreren Stapeln zu arbeiten. In der Buchungsmaske unter **Einstellungen** oder im Menü **Extras → Optionen → Buchen** können Sie diese Funktion einstellen.

Erfassen Sie zum Beispiel mehrere Kundenrechnungen und geben dem **Stapel** den Namen „Kundenrechnungen", so können Sie ihn später getrennt von den anderen Stapeln ausbuchen. Ebenso können Sie Kassenbelege unter dem Namen „Kassenbelege" erfassen und später als alle anderen Buchungen ausbuchen. Lassen Sie das Feld **Stapel** leer, nennt das Programm den Stapel automatisch „unbekannt". Die Namen der Stapel verschwinden nach dem Ausbuchen des Stapels, sie dienen Ihnen nur zur Übersicht solange sich die Buchungen noch in den Stapeln befinden.

Arbeiten mit Belegdatum und Buchungsperioden

Sowie Sie die Funktion „Buchen mit Perioden" eingeschaltet haben, wird das Programm für die Belege, die Sie im Januar buchen, zunächst die Periode 1 anbieten, für den Februar die Periode 2 und für den Dezember die Periode 12. Sie können aber zum Beispiel auch alle Jahresabschlussbuchungen mit dem Belegdatum 31.12. und der Periode 13 buchen. Auf diese Weise können Sie diese getrennt von den Dezemberbuchungen in verschiedenen Listen sehen. Welchen Vorteil das Buchen mit Perioden auch hat, sollen die folgenden Beispiele zeigen.

Beispiel DATEV-Export

Angenommen, die Buchungen von Januar haben Sie schon an den Steuerberater übermittelt. Nun finden Sie Ende Februar einen Tankbeleg über 30 Euro vom 05.01. In diesem Fall sollten Sie den Beleg mit dem Belegdatum 05.01. in die Periode 2 buchen. So können Sie die Buchung zusammen mit den Buchungen von Februar (automatisch Periode 2) an den Steuerberater übermitteln. In diesem Fall müssen Sie beim DATEV-Export nicht den Monat Februar, sondern die Periode 2 auswählen und übertragen.

Beispiel Umsatzsteuer-Vorannmeldung

Angenommen, die Umsatzsteuer-Voranmeldung von Januar ist bereits an das Finanzamt übermittelt. Nun finden Sie Ende Februar einen Tankbeleg über 30 Euro vom 5.01. Der enthaltene Vorsteuerbetrag ist zu gering, um die Voranmeldung von Januar zu korrigieren. In diesem Fall können Sie den Beleg mit dem Belegdatum 5.01. in die Periode 2 buchen. So wird die enthaltene Vorsteuer in der Umsatzsteuer-Voranmeldung von Februar erfasst.

In der Buchungsmaske unter **Einstellungen** können Sie diese Funktion aktivieren, und in Ihren Firmenstammdaten hinterlegen Sie, ob Sie mit 12, 13 oder 14 Perioden arbeiten möchten.

Hinweis zur Handels- und Steuerbilanz

Haben Sie in den Firmenstammdaten die Gewinnermittlungsart „Betriebsvermögensvergleich" gewählt und zusätzlich die Funktion „Handels- und Steuerbilanz", werden automatisch die Perioden 15 und 16 zugeschaltet. Buchen Sie dann Ihre Abschlussbuchungen jeweils in den richtigen Perioden, können Sie sich später zwei verschiedene Bilanzen ausdrucken. Eine Handels- und eine Steuerbilanz.

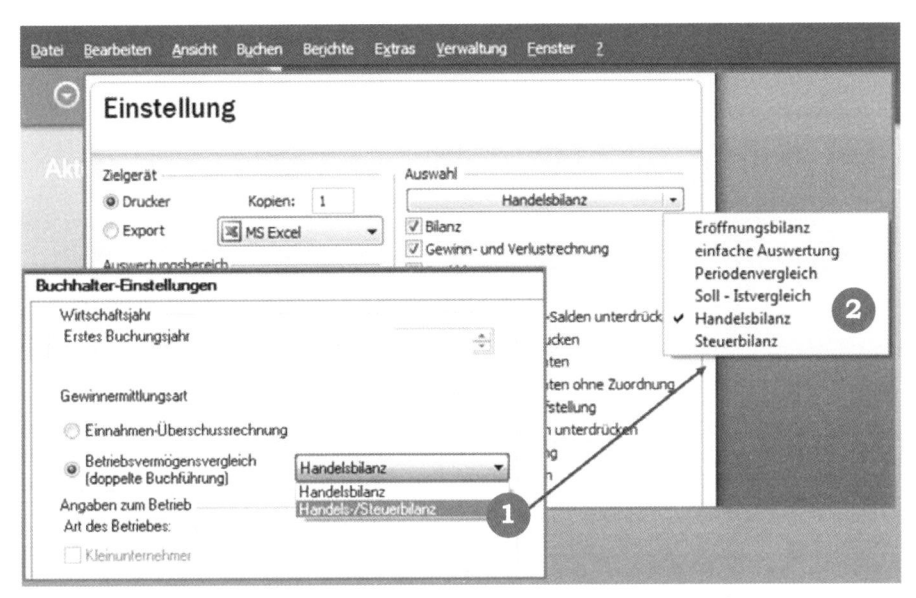

Schritt 3: Besonderheiten bei den Versionen pro und premium

Abb. 8: **Handels- und Steuerbilanz aktivieren:** *Wähle Sie zusätzlich zur Gewinnermittlungsart „Betriebsvermögensvergleich" die Funktion „Handels-/Steuerbilanz"* ❶ *, haben Sie die Möglichkeit, zwei verschiedene Bilanzen* ❷ *zu erstellen – vorausgesetzt es wurde richtig gebucht.*

Für die Handelsbilanz müssen Sie in der Periode 15 alle Jahresabschlussbuchungen erfassen, die nur in der Handelsbilanz erscheinen sollen. Dazu gehört zum Beispiel die Rückstellung für Gewerbesteuer. In der Handelsbilanz werden alle Buchungen der Perioden 1-15 erscheinen.

In der Periode 16 müssen Sie dann das handelsrechtliche Ergebnis korrigieren und daraus ein steuerliches Ergebnis machen. Da die Gewerbesteuer keine Betriebsausgabe mehr ist, darf sie in der Steuerbilanz nicht gebucht werden. Also stornieren Sie die Buchung der Gewerbesteuer in der Periode 16. In der Steuerbilanz erscheinen dann alle Buchungen der Perioden 1-16.

Sind alle Jahresabschlussbuchungen in den richtigen Perioden erfasst, können Sie unter **Berichte → Auswertungen → Bilanz** eine Handels- und eine Steuerbilanz ausdrucken.

Weitere Informationen

Videos unter www.lexware.de
- Buchungsmasken in Lexware buchhalter plus
- Buchungsmasken in Lexware buchhalter pro
- Buchen der Belege in Lexware buchhalter plus
- Wie buche ich in Lexware buchhalter pro

Arbeiten mit Belegnummern und Buchungsvorlagen

Der Lexware buchhalter bietet einige Funktionen, die die tägliche Arbeit erleichtern. Die Verwendung von Belegnummernkreisen ist sehr nützlich um Ihre Buchungen und Belege nachher schneller zu finden. Und für Buchungen, die sich öfter wiederholen, können Sie Buchungsvorlagen anlegen. Das erspart Ihnen in Zukunft nicht nur die Kontensuche, Sie müssen tatsächlich weniger eingeben.

Schritt 1: Die Vorteile von Belegnummernkreisen	
Belegnummernkreise anlegen	Belegnummernkreise verwenden

Schritt 2: Vorlagen für wiederkehrende Buchungen	
Buchungsvorlagen anlegen	Buchungsvorlagen verwenden

Arbeiten mit Belegnummern und Buchungsvorlagen

Voraussetzungen für die Übungen	
Einstellungen	Überprüfen Sie, ob in den Firmenstammdaten der Haken bei „unterschiedliche Belegnummernkreise" gesetzt ist.

→ Schritt 1: Die Vorteile von Belegnummernkreisen

Die Belegnummernkreise sind zu empfehlen, wenn Sie jeweils eigene Nummernkreise pro Bankkonto, Kasse oder für Rechnungen führen möchten.

Belegnummernkreise anlegen

Die Belegnummernkreise können Sie im Menü **Verwaltung → Belegnummern** oder direkt bei der Belegerfassung festlegen.

> **Beispiel**
> Angenommen, Sie legen Belegnummernkreise für Kasse „K" und für Bank „B" fest, dann können Sie beim Buchen unterscheiden, ob es sich um einen Kassenbeleg oder einen Bankbeleg handelt. Im Journal steht dann nicht nur die jeweilige Belegnummer, sondern zusätzlich der Buchstabe „K" oder „B". So finden Sie Ihre Buchungen im Journal bzw. Ihren Beleg im Ordner schneller wieder.

Zusätzlich können Sie die Belegnummern automatisch hochzählen lassen. Das ist zum Beispiel für EB-Werte und Kassenbelege von Vorteil, das Programm schlägt Ihnen bei jeder neuen Buchung automatisch die nächste Nummer vor.

> **Achtung**
> Wählen Sie die Funktion **automatisch Hochzählen**, müssen Sie unter **aktuelle Nummer** die zuletzt vergebene Belegnummer eingeben. Ohne diese Funktion erfassen Sie hier die erste gewünschte Belegnummer.

Schritt 1: Die Vorteile von Belegnummernkreisen

Übung

Legen Sie bitte folgende Belegnummernkreise an. Wählen Sie für die Belegnummernkreise K, EB und U die Funktion **automatisch Hochzählen** und tragen Sie hier jeweils unter **aktuelle Nummer** eine Null ein.

K = Kasse
B = Bank
AR = Ausgangsrechnungen
ER = Eingangsrechnungen
EB = Eröffnungsbilanzwerte (Anfangsbestände)
U = Umbuchungen

Lösung

Klicken Sie in der Buchungsmaske im Feld **Kürzel** auf den Pfeil und dort auf **Verwaltung**. Hier können Sie die Nummernkreise nicht nur anlegen, sondern auch jederzeit ändern und ergänzen.

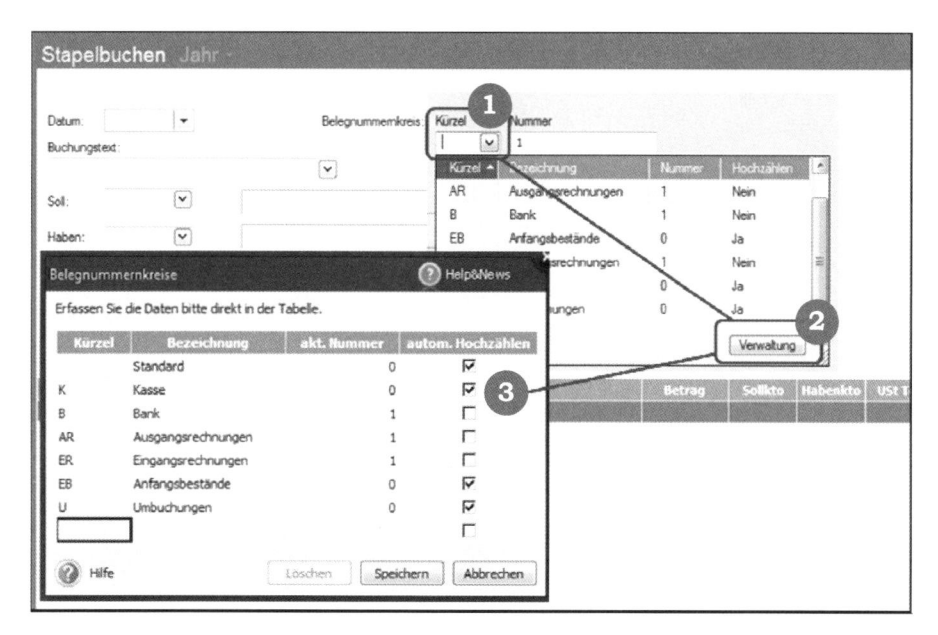

Abb. 1: ***Belegnummernkreise über die Buchungsmaske anlegen:*** *Öffnen Sie über den Pfeil unter* **Kürzel** ❶ *die Liste der angelegten Belegnummernkreise. Mit einem Klick auf* **Verwaltung** ❷ *können Sie vorhandene Nummernkreise* ❸ *bearbeiten und Neue anlegen.*

Arbeiten mit Belegnummern und Buchungsvorlagen

> **Tipp**
> In jedem neuen Buchungsjahr beginnt die Nummerierung automatisch bei Null bzw. Eins.

Belegnummernkreise verwenden

Im folgenden Journal sehen Sie die Buchungen von Anfangsbeständen, nur bei den letzten beiden Buchungen wurde der Belegnummernkreis „EB" verwendet.

Belegnr.	Belegdat.	Buchungstext	Betrag	Sollkto	Habenkto	USt Text
1	01.01.	EB-Wert	500,00	1000	9000	<keine>
2	01.01.	EB-Wert	2.800,00	9000	1200	<keine>
EB1	01.01.	EB-Wert	32.000,00	320	9000	<keine>
EB2	01.01.	EB-Wert	11.900,00	1410	9000	<keine>

Belegnummernkreise ja oder nein?

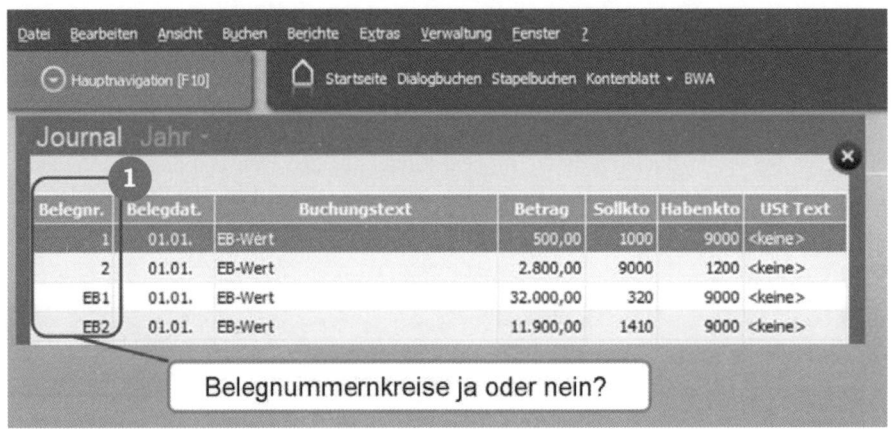

Abb. 2: **Buchungen mit und ohne Belegnummernkreise:** *Hier sehen Sie vier Buchungen über Eröffnungswerte* ❶ *. Die ersten Beiden wurden ohne und die letzten Beiden wurden mit Belegnummernkreisen gebucht. Das Kürzel „EB" zeigt, dass es sich um Eröffnungsbuchungen handelt.*

→ Schritt 2: Vorlagen für wiederkehrende Buchungen

Für immer wiederkehrende Buchungen können Sie Buchungsvorlagen in der Software anlegen. Die Verwendung von Buchungsvorlagen erspart Ihnen viel Handarbeit, wie z. B. die Eingabe von Konten, von Buchungstexten, ggf. des Betrages usw. Sie können die Buchungsvorlagen direkt in der Buchungsmaske anlegen.

Buchungsvorlagen anlegen

Buchen Sie zum Beispiel unter **Buchen → Einnahmen/Ausgaben in den Stapel** Ihre Miete in Höhe von 2.000,00 Euro, dann können Sie diese Buchung über die Funktion

Schritt 2: Vorlagen für wiederkehrende Buchungen

Als Buchungsvorlage speichern direkt anlegen. Es öffnet sich ein weiteres Fenster, in dem Sie die Daten für die Vorlage überprüfen und speichern können. Ist die Vorlage gespeichert, gelangen Sie zurück zur Buchungsmaske. Nun müssen Sie Ihre Buchung noch mit einem Klick auf **Buchen** abschließen.

Rechts neben der Buchungsmaske unter **Buchungsvorlagen anlegen** oder unter **Verwaltung → Buchungsvorlagen** sehen Sie, welche Buchungsvorlagen bereits angelegt sind. In den Versionen standard und plus zum Beispiel hat Lexware bereits einige Vorlagen angelegt, in den Versionen pro und premium nicht.

Abb. 3: ***Die Buchungsvorlage „Miete" anlegen:*** *Sie erfassen die Buchung der Miete und klicken kurz vor dem Buchen auf* ***Als Buchungsvorlage speichern*** ❶ *.*
Es öffnet sich ein Fenster in dem Sie die Vorlage überprüfen und bearbeiten können ❷ *. Sowie die Vorlage gespeichert ist, klicken Sie auf* ***Buchen*** ❸ *.*

Hier können Sie unter **Bearbeiten** die Buchungsvorlagen ändern oder anpassen und unter **Neu** eigene Buchungsvorlagen anlegen. Es besteht auch die Möglichkeit die Buchungsvorlagen zu nummerieren, die Nummern hinterlegen Sie im Feld **Suchnummer.**

Arbeiten mit Belegnummern und Buchungsvorlagen

Übung

Legen Sie bitte folgende Buchungsvorlagen im Menü **Verwaltung** an.

Buchungstext	Sollkonto	Habenkonto	Betrag
Barzahlung Kunde	1000	8400	0,00
Büromaterial	4930		0,00
Miete Praxis ohne USt.	4210	1200	2.000,00

Lösung

Unter **Verwaltung** → **Buchungsvorlagen** erhalten Sie diese Übersicht. Die Vorlagen sind nach folgendem Schema angelegt:

Bei der Vorlage „Barzahlung Kunde" handelt es sich um eine Einnahme, das Erlöskonto steht im Haben. Im Soll steht das Konto Kasse, deshalb wird Ihnen diese Vorlage nur für Kassenbuchungen zur Verfügung stehen. Hier wurde kein Betrag hinterlegt, da er wohl immer unterschiedlich sein wird.

*Abb. 4: **Übersicht Buchungsvorlagen:** Unter **Verwaltung** → **Buchungsvorlagen** sehen Sie die angelegten Buchungsvorlagen. Bei einer Einnahme wie der „Barzahlung vom Kunden"* ❶ *wird das Erlöskonto im Haben gebucht. Bei einer Ausgabe wie „Miete Praxis"* ❷ *wird das Kostenkonto im Soll gebucht.*

Schritt 2: Vorlagen für wiederkehrende Buchungen

Bei der Vorlage „Miete Praxis" ist neben dem Text, dem Belegnummernkreis und den Konten sogar der Betrag hinterlegt. Rufen Sie diese Vorlage auf, müssen Sie nur noch auf Buchen klicken.

Bei der Vorlage „Büromaterial" ist weder ein Betrag noch ein Gegenkonto angegeben. In diesem Fall wird Ihnen die Vorlage überall zur Verfügung stehen, vielleicht zahlen Sie Büromaterial abwechselnd mal bar und mal über die Bank.

Buchungsvorlagen verwenden

Jetzt soll die Buchungsvorlage „Miete Praxis" verwendet werden. Möchten Sie im nächsten Monat unter **Buchen → Einnahmen/Ausgaben in den Stapel** Ihre Miete in Höhe von 2.000,00 Euro buchen, geht es jetzt viel schneller. In diesem Fall geben Sie im Textfeld den Buchstaben „M" oder das Wort „Miete" ein.

Je nach Einstellung der Buchungsmaske wird die Buchungsvorlage sofort angezeigt oder erst durch das Öffnen der Auswahlleiste. Sowie die Vorlage sichtbar ist, wählen Sie sie mit einem Doppelklick aus oder bestätigen mit „Enter".

Abb. 5: **Die Buchungsvorlage Miete verwenden:** *Geben Sie im Feld Buchungstext das Wort „Miete"* ❶ *ein, öffnet sich die Liste der vorhandenen Buchungsvorlagen* ❷ *Hier können Sie die Miete auswählen, mit „Enter" bestätigen, und schon wird die Buchungsmaske ausgefüllt und Sie können buchen* ❸.

Dadurch werden der Buchungstext, der Betrag und das Konto in die Buchungsmaske übernommen. Der Text und alle Daten aus der Vorlage sind nur ein Vorschlag, sie können während der Eingabe jederzeit geändert oder ergänzt werden. Sowie die Vorlage aufgerufen wurde, müssen Sie nur noch auf **Buchen** klicken.

> **Tipp**
>
> Noch schneller geht es mit der Plustaste. Sowie alle Daten erfasst sind, können Sie über die Plustaste (Turbotaste) direkt die Buchung abschließen.
>
> Es ist empfehlenswert, mit der „Entertaste" von Feld zu Feld zu springen und die Pfeiltasten auf der Tastatur zu nutzen. Stehen Sie zum Beispiel auf dem Datumsfeld, gelangen Sie zum nächsten Tag über den „Pfeil nach oben". In allen Feldern können Sie durch die Verwendung der Pfeiltasten viel Tipperei und Mausklicks sparen.

Weitere Informationen

Video unter www.lexware.de
- Buchungsvorlagen anlegen und anwenden

Ihre Programmeinstellungen

Grundsätzlich ist der Lexware buchhalter richtig eingestellt und Sie können damit arbeiten. Aber vielleicht können Sie die Software noch mehr an Ihre Bedürfnisse anpassen. Sie sollten diese Einstellungen für sich ausprobieren und testen. Nur so können Sie herausfinden, welche für Sie hilfreich sind und welche nicht. Sie können alle Einstellungen auch jederzeit wieder ändern.

Schritt 1: Ihre Einstellungen im Programm	
Die allgemeinen Einstellungen überprüfen	Ihre Buchungsmasken einrichten

Schritt 2: Weitere Einstellungen	
Zusätzliche Einstellungen in den Versionen pro und premium	Die Menüpunkte auswählen

→ Schritt 1: Ihre Einstellungen im Programm

Im Menü **Extras → Optionen** können Sie zum Beispiel unter **Allgemein** eine tägliche Erinnerung an die Datensicherung hinterlegen. Oder ob beim Programmstart die zuletzt bearbeitete Firma oder die Firmenübersicht geöffnet werden soll.

Die allgemeinen Einstellungen überprüfen

Diese Programmoptionen können Sie auch direkt in der Buchungsmaske öffnen, über die Funktion **Einstellungen.** Im Register **Buchen** sehen Sie unter anderem welche Sicherheitsabfragen aktiviert sind und welche nicht.

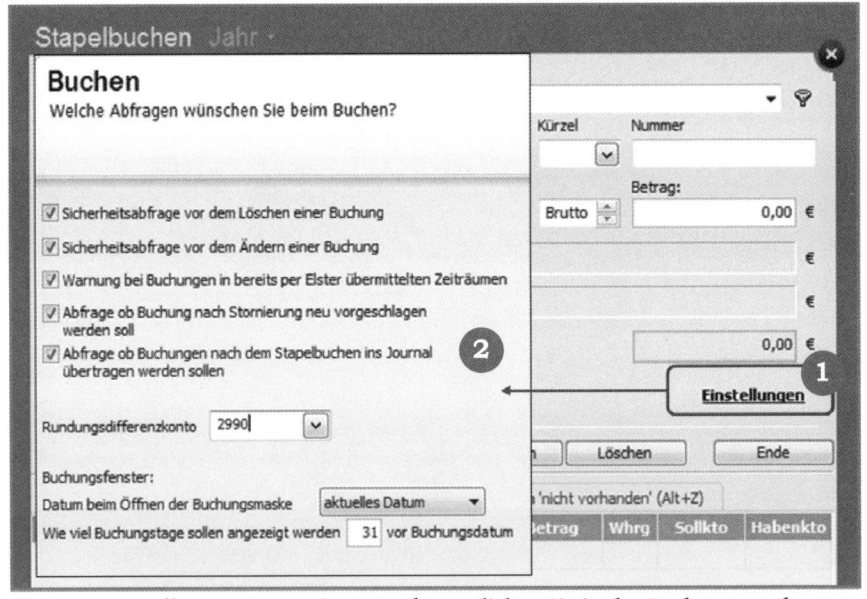

Abb. 1: **Einstellungen im Register Buchen:** *Klicken Sie in der Buchungsmaske auf* **Einstellungen** ❶ *, öffnet sich dieses Fenster* ❷ *. Hier sind zum Beispiel alle Sicherheitsabfragen aktiviert.*

Schritt 1: Ihre Einstellungen im Programm

Ihre Buchungsmasken einrichten

Über **Einstellungen** im Register **Buchungsmaske** können Sie die Buchungsmasken auf Ihre Bedürfnisse einstellen. Sollen die Auswahllisten automatisch geöffnet werden oder möchten Sie das manuell machen?

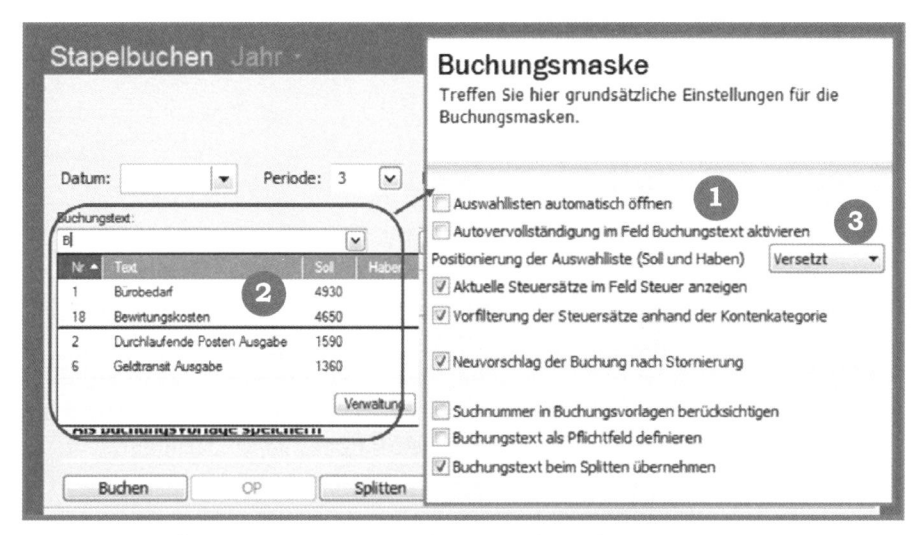

Abb. 2: ***Einstellungen im Register Buchungsmaske Teil 1:*** *Deaktivieren Sie hier die Funktion „Auswahllisten automatisch öffnen"* ❶ *können Sie diese Liste* ❷ *nur manuell öffnen. Dann können Sie auch die Einstellung „Autovervollständigen im Feld Buchungstext aktivieren"* ❸ *und verändern.*

Über die Funktion „Autovervollständigung im Feld Buchungstext aktivieren" wird beispielsweise die Auswahl der Buchungsvorlagen automatisch geöffnet. All diese Einstellungen sollten Sie Schritt für Schritt für sich testen, hier sehen Sie nur einen Vorschlag.

Seit der Version 2011 können Sie sich während des Buchens in der Buchungsmaske die Inhalte der Sachkonten anzeigen lassen. Sowie Sie im Kontenfeld die Nummer eingegeben haben, sehen Sie unten den Inhalt des Kontos. Es gibt drei Ansichten zur Auswahl, die Buchungsliste, das Konto Soll und das Konto Haben.

In den Versionen standard und plus müssen Sie hier entscheiden, welche Buchungen Sie sehen möchten, die Buchungen aus dem Stapel oder die aus dem Journal. In den Versionen pro und premium können Sie alle Buchungen sehen.

Ihre Programmeinstellungen

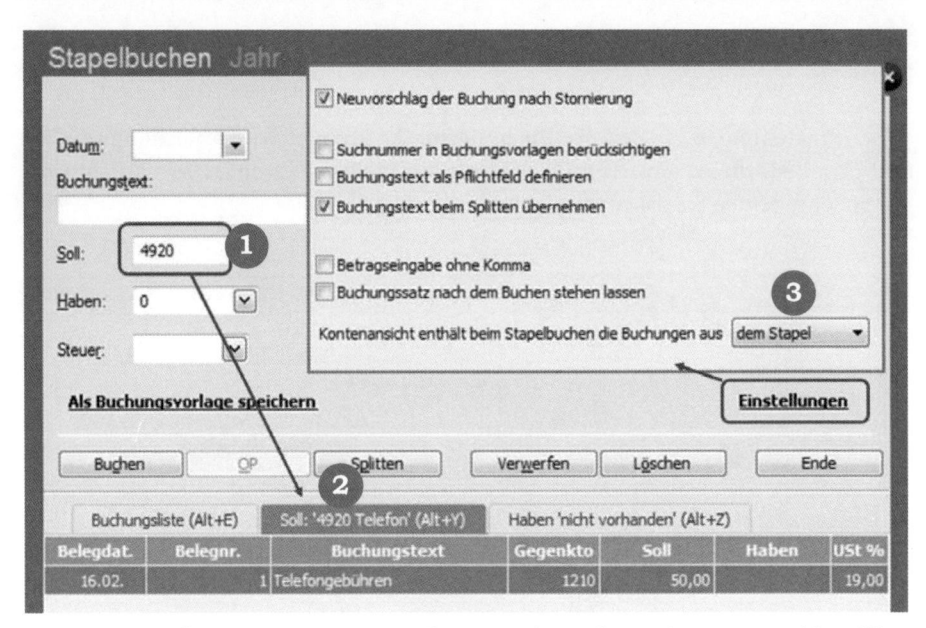

Abb. 3: **Einstellungen im Register Buchungsmaske Teil 2:** *Geben Sie im Feld „Soll" die Kontonummer „4920" ein* ❶ *, können Sie unten sehen, was bereits auf das Konto* ❷ *gebucht wurde. Ist unter* **Einstellungen** *„Stapel"* ❸ *ausgewählt, sehen Sie hier nur die Stapelbuchungen.*

Sehr sinnvoll ist auch die Einstellung „Neuvorschlag der Buchung nach Stornierung", die das Programm nach einer Stornierung dazu veranlasst, den alten Buchungssatz in die Buchungsmaske zu übertragen. Sie brauchen dann die Daten nur zu korrigieren, statt neu einzugeben. Alle weiteren Einstellungen sollten Sie für sich ausprobieren, auch hier sehen Sie nur einen Vorschlag.

→ Schritt 2: Weitere Einstellungen

Weitere Einstellungen in den Versionen pro und premium

Die Versionen pro und premium bieten Ihnen zwei weitere Funktionen für das Buchen. Sie können zum Beispiel mit **mehreren Stapeln** arbeiten und diese zu unterschiedlichen Zeiten ausbuchen. D.h., Sie können den Stapel mit den Rechnungen früher und die Kassenbelege später ausbuchen.

Schritt 2: Weitere Einstellungen

Das Buchen mit Belegdatum und **Perioden** bietet Ihnen noch mehr Auswertungsmöglichkeiten. Buchen Sie zum Beispiel die Jahresabschlussbuchungen am 31.12. in der Periode 13, können Sie sich diese in einer eigenen Liste anzeigen lassen, getrennt von den normalen Dezemberbuchungen.

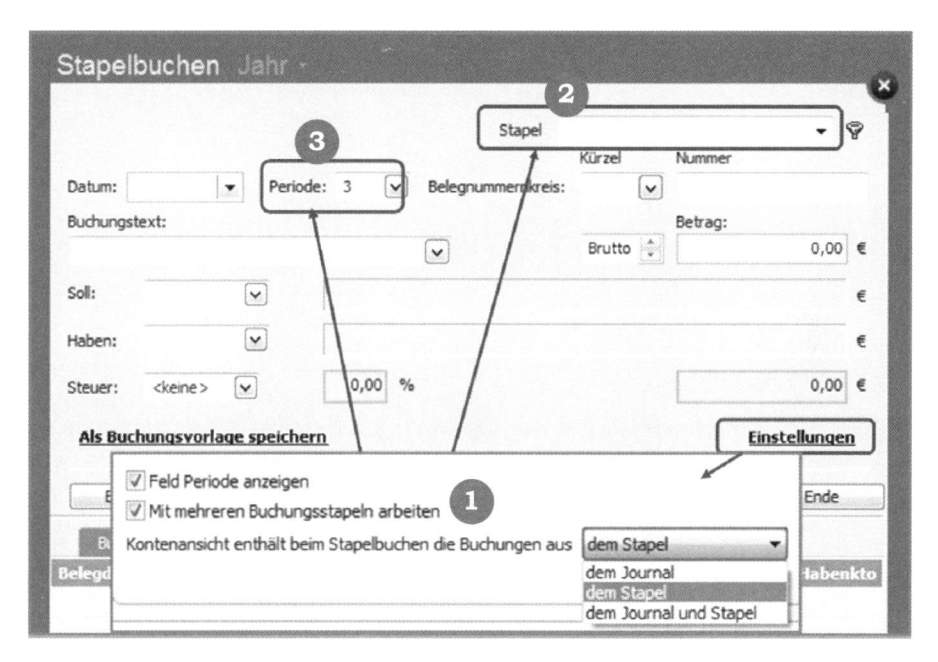

Abb. 4: ***Zusätzliche Einstellungen in pro und premium:*** *Wählen Sie hier „Mit mehreren Buchungsstapeln arbeiten"* ❶ *, erscheint in der Buchungsmaske das Eingabefeld „Stapel"* ❷ *. Hier können Sie den Stapeln verschiedene Namen geben. Wählen Sie das Feld „Perioden anzeigen", erscheint auch dieses* ❸ *.*

Auswahl der Menüpunkte

Im Menu **Verwaltung → Konfigurationsassistent → Einstellungen** können Sie sehen, welche Menüpunkte im Lexware buchhalter angezeigt werden und welche nicht. Links auf dem Bild sehen Sie die **Menüpunkte** im Programm und unter **Einstellungen → Buchen** sehen Sie, welche Buchungsmasken zur Auswahl stehen. Zum Beispiel sehen Sie hier, dass es „Einnahmen/Ausgaben" und „Einnahmen/Ausgaben in den Stapel" gibt, diese unterscheiden sich, wie beim Stapelbuchen und Dialogbuchen, nur in der Buchungsart. In diesem Fall wurde nur die Buchungsmaske „Einnahmen/Ausgaben in den Stapel" ausgewählt. Sie können diese Menüpunkte jederzeit ein- und wieder ausschalten.

Ihre Programmeinstellungen

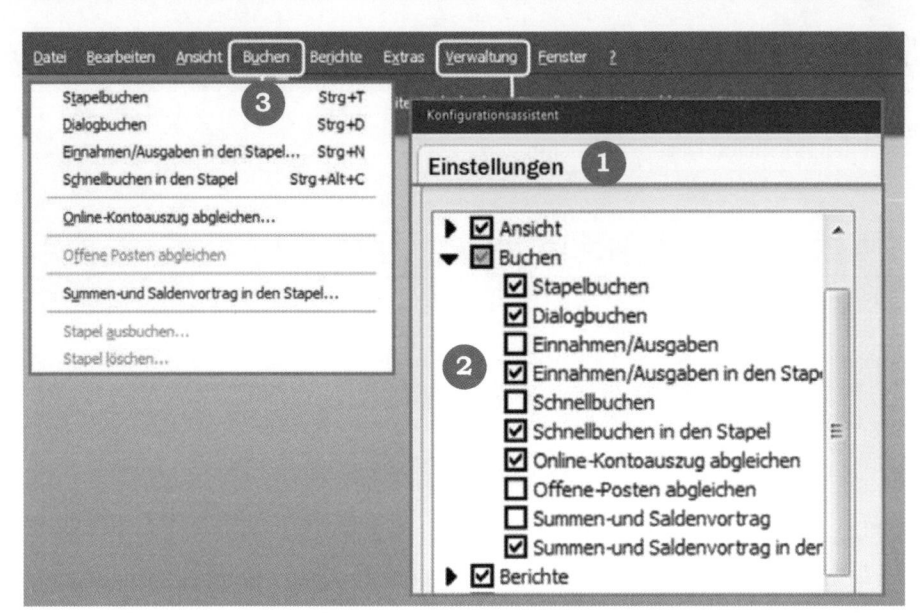

Abb. 5: **Menüpunkte einstellen:** *Unter* **Verwaltung**→ **Konfigurationsassistent** → **Einstellungen** ❶ *können Sie sehen, welche Menüpunkte in Ihrem Programm aktiviert sind. Die Buchungsmasken, die hier einen Haken haben* ❷ *werden im Menü* **Buchen** ❸ *angezeigt.*

Die Eröffnungswerte im ersten Jahr erfassen

Erledigen Sie zum ersten Mal die Buchführung mit dem Lexware buchhalter, müssen Sie einige Daten manuell erfassen, die schon beim nächsten Jahreswechsel automatisch übernommen werden können. Dazu gehören vor allem die Anfangsbestände der Konten. Zunächst zeigen wir Ihnen den wohl häufigsten Fall, den Start zum 1. Januar. Erst danach erfahren Sie, wie Sie vorgehen, wenn Sie im laufenden Jahr in das Programm einsteigen, weil Ihr Unternehmen gerade erst gegründet wurde oder die Buchführung bisher mit einer anderen Software erledigt wurde.

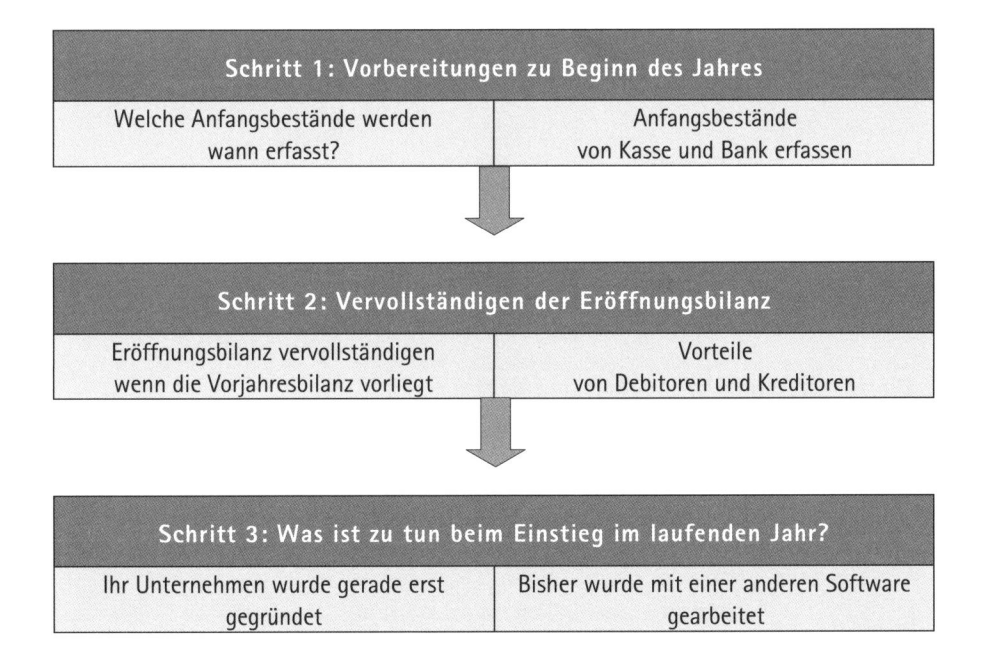

Schritt 1: Vorbereitungen zu Beginn des Jahres	
Welche Anfangsbestände werden wann erfasst?	Anfangsbestände von Kasse und Bank erfassen

Schritt 2: Vervollständigen der Eröffnungsbilanz	
Eröffnungsbilanz vervollständigen wenn die Vorjahresbilanz vorliegt	Vorteile von Debitoren und Kreditoren

Schritt 3: Was ist zu tun beim Einstieg im laufenden Jahr?	
Ihr Unternehmen wurde gerade erst gegründet	Bisher wurde mit einer anderen Software gearbeitet

Die Eröffnungswerte im ersten Jahr erfassen

Voraussetzungen für die Übungen	
Einstellungen	Überprüfen Sie, ob in den Firmenstammdaten der Haken bei „unterschiedliche Belegnummernkreise" gesetzt ist. Unter Verwaltung – Belegnummern sollte der Belegnummernkreis „EB" für Eröffnungsbilanzwerte angelegt sein.
Hinweise zu den Eingaben	Es wird am 01.01. gebucht, zu diesem Datum sollten noch keine Buchungen vorhanden sein. Die letzte Übung ist nur für Bilanzierende. Da noch keine Debitoren- und Kreditorenkonten angelegt sind, werden die Forderungen und Verbindlichkeiten in der Übung auf Sachkonten gebucht. Ein Beispiel zeigt Ihnen den Vorteil von Debitoren- und Kreditorenkonten.

→ Schritt 1: Vorbereitungen zu Beginn des Jahres

Welche Anfangsbestände werden wann erfasst?

Die Schlussbilanz des Vorjahres ist gleichzeitig die Eröffnungsbilanz des aktuellen Jahres. Und da die Schlussbilanz in der Regel erst einige Monate nach dem 31.12. fertig gestellt wird, gibt es am 01.01. noch keine vollständige Eröffnungsbilanz.
Aus diesem Grund erfasst man am 01.01. lediglich die Anfangssalden der Geldkonten laut Kassenbuch und Kontoauszügen vom 31.12. Alle anderen Anfangsbestände können Sie erst später erfassen, wenn die Schlussbilanz fertig gestellt ist.

> **Hinweis für Einnahmen-Überschussrechner**
> Eigentlich genügt es im Rahmen der Einnahmen-Überschussrechnung, lediglich die Betriebseinnahmen und Betriebsausgaben zu erfassen. Die Eingabe der Anfangsbestände ist nicht erforderlich. Arbeiten Sie allerdings mit einem Buchführungsprogramm, ist es vorteilhaft, die Anfangsbestände Ihrer Bankkonten und ggf. Ihrer Kasse einzugeben. Damit nutzen Sie eine sehr hilfreiche Kontrollfunktion.

> **Beispiel**
> Erfassen Sie alle Positionen Ihres Kontoauszugs, rechnet das Programm parallel Ihren Kontostand mit. Diesen können Sie dann mit Ihrem Original-Kontoauszug vergleichen. So erkennen Sie auf einen Blick, ob Sie sich vertippt haben oder nicht.

Schritt 1: Vorbereitungen zu Beginn des Jahres

Belegnummernkreis für Anfangsbestände

Anfangsbestände nennt man auch Eröffnungsbilanzwerte, kurz EB-Werte. Wenn Sie für die Anfangsbestände einen eigenen Nummernkreis führen möchten, getrennt von allen anderen Buchungen, empfiehlt es sich den Belegnummerkreis „EB" anzulegen und beim Buchen zu verwenden.

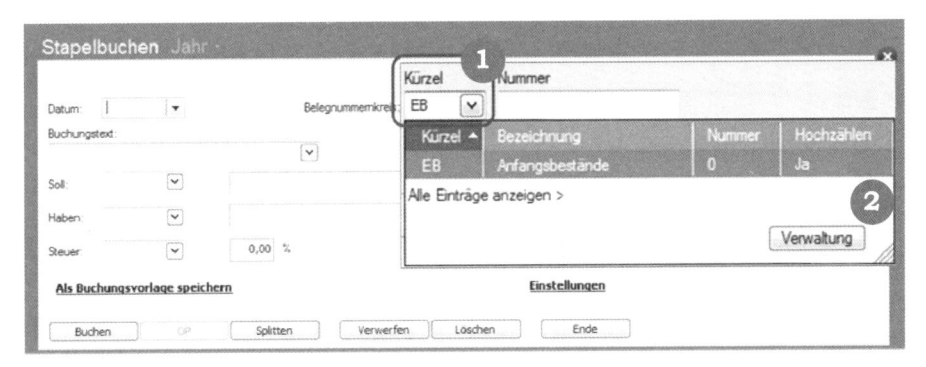

Abb. 1: **Belegnummernkreis für Anfangsbestände:** *Wählen Sie in der Buchungsmaske unter Belegnummernkreis das Kürzel „EB"* ❶ *aus. Über* **Verwaltung** ❷ *können Sie vorhandene Nummernkreise bearbeiten und Neue anlegen.*

Anfangsbestände von Kasse und Bank erfassen

Unter **Buchen → Stapelbuchen** können Sie die Anfangsbestände erfassen. Diese werden über das Konto „9000 Saldenvorträge Sachkonten" erfasst.

Übung für Bilanzierende und Einnahmen-Überschussrechner

Die Kontoauszüge und das Kassenbuch liegen Ihnen vor. An diesen Beständen wird sich nichts mehr ändern. Buchen Sie bitte unter **Buchen → Stapelbuchen** den positiven Anfangssaldo der Kasse von + 500 Euro und den negativen Saldo der Bank von - 2.800 Euro.

Buchen → Stapelbuchen						
Datum	Beleg	Text	Betrag	SOLL	HABEN	Steuer
01.01.	EB 1	EB-Wert	500,00	1000	9000	keine
01.01.	EB 2	EB-Wert	2.800,00	9000	1200	keine

Stimmen Ihre Eingaben, können Sie die Buchungen ins Journal übertragen, unter **Buchen → Stapel ausbuchen**.

Die Eröffnungswerte im ersten Jahr erfassen

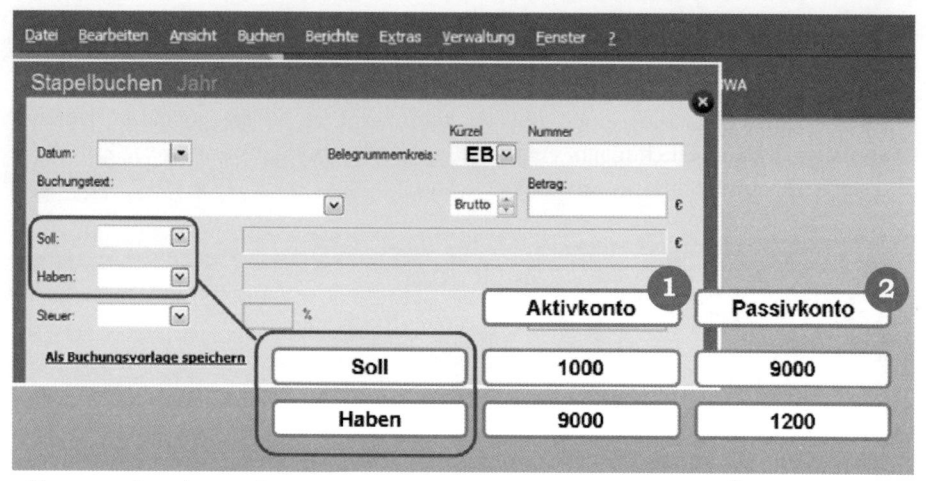

Abb. 2: **Anfangsbestände erfassen unter Stapelbuchen:** *Aktivkonten* ❶ *werden im „Soll" und Passivkonten* ❷ *im „Haben" gebucht, das Gegenkonto für die Anfangsbestände von Sachkonten ist „9000".*

Übung

In der Buchungsmaske **Einnahmen/Ausgaben in Stapel** sehen Sie zum Beispiel den aktuellen Kontostand, genauso wie unter **Ansicht → Sachkonto**.

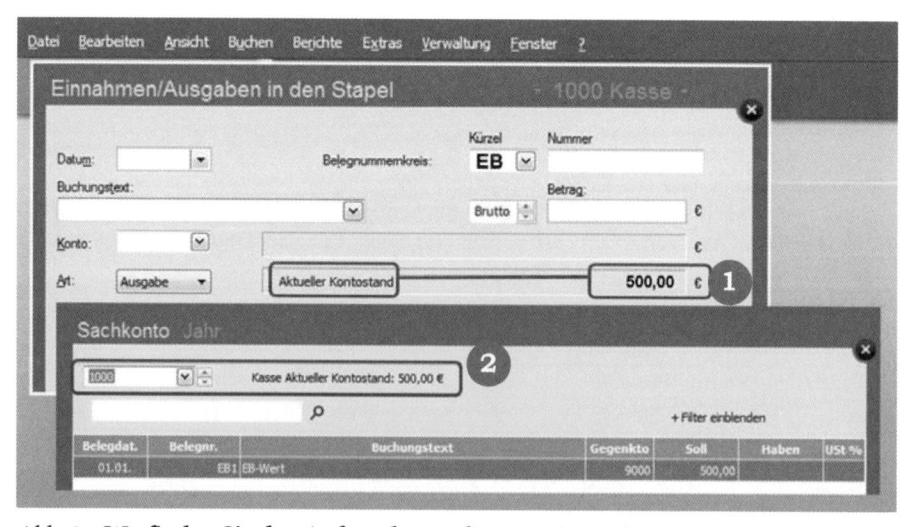

Abb. 3: **Wo finden Sie den Anfangsbestand?** *Sowie der Anfangsbestand gebucht wurde, steht er in der Buchungsmaske* ❶. *Auf dem Sachkonto „1000 Kasse"* ❷ *im Menü* **Ansicht** *sehen Sie ihn erst, wenn der Stapel ausgebucht wurde.*

Schritt 2: Eröffnungsbilanz vervollständigen

→ Schritt 2: Eröffnungsbilanz vervollständigen

Angenommen, im März fordert Ihre Bank eine vorläufige Bilanz bzw. Gewinn- und Verlustrechnung des aktuellen Jahres. Die Bilanz des Vorjahres ist noch nicht endgültig fertig gestellt, also ist auch die Eröffnungsbilanz nicht vollständig erfasst. Wie aussagekräftig sind Ihre aktuelle Bilanz und die Gewinn- und Verlustrechnung?

Ohne Anfangsbestände ist eine Bilanz nicht brauchbar, sie zeigt nur die Zugänge und Abgänge des aktuellen Jahres, aber noch nicht die Bestände.

In der Gewinn- und Verlustrechnung dagegen werden nur Aufwendungen und Erlöse des laufenden Jahres erfasst, keine Anfangsbestände. Sie zeigt ein vorläufiges Ergebnis und kann z. B. an die Bank weitergeleitet werden.

Eröffnungsbilanz vervollständigen wenn die Vorjahresbilanz vorliegt

Sie haben bereits ein paar Wochen oder Monate im neuen Buchungsjahr gebucht. Inzwischen wurde die Vorjahresbilanz fertig gestellt und erst jetzt können Sie die Eröffnungsbilanz vervollständigen. Die Anfangsbestände von Kasse und Bank haben sich tatsächlich nicht verändert.

Eröffnungsbilanz			
Aktiva		Passiva	
Pkw	32.000 €	Kapital	35.650 €
Forderungen	11.900 €	*Bank*	*2.800 €*
Kasse	*500 €*	Verbindlichkeiten	5.950 €
Summe	44.400 €	Summe	44.400 €

Jetzt müssen Sie also nur noch die fehlenden Anfangsbestände erfassen, in diesem Fall alle außer Kasse und Bank.

> **Hinweis für Einnahmen-Überschussrechner**
> Bei der Einnahmen-Überschussrechnung gibt es keine Eröffnungsbilanz, nur einen Kontennachweis. Wenn Sie möchten, können Sie die Anfangsbestände von Pkw und Darlehen freiwillig buchen, aber nur, wenn Sie diese Bestände im Programm führen möchten.

Die Eröffnungswerte im ersten Jahr erfassen

Übung für Bilanzierende

Erfassen Sie bitte unter **Buchen → Stapelbuchen** die fehlenden Anfangsbestände. Verwenden Sie dazu den Belegnummernkreis „EB- Eröffnungsbilanzwerte".

Buchen → Stapelbuchen						
Datum	Beleg	Text	Betrag	SOLL	HABEN	Steuer
01.01.	EB 3	EB-Wert	32.000,00	0320	9000	keine
01.01.	EB 4	EB-Wert	11.900,00	1410	9000	keine
01.01.	EB 5	EB-Wert	35.650,00	9000	0880	keine
01.01.	EB 6	EB-Wert	5.950,00	9000	1610	keine

Stimmen Ihre Eingaben, können Sie die Buchungen ins Journal übertragen und unter **Buchen → Stapel ausbuchen.**

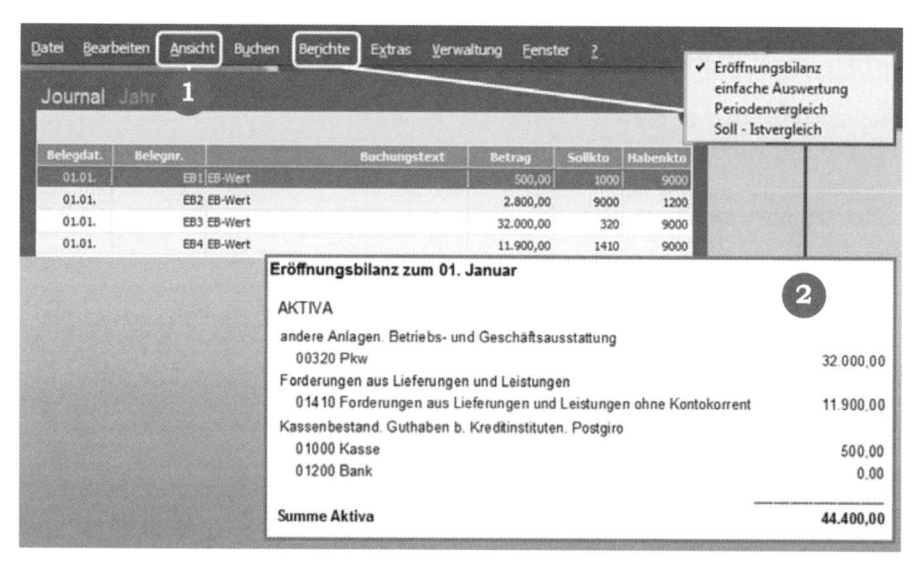

Abb. 4: **Die gebuchten Anfangsbestände:** *Die einzelnen Buchungen stehen im Journal* ❶ *und die Eröffnungsbilanz erhalten Sie unter* **Berichte → Auswertungen,** *wenn Sie oben rechts „Eröffnungsbilanz"* ❷ *auswählen.*

Lösung

Unter **Ansicht → Journal** finden Sie Ihre Buchungen. Unter **Berichte → Auswertungen → Bilanz** können Sie die Eröffnungsbilanz ansehen, wenn Sie in der Berichtsauswahl **Eröffnungsbilanz** auswählen statt einfache Auswertung.

Schritt 2: Eröffnungsbilanz vervollständigen

> **Tipp**
> Schon im Folgejahr bietet Ihnen das Programm die Möglichkeit, die EB-Werte automatisch zu übernehmen. Bei den Versionen standard und plus über den technischen Jahresabschluss und bei den Versionen pro und premium direkt beim Anlegen eines neuen Buchungsjahres.

Vorteile von Debitoren und Kreditoren

Bisher wurden in der Eröffnungsbilanz die offenen Forderungen und Verbindlichkeiten jeweils in einer Summe erfasst. In der Praxis handelt es sich dabei aber meistens um mehrere Rechnungen.

Möchten Sie zusätzlich die „Offene-Posten-Verwaltung" (OP-Verwaltung) des Programms nutzen? Möchten Sie die Forderungen pro Kunde sehen und die Verbindlichkeiten pro Lieferant? Dann müssen Sie für jeden Kunden ein Debitorenkonto anlegen und für jeden Lieferanten ein Kreditorenkonto.

> **Beispiel**
> Bei den offenen Forderungen von 11.900 € handelt es sich um zwei Rechnungen an unterschiedliche Kunden, für die bereits Debitorenkonten angelegt wurden:

Name des Kunden	Rechnungsbetrag	Debitorennr.
Sabine Anders, RG 234	4.760 Euro	10100
Braun GmbH, RG 236	7.140 Euro	20200
Summe	11.900 Euro	

Und bei den offenen Verbindlichkeiten handelt es sich um zwei Rechnungen von zwei verschiedenen Lieferanten, für die ebenfalls die Kreditorennummern angelegt wurden:

Name des Lieferanten	Rechnungsbetrag	Kreditorennr.
Haufe-Lexware GmbH & Co. KG, RG 2703	2.380 Euro	71000
Bürohandel Maurer, RG 119	3.570 Euro	72000
Summe	5.950 Euro	

Die Anfangsbestände von Debitorenkonten werden über das Konto „9008 Saldenvorträge Debitoren" erfasst, die der Kreditorenkonten über das Konto „9009 Saldenvorträge Kreditoren".

Die Eröffnungswerte im ersten Jahr erfassen

Beispiel
Die Anfangsbestände der Forderungen und Verbindlichkeiten werden dann nicht mehr in einer Summe erfasst, sondern pro Debitoren- und Kreditorenkonto.

In der Bilanz werden die offenen Forderungen nach wie vor in einer Summe ausgewiesen. Aber Sie erhalten zusätzlich eine Übersicht der Forderungen pro Kunde. Zusätzlich sehen Sie in den Offenen-Posten-Listen (OP-Listen), welche Rechnungen welcher Kunden noch nicht bezahlt wurden, also noch offen sind. Das Gleiche gilt für die Kreditoren und Verbindlichkeiten.

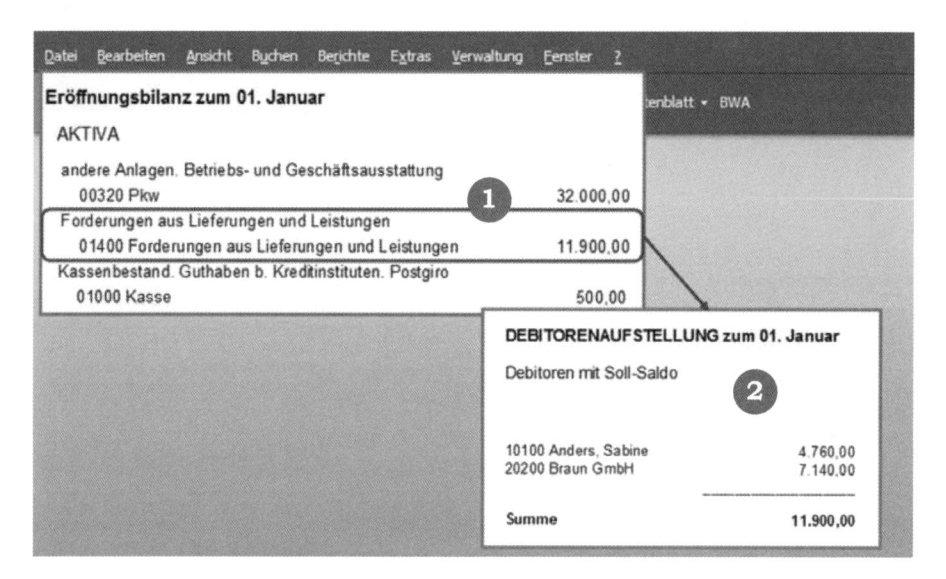

Abb. 5: ***Der Vorteil von Debitoren:*** *Verwenden Sie beim Buchen Debitorenkonten, sehen Sie danach in der Bilanz* ❶ *Ihre Forderungen in einer Summe und in einer Debitorenaufstellung* ❷ *die Forderungen pro Kunde.*

→ Schritt 3: Was ist zu tun beim Einstieg im laufenden Jahr?

Es ist ein Unterschied, ob Sie Ihr Unternehmen gerade erst gegründet haben oder die Firma bereits besteht und die Buchführung zuvor mit einer anderen Software gebucht wurde.

Schritt 3: Was ist zu tun beim Einstieg im laufenden Jahr?

Ihr Unternehmen wurde gerade erst gegründet

Haben Sie Ihr Unternehmen im März eröffnet und möchten nun mit der Buchführung beginnen, gibt es in der Regel nicht viel zu tun. Der Umfang der ersten Eröffnungsbilanz ist meist sehr gering. Die Erfassung der Anfangsbestände erfolgt genau so wie in den vorherigen Schritten beschrieben.

Bisher wurde mit einer anderen Software gearbeitet

Hat Ihr Steuerberater bisher Ihre Buchführung erledigt oder haben Sie vorher mit einem anderen Programm gearbeitet, müssen Sie nicht alle Buchungen noch einmal erfassen, sondern nur die Summen- und Salden der Konten. D. h., gebucht werden die Anfangsbestände der Aktiv- und Passivkonten sowie die Summen der Konten (Jahresverkehrszahlen). Diese Werte finden Sie zum Beispiel in der letzten Summen- und Saldenliste.

	Summen- und Saldenliste zum 30.06.						
		Eröffnungsbilanz		Summen		Salden	
Konto	Bezeichnung	Aktiva	Passiva	Soll	Haben	Soll	Haben
0880	Variables Kapital		22.500				22.500
1200	Bank	22.500			17.850	4.650	
1576	Vorsteuer			2.850		2.850	
3400	Wareneingang			15.000		15.000	
		22.500	22.500	17.850	17.850	22.500	22.500

Im Programm unter **Buchen → Summen- und Saldenvortrag** können Sie diese Summen- und Saldenliste einfach abschreiben. Hier handelt es sich um eine Eingabemaske, während Sie die Werte dort eintragen, wird im Hintergrund gebucht.

Die Eröffnungswerte im ersten Jahr erfassen

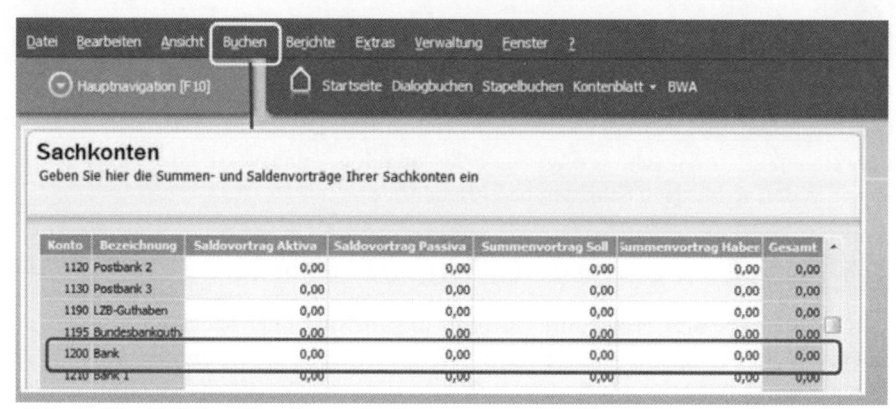

Abb. 6: ***Ein Teil der Eingabemaske Summen- und Saldenvortrag:*** *In diese Felder können Sie die Werte Ihrer Summen- und Saldenliste eintragen. Nach dem Klick auf* **Buchen** *erfasst das Programm automatisch die richtigen Gegenkonten.*

Natürlich können Sie die Buchungen unter **Buchen → Stapelbuchen** auch manuell erfassen.

Beispiel
Hier sehen Sie die entsprechenden Buchungen dazu.

Buchen → Stapelbuchen					
Datum	Text	Betrag	SOLL	HABEN	Steuer
Anfangsbestände					
01.01.	EB-Wert	22.500,00	1200	9000	keine
01.01.	EB-Wert	22.500,00	9000	0880	keine
Summen pro Konto					
30.06.	Summen	17.850,00	9090	1200	keine
30.06.	Summen	2.850,00	1576	9090	keine
30.06.	Summen	15.000,00	3400	9090	keine

Nachdem diese Buchungen erfasst wurden, sollten Sie im Menü **Berichte** ebenfalls eine Summen- und Saldenliste drucken. Stimmen beide Listen überein, haben Sie richtig gebucht.

Kassenbelege schnell und effektiv erfassen

Für die Erfassung von Kassenbelegen ist die Buchungsmaske „Einnahmen/Ausgaben in den Stapel" zu empfehlen. Hier lernen Sie die Vorteile kennen.

Sind Belegnummernkreis, Anfangsbestand und einige Buchungsvorlagen erst einmal erfasst, geht das Buchen ganz schnell. Ihre Eingaben können Sie jederzeit ändern und in verschiedenen Berichten ansehen.

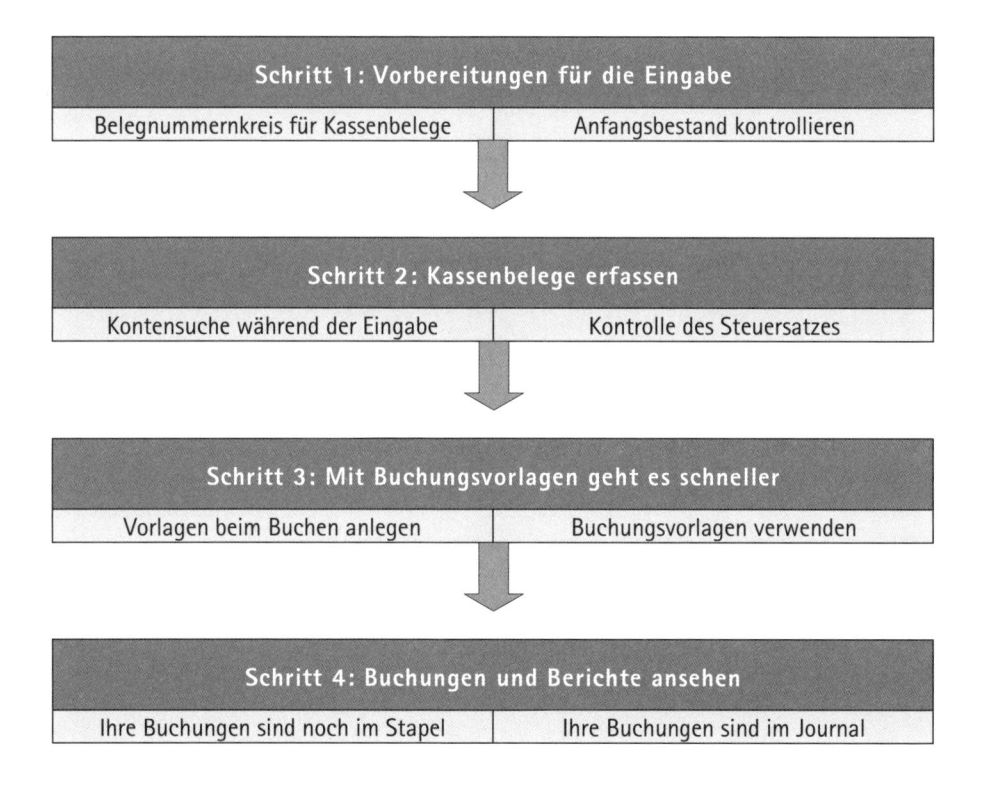

Schritt 1: Vorbereitungen für die Eingabe	
Belegnummernkreis für Kassenbelege	Anfangsbestand kontrollieren

Schritt 2: Kassenbelege erfassen	
Kontensuche während der Eingabe	Kontrolle des Steuersatzes

Schritt 3: Mit Buchungsvorlagen geht es schneller	
Vorlagen beim Buchen anlegen	Buchungsvorlagen verwenden

Schritt 4: Buchungen und Berichte ansehen	
Ihre Buchungen sind noch im Stapel	Ihre Buchungen sind im Journal

Kassenbelege schnell und effektiv erfassen

Voraussetzungen für die Übungen	
Einstellungen	Überprüfen Sie bitte, ob in den Firmenstammdaten der Haken bei „unterschiedliche Belegnummernkreise" gesetzt ist. Unter Verwaltung – Belegnummern sollte der Belegnummernkreis „K" für Kasse angelegt sein.
Hinweise zu den Eingaben	Der Anfangsbestand der Kasse zum 01.01. sollte gebucht sein, die Buchung finden Sie im ersten Beispiel. Gebucht wird im Februar, in diesem Monat sollten im Stapel keine Buchungen vorhanden sein.

→ Schritt 1: Vorbereitungen für die Eingabe

Sie öffnen die Buchungsmaske unter **Buchen → Einnahmen/Ausgaben in den Stapel** und wählen in der Kontenauswahl das Konto **1000 Kasse** aus.

> **Achtung**
> In der Kontenauswahl finden Sie alle Konten der Kategorie „Finanzkonto", d.h. nur Finanzkonten können Sie über diese Buchungsmaske buchen. Möchten Sie zum Beispiel ein Verrechnungs- oder Darlehenskonto damit buchen, müssen Sie **vor der ersten Buchung** im Kontenplan für dieses Konto die Kategorie „Finanzkonto" wählen.

Belegnummernkreis für Kassenbelege

Für die Erfassung von Kassenbelegen empfiehlt es sich, den Belegnummernkreis „K" zu verwenden. So können Sie die Kassenbelege getrennt von allen anderen Buchungen nummerieren. Ist dieser Belegnummernkreis noch nicht angelegt, können Sie das bei der Erfassung des ersten Kassenbeleges erledigen.

Anfangsbestand kontrollieren

Bevor Sie mit der Erfassung der Kassenbelege beginnen, müssen Sie den Kassenstand im Programm mit Ihrem tatsächlichen Stand vergleichen.

Schritt 1: Vorbereitungen für die Eingabe

Beispiel
Der Anfangsbestand der Kasse wurde bereits im Januar gebucht. Wenn nicht, können Sie das jetzt nachholen.

Buchen → Einnahmen/Ausgaben in den Stapel → 1000 Kasse						
Datum	Belegnr.	Buchungstext	Betrag	Konto	Kategorie	Steuer
01.01.	EB 1	Anfangsbestand	500,00	9000	Einnahme	keine

Nach der Eingabe des Datums klicken Sie im Feld **Belegnummernkreis-Kürzel** auf den Pfeil. Hier sehen Sie alle angelegten Belegnummernkreise und über die Funktion **Verwaltung** können Sie neue Belegnummernkreise anlegen und die bereits Vorhandenen ändern.

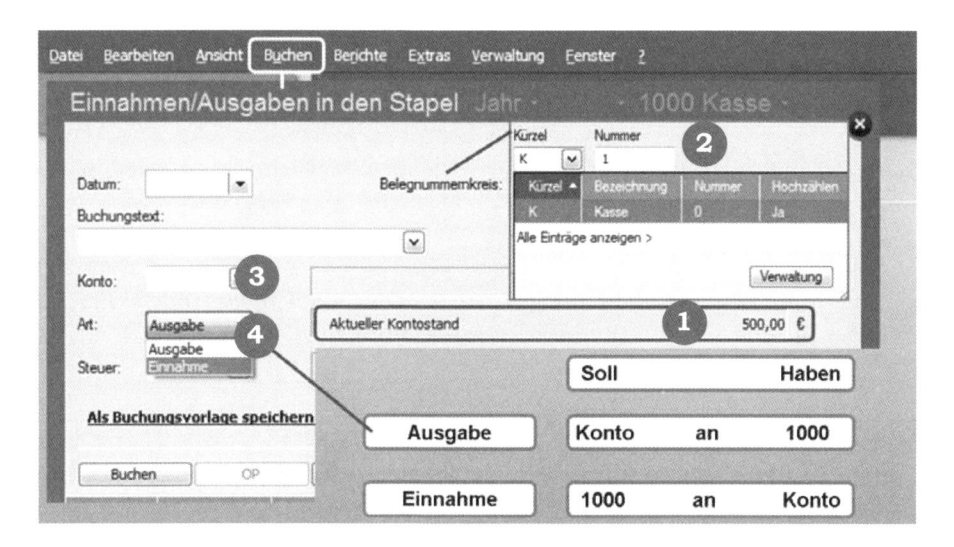

Abb. 1: ***Buchungsmaske für Kassenbelege:*** *Hier sollten Sie zuerst den Kontostand kontrollieren* ❶ *und beim Buchen den Belegnummernkreis „K" verwenden* ❷ *Sie müssen nur ein Konto eingeben* ❸ *und über die Auswahl* ***Einnahme*** *oder* ***Ausgabe*** ❹ *wählen.*

Das Konto **1000 Kasse** bucht die Software im Hintergrund automatisch. Sie steuern durch die Eingabe von **Einnahme oder Ausgabe**, wie gebucht wird.

→ Schritt 2: Kassenbelege erfassen

Sie erfassen das Datum, die Belegnummer, den Buchungstext sowie den Bruttobetrag ohne Vorzeichen. Anschließend müssen Sie das entsprechende Konto erfassen und **Einnahme** oder **Ausgabe** wählen.

Kontensuche während der Eingabe

Im Feld **Konto** erfassen Sie zum Buchen die Kontonummer. Zur Kontensuche können Sie auch Worte eingeben. Möchten Sie zum Beispiel die Nummer des Kontos Bürobedarf finden, geben Sie hier einfach das Wort „Büro" ein. Zunächst werden alle Konten angezeigt, die mit dem Wort „Büro" beginnen und direkt danach alle Konten, die dieses Wort enthalten. Das Gleiche funktioniert auch mit Zahlen, wenn Sie einen Teil der Kontonummer eingeben, wird Ihnen die Software ebenfalls bei der Suche helfen.

Haben Sie in den Firmenstammdaten die „Umsatzsteuerpflicht" gewählt und ist das Konto „Bürobedarf" ausgewählt, wird im Feld **Steuer** „VSt. 19%" erscheinen.

Stimmt der vorgeschlagene Steuersatz mit Ihrem Beleg überein, können Sie auf **Buchen** klicken und schon ist der Beleg erfasst. Automatisch wird im Hintergrund der Nettobetrag auf das Konto „Bürobedarf" gebucht und die enthaltene Steuer auf das Konto „Abziehbare Vorsteuer 19%".

Übung

Buchen Sie den Kassenbeleg „Kauf von Kopierpapier" unter **Einnahmen/Ausgaben in den Stapel → Kasse**. Der Beleg soll auf das Konto „Bürobedarf" gebucht werden. Suchen Sie bitte die Kontonummer während der Eingabe und kontrollieren Sie den Steuersatz. Stimmt der vorgeschlagene Steuersatz mit dem auf dem Beleg überein?

Buchen → Einnahmen/Ausgaben in den Stapel → Kasse						
Datum	Beleg	Buchungstext	Betrag	Konto	Kategorie	Steuer
01.01.		Anfangsbestand	500,00	Kontrolle		
02.02.	K 1	Kopierpapier	35,70	?	Ausgabe	VSt.19%
		Saldo	464,30	Kontrolle		

Schritt 2: Kassenbelege erfassen

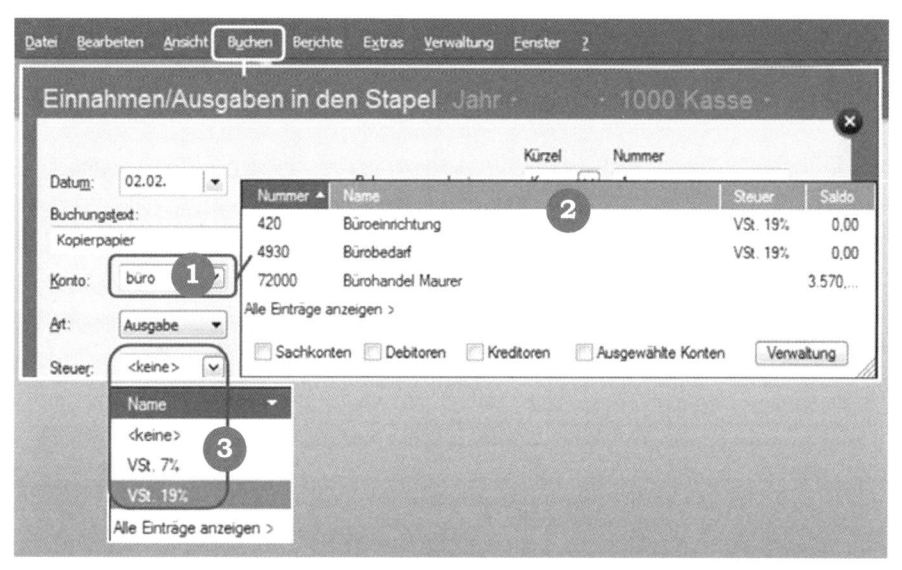

Abb. 2: **Kontensuche während der Eingabe:** *Geben Sie im Feld „Konto" das Wort Büro ein* ❶ *, werden Ihnen die entsprechenden Konten angezeigt* ❷ *. Ist das Konto gewählt, müssen Sie nur noch den Steuersatz kontrollieren* ❸ *und ggf. anpassen.*

Lösung

Die Kontonummer des Kontos Bürobedarf lautet „4930" und der vorgeschlagene Steuersatz stimmt mit dem Beleg überein.

Kontrolle des Steuersatzes

Bei den meisten Konten ist ein Steuersatz hinterlegt, der deshalb automatisch in der Buchungsmaske erscheint. Dabei steht „USt." für Umsatzsteuer und „VSt." für Vorsteuer. Was ist zu tun, wenn der Steuersatz des gewählten Kontos nicht mit Ihrem Beleg übereinstimmt?

Bei normalen Ausgaben genügt es, in der Buchungsmaske den Vorsteuersatz von zum Beispiel „VSt. 19%" auf „VSt. 7%" zu ändern, da nur die Vorsteuer in der Umsatzsteuer-Voranmeldung erfasst wird.

Achtung
Handelt es sich allerdings um Bauleistungen oder innergemeinschaftlichen Erwerb, müssen Sie unbedingt die dafür vorgesehenen Konten verwenden. Hier sind besondere Funk-

Kassenbelege schnell und effektiv erfassen

tionen hinterlegt. Während Sie den Nettobetrag eingeben, ermittelt das Programm den Steuerbetrag und trägt die Werte in verschiedene Felder der Umsatzsteuer-Voranmeldung ein.

Bei Einnahmen wird nicht nur die Umsatzsteuer in der Umsatzsteuer-Voranmeldung eingetragen, sondern auch der Nettoumsatz. Diese Angaben sind beim Erlöskonto hinterlegt. Aus diesem Grund müssen Sie unbedingt das Erlöskonto mit dem richtigen Steuersatz auswählen.

Übung

Buchen Sie den Kassenbeleg „Barzahlung vom Kunden" " unter **Einnahmen/Ausgaben in den Stapel** → **Kasse**. Dieser Beleg soll auf das Konto „8400" gebucht werden. Kontrollieren Sie während der Eingabe die Eigenschaften dieses Kontos.

Buchen → Einnahmen/Ausgaben in den Stapel → Kasse						
Datum	Beleg	Buchungstext	Betrag	Konto	Kategorie	Steuer
01.01.		Anfangsbestand	464,30	Kontrolle		
03.02.	K 2	Barzahlung Kunde	1.785,00	8400	Einnahme	USt.19%
		Saldo	2.249,30	Kontrolle		

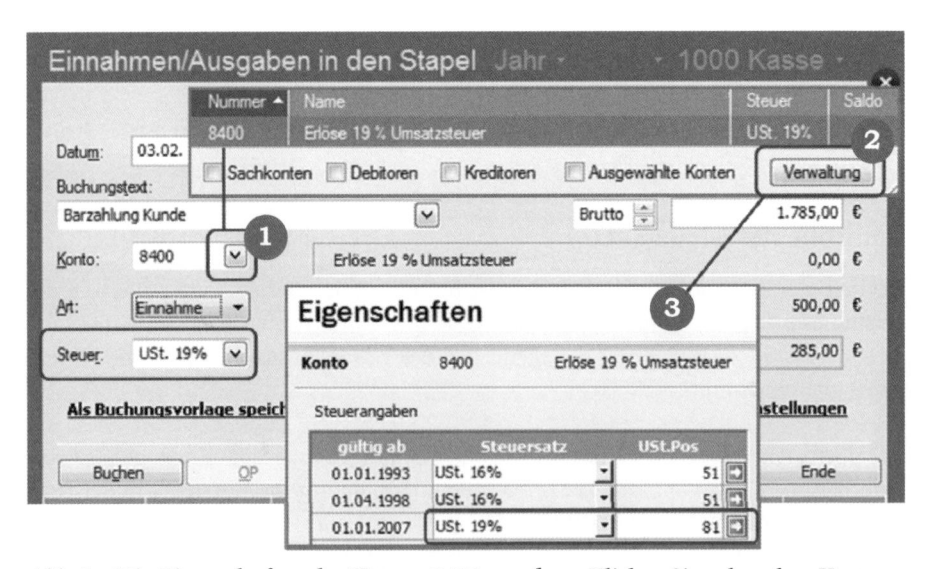

Abb. 3: ***Die Eigenschaften des Kontos 8400 ansehen:*** *Klicken Sie neben dem Konto auf den Pfeil* ❶ *und wählen das Konto „8400" aus, dann können Sie mit einem Klick auf* **Verwaltung** ❷ *die Eigenschaften des Kontos ansehen* ❸*.*

Schritt 3: Mit Buchungsvorlagen geht es schneller

Lösung

Im Konto „8400" ist der Steuersatz „USt. 19%" hinterlegt sowie die Umsatzsteuer-Position „81" für den Nettoumsatz in der Umsatzsteuer-Voranmeldung.

Möchten Sie nun einen Erlös mit 7% Umsatzsteuer buchen, verwenden Sie zum Beispiel das Konto „8300 Umsatzerlöse 7% USt".

→ Schritt 3: Mit Buchungsvorlagen geht es schneller

Für Belege, die in Ihrem Unternehmen öfter vorkommen, können Sie direkt beim Buchen eine Buchungsvorlage anlegen. Schon bei der nächsten Buchung haben Sie Ihren Nutzen davon.

Vorlagen beim Buchen anlegen

Tankbelege werden sicher häufig vorkommen. Hier lohnt es sich, eine Vorlage anzulegen. Sobald alle Angaben erfasst sind, können Sie das über die Funktion **Als Buchungsvorlage speichern** erledigen. Da der Betrag bei Tankbelegen in der Regel unterschiedlich hoch ist, lässt man das Feld **Betrag** in der Buchungsvorlage einfach frei.

Übung

Buchen Sie den Kassenbeleg „Benzin" unter **Einnahmen/Ausgaben in den Stapel → Kasse**. Legen Sie dabei bitte eine Buchungsvorlage für Benzin an und denken Sie daran, den Betrag in der Vorlage auf Null zu setzen.

Buchen → Einnahmen/Ausgaben in den Stapel → Kasse						
Datum	Beleg	Buchungstext	Betrag	Konto	Kategorie	Steuer
01.01.		Anfangsbestand	2.249,30	Kontrolle		
04.02.	K 3	Benzin	71,40	4530	Ausgabe	VSt.19%
		Saldo	2.177,90	Kontrolle		

Kassenbelege schnell und effektiv erfassen

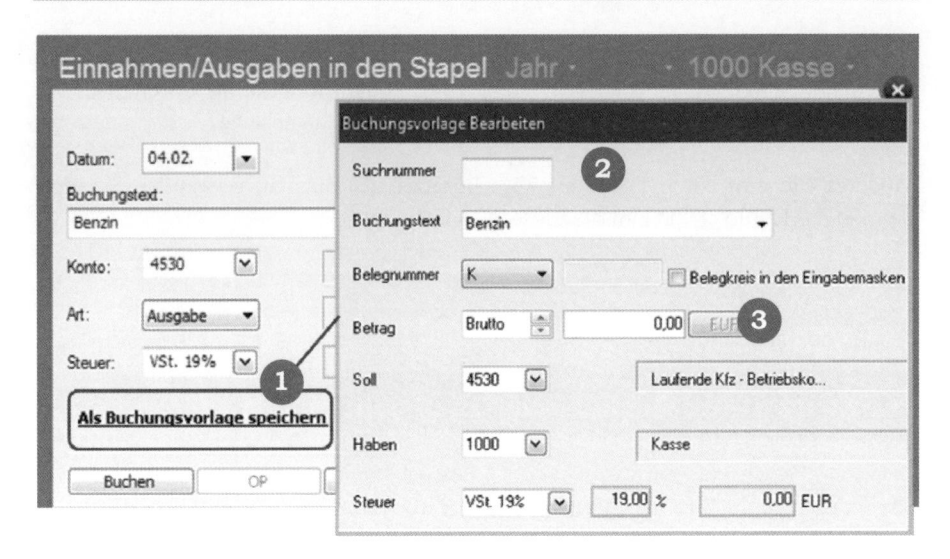

Abb. 4: **Buchungsvorlage während der Eingabe anlegen:** *Erfassen Sie den Beleg in der Buchungsmaske und klicken Sie kurz vor dem Buchen auf* **Als Buchungsvorlage speichern** ❶ *. Es öffnet sich dieses Fenster* ❷ *, in dem Sie zum Beispiel im Betragsfeld „0 Euro" eintragen können* ❸ *.*

Lösung

Ist die Buchungsvorlage angelegt und gespeichert, können Sie diese schon bei der Buchung des nächsten Benzinbelegs verwenden.

Falls Sie sich Nummern besser merken können als Texte, haben Sie die Möglichkeit die Buchungsvorlagen über das Feld **Suchnummer** zu nummerieren.

Alle bereits angelegten Buchungsvorlagen sehen Sie rechts neben der Buchungsmaske unter **Buchungsvorlagen anlegen** oder im Menü **Verwaltung → Buchungsvorlagen.** Hier können Sie die Vorlagen bearbeiten oder löschen.

Buchungsvorlagen verwenden

Möchten Sie nun den nächsten Tankbeleg erfassen, geben Sie im Feld **Buchungstext** den Buchstaben „B" oder das Wort „Benzin" ein. Je nach Einstellung der Buchungsmaske wird die Buchungsvorlage sofort angezeigt oder erst durch das Öffnen der Auswahlleiste. Sowie die Vorlage sichtbar ist, wählen Sie sie aus und bestätigen mit „Enter".

Schritt 3: Mit Buchungsvorlagen geht es schneller

Hierdurch werden der Buchungstext „Benzin" und das Konto „4530 Laufende Kfz-Kosten" automatisch in die Buchungsmaske übernommen. Der Text aus der Vorlage ist übrigens nur ein Vorschlag, er kann während der Eingabe jederzeit geändert oder ergänzt werden. Schließlich geben Sie noch den Betrag ein und klicken auf **Buchen**.

Übung

Erfassen Sie bitte folgende Kassenbelege unter **Einnahmen/Ausgaben in den Stapel → Kasse**. Für wiederkehrende Buchungen wie das „Benzin" sollten Sie nun die Buchungsvorlagen verwenden. Die Buchungsvorlagen „Barzahlung Kunde" und „Büromaterial" sind schon angelegt, wenn nicht, können Sie das jetzt nachholen. Beachten Sie bitte auch, dass der Steuersatz bei Blumen auf „VSt. 7%" zu ändern ist.

Buchen → Einnahmen/Ausgaben in den Stapel → Kasse						
Datum	Beleg	Buchungstext	Betrag	Konto	Kategorie	Steuer
01.01.		Anfangsbestand	2.177,90	Kontrolle		
12.02.	K 4	Briefmarken	40,00	4910	Ausgabe	keine
14.02.	K 5	Geschenk Blumen	21,40	4630	Ausgabe	VSt.7%
18.02.	K 6	Barzahlung Kunde	238,00	8400	Einnahme	USt.19%
18.02.	K 7	Benzin	59,50	4530	Ausgabe	VSt.19%
22.02.	K 8	Druckerpatrone	178,50	4930	Ausgabe	VSt.19%
24.02.	K 9	Übertrag an Bank	1.000,00	1360	Ausgabe	keine
25.02.	K 10	Benzin	47,60	4530	Ausgabe	VSt.19%
		Saldo	1.068,90	Kontrolle		

Denken Sie daran, vor und nach der Eingabe den Kassenstand zu kontrollieren.

In den Versionen pro und premium können Sie mit mehreren Stapeln arbeiten. Geben Sie hier dem Stapel zum Beispiel den Namen „Kassenbelege", können Sie ihn getrennt von den anderen Buchungen früher oder später ausbuchen.

Lösung

Sind alle Belege erfasst und stimmt der Kontostand im Programm mit Ihrem überein, können Sie die Buchungsmaske schließen. Anschließend finden Sie Ihre Buchungen unter **Ansicht → Buchungsstapel**. Hier können Sie Ihre Eingaben ansehen und ggf. ändern oder löschen. Die angelegten Buchungsvorlagen finden Sie unter **Verwaltung → Buchungsvorlagen**.

Kassenbelege schnell und effektiv erfassen

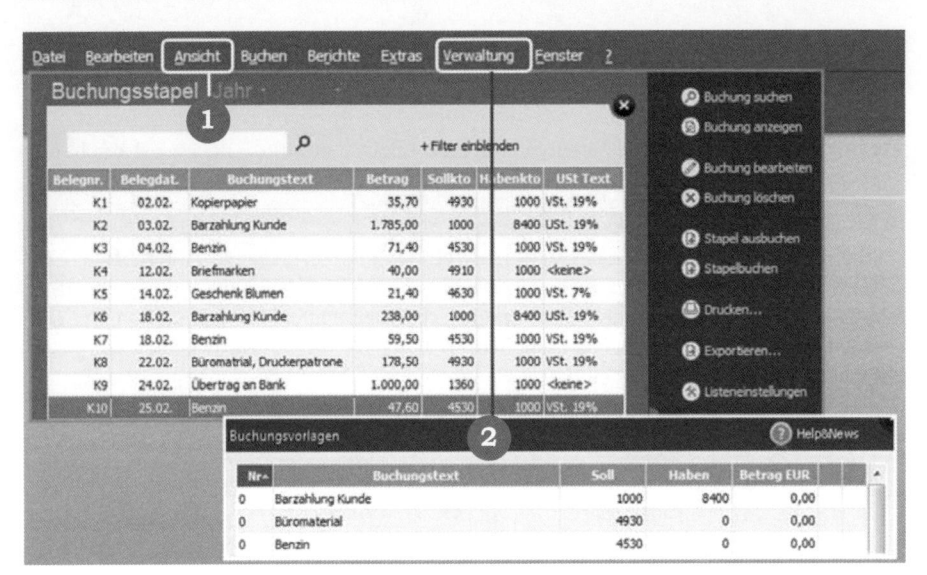

Abb. 5: ***Die Buchungen und die Buchungsvorlagen ansehen:*** *Im Menü* **Ansicht** *können Sie den Buchungsstapel* ❶ *öffnen und im Menü* **Verwaltung** *können Sie sich alle angelegten Buchungsvorlagen* ❷ *ansehen und bearbeiten.*

→ Schritt 4: Buchungen und Berichte ansehen

In den Menüs **Ansicht** und **Berichte** können Sie die erfassten Buchungen ansehen. Ändern, löschen oder stornieren können Sie die Buchungen nur im Menü **Ansicht**. Und Ihre Ergebnisse sehen Sie nur im Menü **Berichte**.

Ihre Buchungen sind noch im Stapel

Solange sich Ihre Buchungen noch im Stapel befinden, sehen Sie diese im Menü **Ansicht** nur im Buchungsstapel. Im Menü **Berichte** dagegen überall, wenn Sie beim Druck im Auswertungsbereich „Stapel" oder „Alle Buchungen" wählen. Das gilt auch für den Kassenbericht, den Sie unter **Extras → Kassenbuch** ansehen und drucken können.

Schritt 4: Buchungen und Berichte ansehen

Übung für die Versionen plus, pro und premium

Wenn Sie die Versionen plus, pro oder premium nutzen, sehen Sie sich bitte den Kassenbericht für den Monat Februar am Bildschirm an. Wählen Sie im Auswertungsbereich bitte „Alle Buchungen" und vergessen Sie nicht die Kontonummer der Kasse, in diesem Fall „1000" einzugeben. Wenn Sie die Version standard nutzen sehen Sie sich bitte das Sachkontenblatt Kasse an.

Lösung

Unter **Extras → Kassenbuch** öffnen Sie den Kassenbericht. Buchungen, die sich noch im Stapel befinden, sind mit einem „S" gekennzeichnet. Das Sachkonto öffnen Sie im Menü **Berichte**.

Zeitraum: Februar
Konto: 01000 Kasse

Vorläufiges Kassenbuch

Einnahme	Ausgabe	Bestand (€)	Datum	Bel.-Nr.	Konto		Buchungstext
		500,00					
	35,70	464,30	02.02.	K1	04930	S	Kopierpapier
1.785,00		2.249,30	03.02.	K2	08400	S	Barzahlung Kunde
	71,40	2.177,90	04.02.	K3	04530	S	Benzin
	40,00	2.137,90	12.02.	K4	04910	S	Briefmarken
	21,40	2.116,50	14.02.	K5	04630	S	Geschenk Blumen
238,00		2.354,50	18.02.	K6	08400	S	Barzahlung Kunde
	59,50	2.295,00	18.02.	K7	04530	S	Benzin
	178,50	2.116,50	22.02.	K8	04930	S	Büromatrial, Druckerpatrone
	1.000,00	1.116,50	24.02.	K9	01360	S	Übertrag an Bank
	47,60	1.068,90	25.02.	K10	04530	S	Benzin
2.023,00	1.454,10	1.068,90					

Abb. 6: **Der Kassenbericht:** *Unter* **Extras → Kassenbuch** *können Sie sich den Kassenbericht ansehen. Wählen Sie im Auswertungsbereich* **Alle Buchungen** ❶ *sehen Sie am Kürzel „S"* ❷ *, dass sich noch alle Buchungen im Stapel befinden.*

Stimmen Ihre Eingaben sowie der Kassenstand, sollten Sie den Stapel ausbuchen, bzw. Ihre Buchungen ins Journal übertragen. Erst dann können Sie zum Beispiel den Kassenbericht ohne das Wort „vorläufig" drucken und auf Ihre Belege heften.

Ihre Buchungen sind im Journal

Sowie der Stapel ausgebucht wurde, sehen Sie Ihre Buchungen im Menü **Ansicht** im Journal und auf den Konten. Im Menü Berichte können Sie endgültige Auswertungen drucken, indem Sie im Auswertungsbereich „Journal" wählen.

Kassenbelege schnell und effektiv erfassen

Übung für Bilanzierende

Bilanzieren Sie, bzw. wurde in den Firmenstammdaten Betriebsvermögensvergleich gewählt, sehen Sie sich bitte unter **Berichte** → **Auswertungen** → **Bilanz** die Gewinn- und Verlustrechnung von Februar an.

Übung für Einnahmen-Überschussrechner

Sind Sie Einnahmen-Überschussrechner, bzw. wurde dies in den Firmenstammdaten gewählt, sehen Sie sich bitte unter **Berichte** → **Auswertungen** → **Einnahmenüberschuss** die Einnahmen-Überschussrechnung von Februar an.

Lösung

Beim Druck wählen Sie ganz oben rechts **einfache Auswertung**, den Monat **Februar** und im Auswertungsbereich **Journal**, dann erscheinen die Gewinn- und Verlustrechnung oder die Einnahmen-Überschussrechnung ohne das Wort „vorläufig".

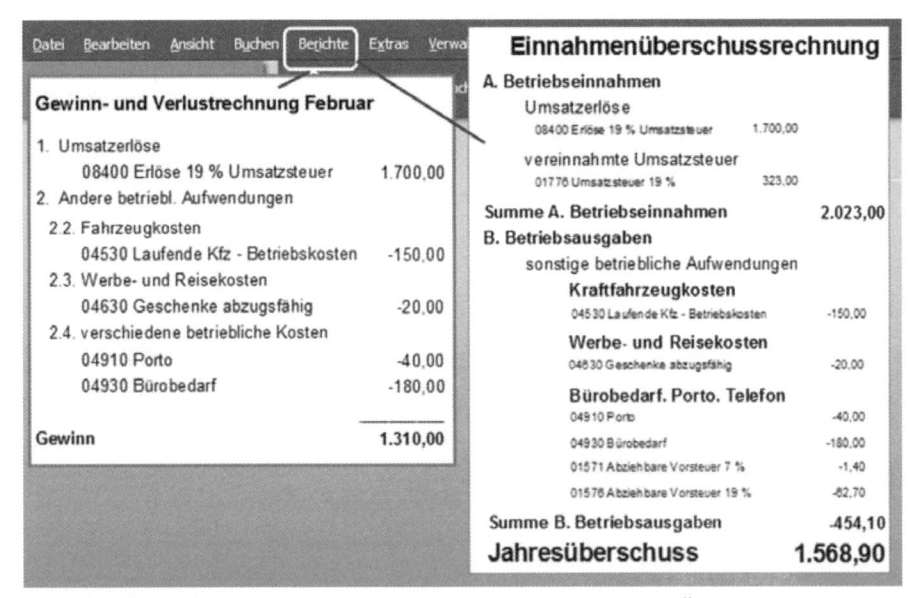

Abb. 7: Die Gewinn- und Verlustrechnung und die Einnahmen-Überschussrechnung.

Weitere Informationen

Video unter www.lexware.de
- Kassenbuch mit Lexware buchhalter plus und pro

Wie wird der Kontenplan optimal genutzt?

Der Kontenrahmen bzw. die Konten sind die Grundlage für ein Buchführungsprogramm. Hier ist unter anderem hinterlegt, ob Umsatzsteuer heraus zu rechnen ist oder nicht. Und welche Zahlen in welchen Formularen eingetragen werden.

Beim Anlegen der Firma mussten Sie sich für einen der vielen Kontenrahmen entscheiden. Am Beispiel des Standardkontenrahmens SKR 03 erfahren Sie wie die Konten schnell zu finden sind, wie ein Kontenrahmen aufgebaut ist und wie Sie diesen auf Ihre Bedürfnisse einstellen können.

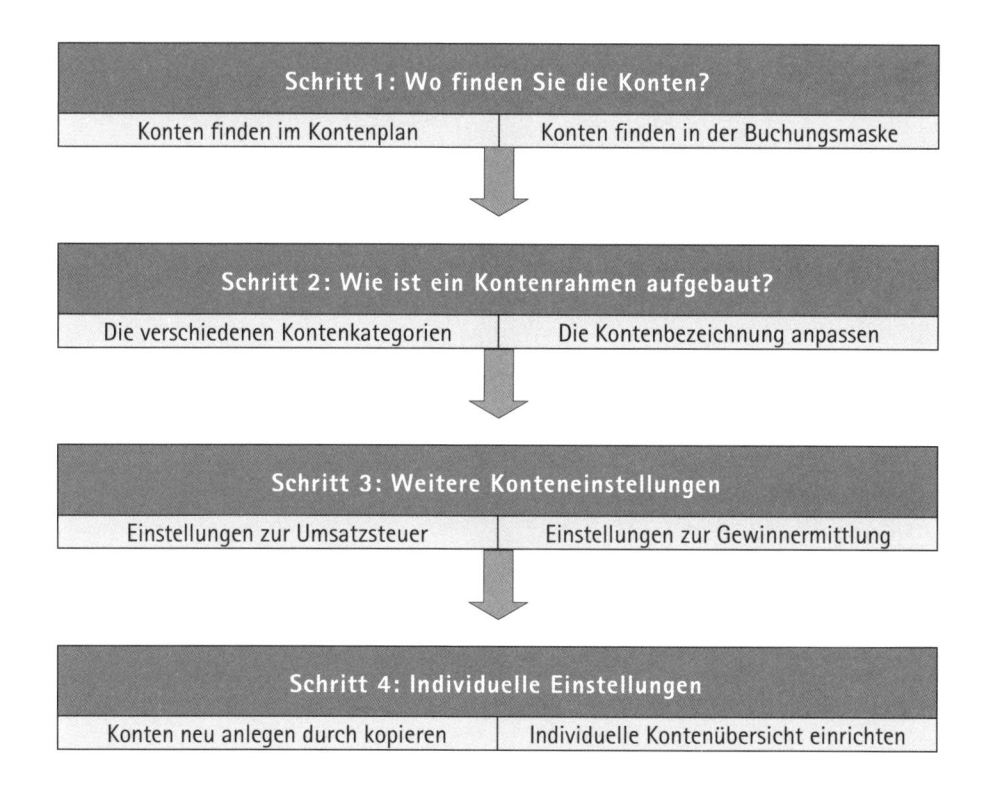

Schritt 1: Wo finden Sie die Konten?	
Konten finden im Kontenplan	Konten finden in der Buchungsmaske

Schritt 2: Wie ist ein Kontenrahmen aufgebaut?	
Die verschiedenen Kontenkategorien	Die Kontenbezeichnung anpassen

Schritt 3: Weitere Konteneinstellungen	
Einstellungen zur Umsatzsteuer	Einstellungen zur Gewinnermittlung

Schritt 4: Individuelle Einstellungen	
Konten neu anlegen durch kopieren	Individuelle Kontenübersicht einrichten

Wie wird der Kontenplan optimal genutzt?

→ Schritt 1: Wo finden Sie die Konten?

Die Konten finden Sie im Kontenplan und in jeder Buchungsmaske. Den Kontenplan öffnen Sie rechts oben am Bildschirm über **Kontenplan** oder unter **Ansicht → Kontenplan**.

Konten finden im Kontenplan

Ist der Kontenplan geöffnet, werden Ihnen im unteren Bereich alle Konten gezeigt. Klicken Sie mit der Maus auf das Feld **Nr.** werden die Konten numerisch sortiert und mit einem Klick auf **Name** werden sie alphabetisch sortiert.

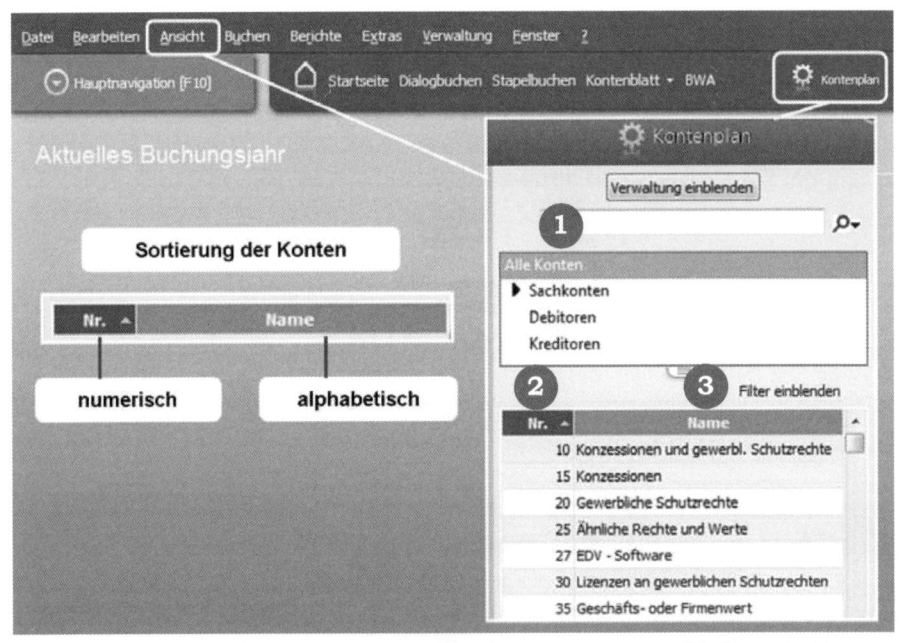

Abb. 1: ***Der Kontenplan im Programm:*** *Hier können Sie an verschiedenen Stellen nach Konten suchen. Über das Suchfeld* ❶ *oder unten mit einem Klick auf die Felder* **Nr.** ❷ *oder* **Name** ❸.

Wenn Sie im Kontenplan zum Beispiel das Konto „Porto" suchen, geben Sie es nach dem Klick auf das Feld **Name** über die Tastatur ein und schon wird das Konto angezeigt. Mit einem Klick auf das Feld **Nr.** und der Eingabe von Zahlen können Sie auch nach Kontonummern suchen.

Schritt 2: Wie ist ein Kontenrahmen aufgebaut?

Konten finden in der Buchungsmaske

Das Programm hilft Ihnen auch während der Eingabe die Konten zu finden. Geben Sie in der Buchungsmaske im Feld **Konto** zum Beispiel Worte oder Teile von Worten ein, öffnet sich ein Fenster. Hier werden zunächst alle Konten angezeigt, die mit dem eingegebenen Wort beginnen und direkt danach alle Konten, die dieses Wort enthalten. Das Gleiche funktioniert auch mit Zahlen, geben Sie einen Teil der Kontonummer ein, wird die Software ebenfalls bei der Suche helfen.

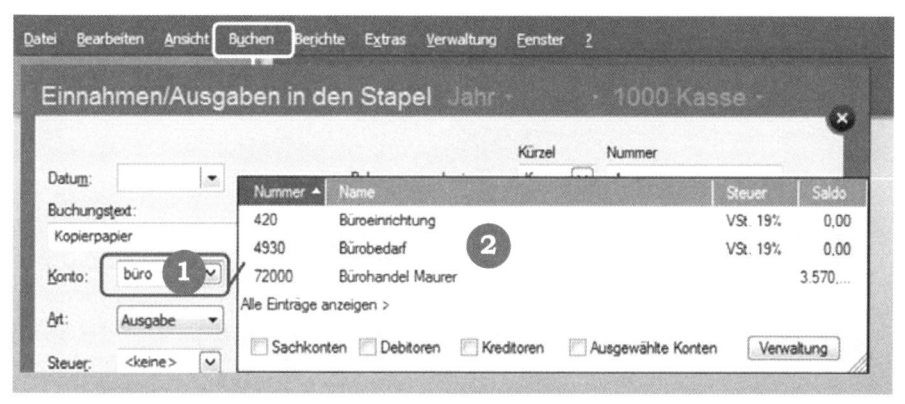

Abb. 2: **Kontensuche in der Buchungsmaske:** *Geben Sie im Feld „Konto" das Wort „Büro" ein* ❶ *, öffnet sich ein Fenster* ❷ *. Hier werden alle Konten gezeigt, die dieses Wort enthalten.*

Ist das Konto gefunden und wählen Sie es mit einem Doppelklick oder „Enter" aus, wird es in das Feld **Konto** übertragen.

→ Schritt 2: Wie ist ein Kontenrahmen aufgebaut?

Im Kontenplan haben Sie ungefähr 1.000 Konten zur Auswahl, wovon Sie in der Praxis vielleicht 30 bis 100 Konten brauchen. Es ist also lohnend, sich einen Überblick zu verschaffen.

Die verschiedenen Kontenkategorien

Ein Kontenplan ist systematisch aufgebaut. Im oberen Fenster finden Sie die Auswahl **Alle Konten** und direkt darunter die drei Bereiche, **Sachkonten**, **Debitoren** und **Kreditoren**. Im unteren Kasten sehen Sie nur die Konten der Kategorie, die Sie im oberen Kasten ausgewählt haben. Das macht die Kontenauswahl übersichtlicher. Aber denken Sie daran, wenn Sie ein weiteres Konto suchen. In diesem Fall sollten Sie oben wieder auf **Alle Konten** klicken, um im unteren Bereich wieder alle Konten zur Auswahl zu haben.

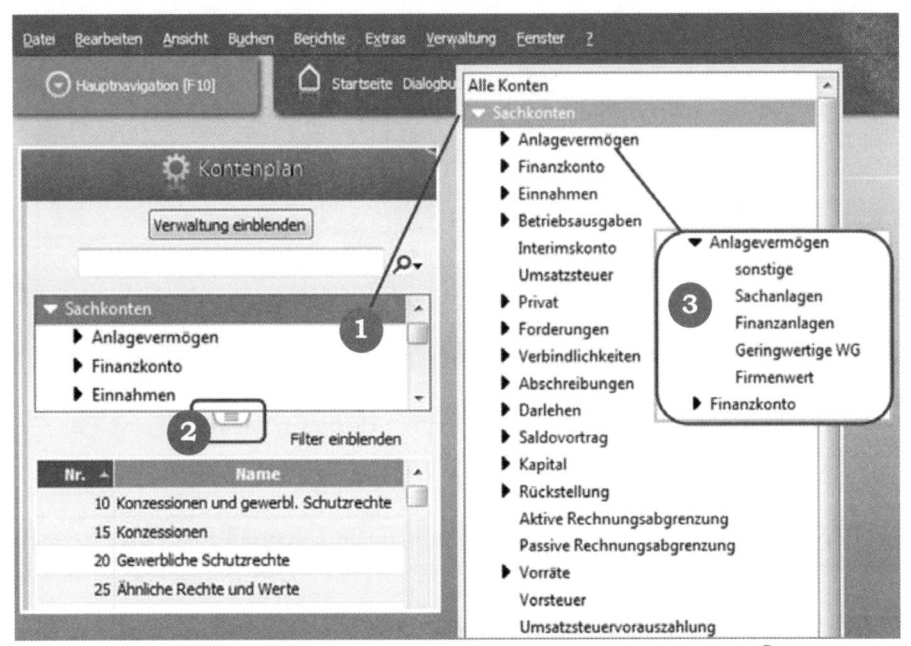

Abb. 3: ***Überblick Kontenplan:*** *Mit einem Doppelklick auf* ***Sachkonten*** ❶ *sehen Sie, in welche Kategorien die Sachkonten eingeteilt sind. Ist das Fenster zu klein, können Sie es am unteren Rand* ❷ *größer ziehen. Rechts in der größeren Übersicht sehen Sie die Unterkategorien vom „Anlagevermögen"* ❸ *.*

| Tipp

Über die Funktion **Verwaltung einblenden** sehen Sie die gleichen Konten und Kategorien in einer größeren Übersicht.

Schritt 2: Wie ist ein Kontenrahmen aufgebaut?

Die Kontenbezeichnung anpassen

Grundsätzlich sind die Konten der Standardkontenrahmen ausreichend und richtig geschlüsselt. Bevor Sie also ein neues Konto anlegen, sollten Sie lieber ein Vorhandenes auswählen und anpassen.

Beispiel
Angenommen, Sie möchten die Kontenbezeichnung des Kontos „8400 Erlöse 19 % Umsatzsteuer" ändern und es „ Erlöse Barverkauf 19 % USt." nennen.

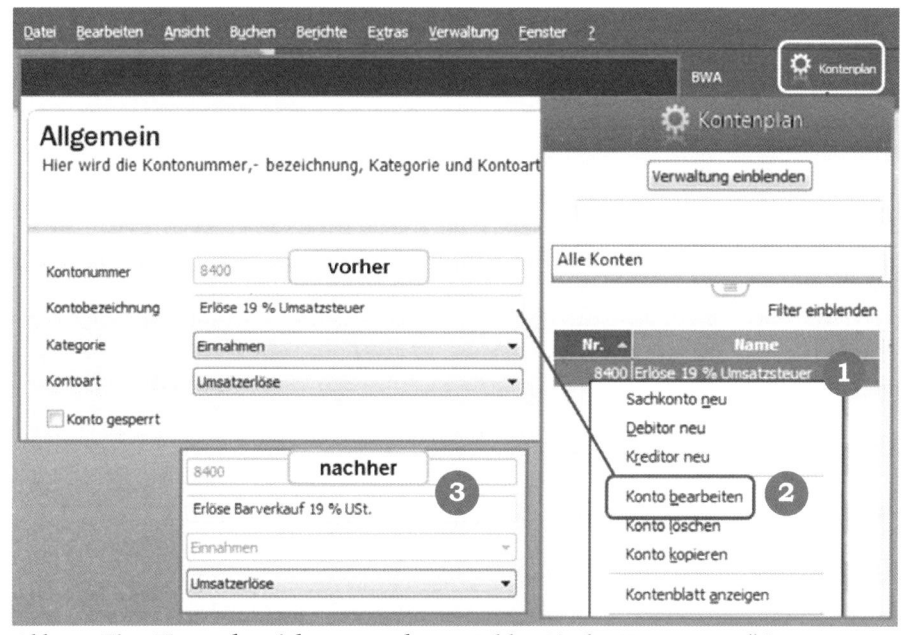

Abb. 4: **Eine Kontenbezeichnung ändern:** *Wählen Sie das Konto „8400" im Kontenplan* ❶ *aus und öffnen es über die rechte Maustaste und die Funktion* **Konto bearbeiten** ❷ *. Ist das Konto geöffnet, können Sie die neue Kontenbezeichnung eintragen* ❸ *und Ihre Eingabe speichern.*

Nach dem Speichern steht das Konto mit der neuen Bezeichnung im Kontenplan.

Achtung
Die Kontenbezeichnung können Sie jederzeit ändern. Die Kategorie ist nur solange änderbar, bis auf das Konto gebucht wurde.

→ Schritt 3: Weitere Konteneinstellungen

Anhand des Erlöskontos „8400" zeigen wir Ihnen, wie viele Einstellungen hinter einem Konto stecken.

Beispiel

Angenommen, folgender Kassenbeleg wurde auf das Konto „8400" gebucht.

Buchen → Einnahmen/Ausgaben in den Stapel→ 1000 Kasse						
Datum	Beleg	Buchungstext	Betrag	Konto	Kategorie	Steuer
03.02.	K 2	Barzahlung Kunde	2.023,00	8400	Einnahme	USt.19%

Einstellungen zur Umsatzsteuer

Öffnen Sie zum Beispiel das Konto „8400" über die Funktion **Konto bearbeiten**, sehen Sie im Register **Eigenschaften** die Einstellungen zur Umsatzsteuer.

Bei diesem Konto ist der Steuersatz **USt. 19%** hinterlegt. Deshalb erscheint dieser Steuersatz ebenfalls automatisch in der Buchungsmaske, wenn Sie das Konto „8400" eingeben. Nach dem Buchen rechnet das Programm daraufhin automatisch die enthaltene Umsatzsteuer heraus und erfasst auf dem Konto „8400" nur den Nettobetrag von 1.700 Euro.
Weiterhin steht im Feld **USt. Pos.** die Zahl „81", das zeigt, dass dieser Nettobetrag in der Umsatzsteuer-Voranmeldung im Feld „81" erfasst wird.

Auf welches Konto die herausgerechnete Umsatzsteuer im Hintergrund gebucht wird, sehen Sie unter **Verwaltung → Steuersätze.**

Schritt 3: Weitere Konteneinstellungen

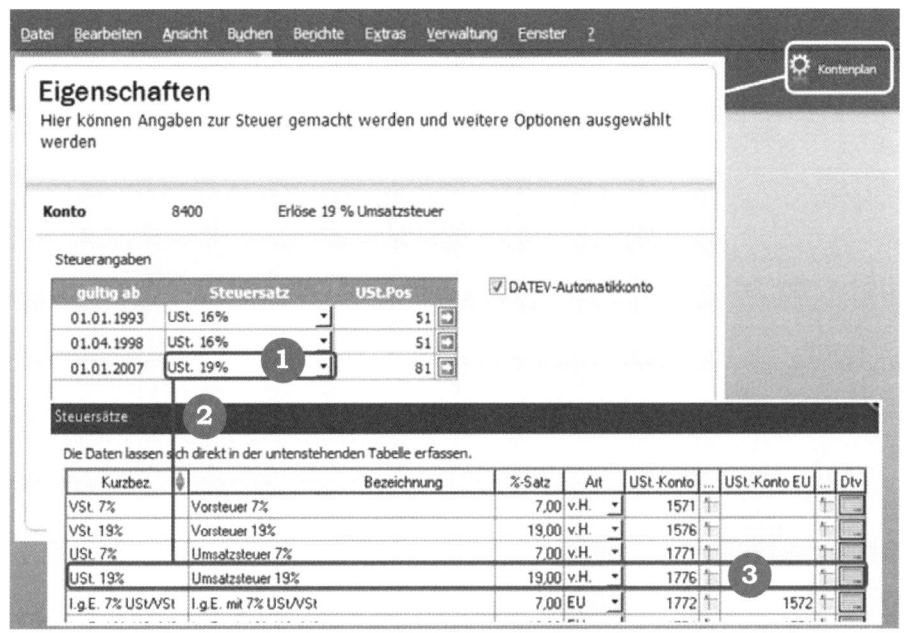

Abb. 5: **Einstellungen zur Umsatzsteuer:** Im Konto „8400" unter Eigenschaften ist der Steuersatz „USt.19%" ❶ sowie die USt. Pos. „81" hinterlegt. Wohin die Steuer im Hintergrund gebucht wird, steht unter **Verwaltung → Steuersätze** ❷ . Beim Steuersatz „USt. 19%" wird auf das Konto „1776" gebucht ❸ .

Einstellungen zur Gewinnermittlung

Ist diese Firma auf die Gewinnermittlungsart „Bilanz" eingestellt, wird der Erlös von 1.700 Euro in der Gewinn- und Verlustrechnung erfasst.

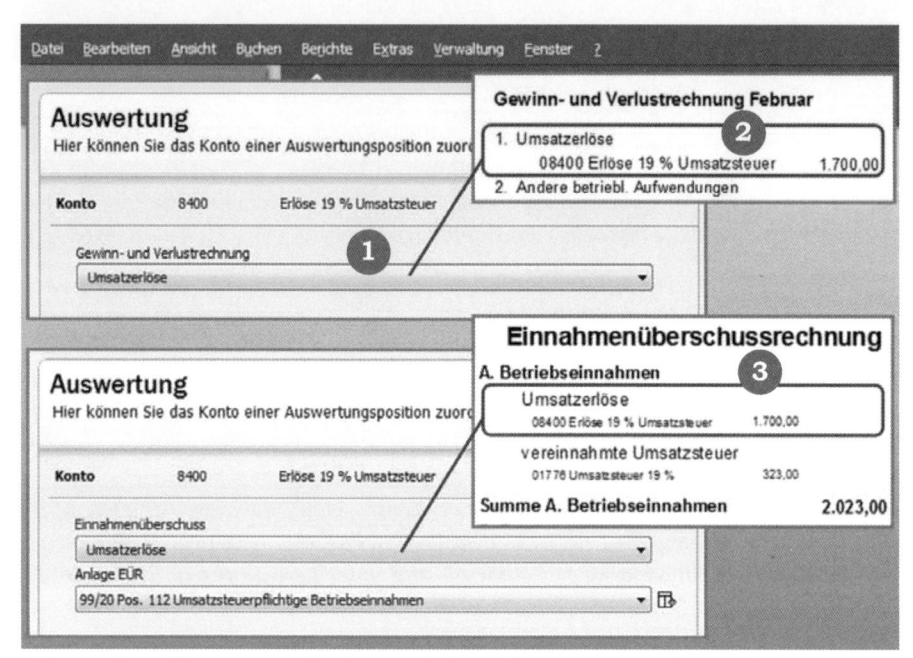

Abb. 6: ***Einstellungen zur Gewinnermittlung:*** *Im Konto „8400" unter Auswertungen ist die Kategorie Umsatzerlöse* ❶ *hinterlegt. Hier sehen Sie, wo das Konto in der Gewinn- und Verlustrechnung* ❷ *und in der Einnahmen-Überschussrechnung* ❸ *erscheinen wird.*

Ist die Software auf „Einnahmen-Überschussrechnung" eingestellt, wird dieses Konto dort ebenfalls unter der Überschrift **Umsatzerlöse** stehen. Außerdem wird der Betrag im Feld „112" des amtlichen Formulars „Anlage EÜR" eingetragen.

→ Schritt 4: Individuelle Einstellungen

Manchmal ist es aber doch notwendig, ein individuelles Konto anzulegen. In diesem Fall ist es empfehlenswert, ein ähnliches Konto zu kopieren.

Konten neu anlegen durch kopieren

Hinter jedem Konto sind sehr viele Einstellungen hinterlegt. Wenn Sie ein vergleichbares Konto kopieren, werden diese Einstellungen als Vorschlag übernommen. Das spart Ihnen nicht nur Arbeit, das verhindert auch Fehler.

Sie suchen das passende Konto aus und wählen über die rechte Maustaste **Konto kopieren**. Es öffnet sich das neue Konto, hier müssen Sie neben der Kontenbezeichnung auch eine neue Kontonummer eingeben. Die Einstellungen müssen Sie dann nur noch überprüfen und mit einem Klick auf **Speichern** ist das neue Konto angelegt.

Übung

Die Firma EDV Fritz verkauft Computer und Software und bietet darüber hinaus Beratung an. Es möchte die Erlöse aus dem Handel getrennt von der Beratung erfassen auf zwei verschiedenen Erlöskonten. Auch beim Wareneinkauf möchte das Unternehmen den Einkauf von Computern und Software, getrennt vom Einkauf der Ersatzteile, erfassen.

Öffnen Sie bitte den Kontenplan und ändern Sie die Kontenbezeichnungen von folgenden Konten.

Kontonummer	Bezeichnung vorher	Bezeichnung neu
8400	Erlöse 19% Umsatzsteuer	Erlöse Handel 19% USt.
3400	Wareneingang 19% Vorsteuer	Einkauf Computer + Software 19% Vorsteuer

Kopieren Sie anschließend bitte die Konten 8400 und 3400 und erfassen Sie jeweils die neue Kontonummer sowie die neue Kontenbezeichnung.

Konto als Kopiervorlage	Neues Konto
Kopie vom Konto 8400 Erlöse Handel 19% USt	8402 Erlöse Beratung 19% USt.
Kopie vom Konto 3400 Einkauf Computer + Software 19% Vorsteuer	3402 Einkauf Ersatzteile 19% Vorsteuer

Wie wird der Kontenplan optimal genutzt?

Lösung

Ist der Kontenplan geöffnet, wählen Sie das entsprechende Konto mit der linken Maustaste aus. Über die rechte Maustaste und die Funktion **Konto bearbeiten**, öffnet sich das Konto. Sowie Sie die Kontenbezeichnung geändert haben, können Sie die Eingabe speichern.

Konten kopieren Sie über die Funktion **Konto kopieren**. Hier ändern Sie die Kontonummer sowie die Kontenbezeichnung und mit einem Klick auf **Weiter** werden die Konteneinstellungen gezeigt. Diese müssen Sie lediglich überprüfen.

Sind alle Änderungen erledigt, finden Sie die geänderten sowie die neuen Konten im **Kontenplan**.

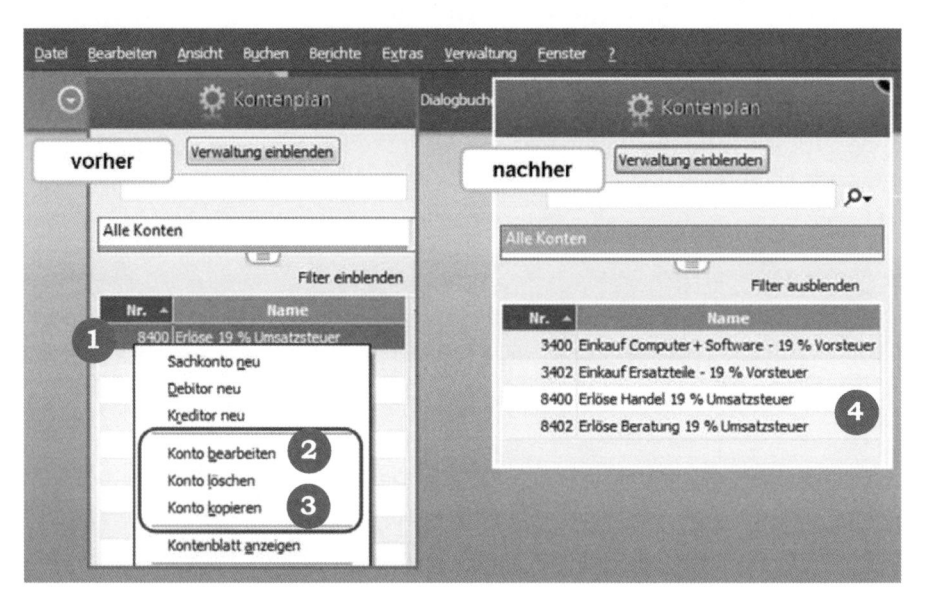

Abb. 7: **Konten bearbeiten und neu anlegen:** Wählen Sie das Konto „8400" ❶ mit der linken Maustaste aus und klicken Sie auf die rechte Maustaste. Über **Konto bearbeiten** ❷ können Sie die Kontenbezeichnung ändern und über **Konto kopieren** ❸ können Sie ein neues Konto anlegen. Anschließend stehen die neuen Konten ❹ im Kontenplan.

Die individuelle Kontenübersicht einrichten

Der Lexware buchhalter bietet Ihnen die Möglichkeit die Kontenauswahl zu verringern. Sie können sich nur die Konten anzeigen lassen, die Sie tatsächlich brauchen. Über die Funktion **Verwaltung einblenden** finden Sie zunächst alle Konten. Hier

Schritt 4: Individuelle Einstellungen

wählen Sie die Konten mit einem Haken aus, die in Ihrem individuellen Kontenplan stehen sollen.

Eine vielleicht einfachere Alternative ist die Funktion **Bebuchte Konten auswählen.** Allerdings setzt das voraus, dass Sie bereits auf Ihre Konten gebucht haben.

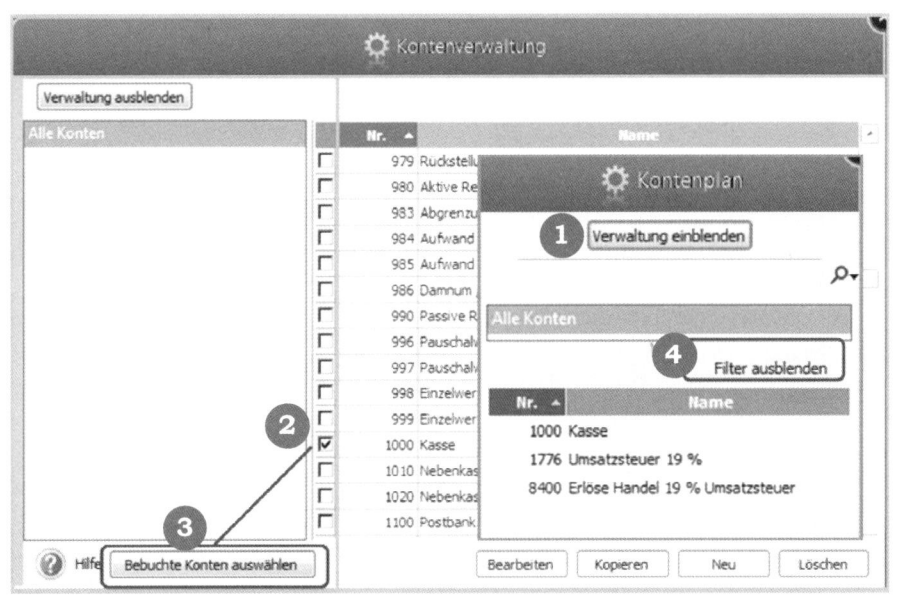

Abb. 8: **Individuelle Kontenübersicht:** *Über* **Verwaltung einblenden** ❶ *öffnet sich dieses Fenster. Hier können Sie Konten manuell auswählen über einen Haken beim Konto* ❷ *oder automatisch über* **Bebuchte Konten auswählen** ❸. *Danach können Sie im Kontenplan den Filter ein- oder ausblenden* ❹.

Sind die Konten ausgewählt, gelangen Sie über die Funktion **Verwaltung ausblenden** wieder zurück zum Kontenplan. Hier können Sie nun über **Filter einblenden** die individuellen Konten sehen und über die Funktion **Filter ausblenden** wieder alle Konten.

> **Achtung**
> Diesen Vorgang **Bebuchte Konten auswählen** müssen Sie regelmäßig wiederholen, um den individuellen Kontenplan zu aktualisieren.

Über **Datei → Drucken** können Sie den Kontenplan drucken. Hier haben Sie ebenfalls die Auswahl zwischen dem gesamten Kontenplan oder Ihrem Individuellen.

> **Tipp**
> Hat Ihr Steuerberater bisher Ihre Buchführung erledigt, sollten Sie sich von ihm die letzte Summen- und Saldenliste oder eine BWA mit Kontennachweis geben lassen. Darin sehen Sie alle Konten, die er für Ihre Buchführung verwendet hat. Gerade am Anfang erspart Ihnen das viel Kontensucherei.

> **Weitere Informationen**
> Videos unter www.lexware.de
> - Einstieg leicht gemacht – der Kontenplan
> - Der Kontenplan in Lexware buchhalter plus
> - Der Kontenplan in Lexware buchhalter pro

Debitoren anlegen und Kundenrechnungen erfassen

Möchten Sie die offenen Forderungen nicht nur in einer Summe sehen, sondern auch pro Kunde? Dann müssen Sie für jeden Kunden ein Debitorenkonto anlegen und die Rechnungen der verschiedenen Kunden auf die entsprechenden Debitorenkonten buchen. Man spricht hier von der „Offenen Posten-Verwaltung", kurz OP-Verwaltung. Hier erfahren Sie welche Vorbereitungen zu treffen sind, wenn Sie zum ersten Mal mit dem Lexware buchhalter arbeiten und wie einfach doch die regelmäßigen Arbeiten zu erledigen sind.

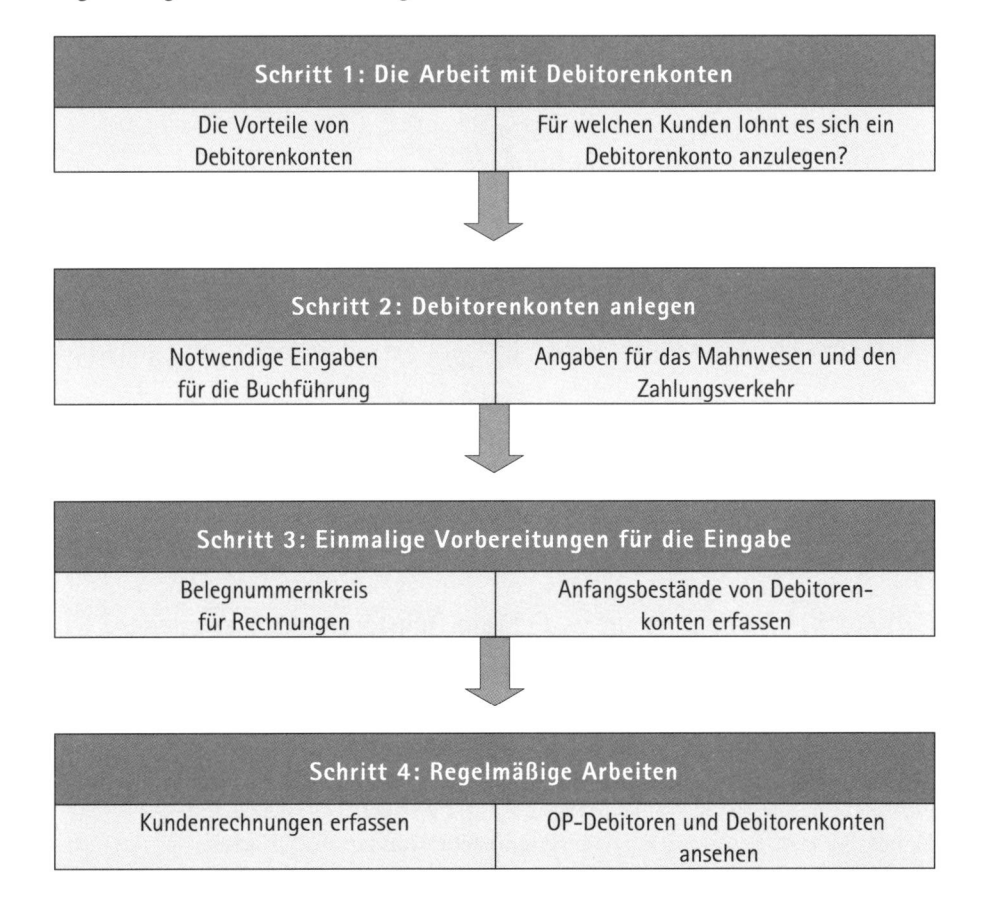

Schritt 1: Die Arbeit mit Debitorenkonten	
Die Vorteile von Debitorenkonten	Für welchen Kunden lohnt es sich ein Debitorenkonto anzulegen?

Schritt 2: Debitorenkonten anlegen	
Notwendige Eingaben für die Buchführung	Angaben für das Mahnwesen und den Zahlungsverkehr

Schritt 3: Einmalige Vorbereitungen für die Eingabe	
Belegnummernkreis für Rechnungen	Anfangsbestände von Debitorenkonten erfassen

Schritt 4: Regelmäßige Arbeiten	
Kundenrechnungen erfassen	OP-Debitoren und Debitorenkonten ansehen

Debitoren anlegen und Kundenrechnungen erfassen

Voraussetzungen für die Übungen	
Einstellungen	Überprüfen Sie bitte, ob in den Firmenstammdaten der Haken bei „unterschiedliche Belegnummernkreise" gesetzt ist. Unter Verwaltung – Belegnummern sollten die Belegnummernkreise „EB" für Eröffnungswerte und „AR" für Ausgangsrechnungen angelegt sein.
Hinweise zu den Eingaben	Gebucht wird im März, in diesem Monat sollten keine Buchungen im Stapel vorhanden sein.

→ Schritt 1: Die Arbeit mit Debitorenkonten

Legen Sie für einen Kunden ein eigenes Debitorenkonto vollständig an, können Sie das Programm mit allen Extras nutzen.

Die Vorteile von Debitorenkonten

Sie sehen nicht nur den Gesamtumsatz, sondern auch den Umsatz pro Kunde. Denn Sie buchen zum Beispiel alle Rechnungen an den Kunden Braun GmbH auf das Debitorenkonto „Braun GmbH". Auf diesem Konto erfassen Sie auch die Geldeingänge. Folglich sehen Sie in der Offenen-Posten-Liste welche Rechnungen dieses Kunden bezahlt und welche noch offen sind.

Liegt Ihnen eine Einzugsermächtigung des Kunden vor, können Sie mit dem Programmmodul „Zahlungsverkehr" das Geld automatisch einziehen. Und wenn Kunden länger nicht zahlen, können Sie ihnen mit dem Programmmodul „Mahnwesen" Zahlungserinnerungen schreiben.

Für welchen Kunden lohnt es sich ein Debitorenkonto anzulegen?

Wie viele Kunden haben Sie? Haben Sie diese Kunden öfter oder nur einmal? Sie müssen entscheiden, für welche Kunden Sie eine Offene-Posten-Übersicht brauchen und für welche Kunden Sie die Module „Zahlungsverkehr" und „Mahnwesen" nutzen möchten.

Haben Sie zum Beispiel sehr viele verschiedene Kunden und möchten Sie auf Zahlungsverkehr und Mahnwesen verzichten, können Sie Ihre Kunden auch in Gruppen einteilen wie zum Beispiel „Debitor A-Diverse", „Debitoren-Großhandel", „Debitoren Endkunden" usw. Damit verringern sich zwar die Anzahl der Debitorenkonten, aber auch die Möglichkeiten in der Software.

Hinweis für Einnahmen-Überschussrechner
Einnahmen-Überschussrechner können die Kundenrechnungen freiwillig erfassen, dann ist allerdings folgendes zu beachten:

Ist das Programm auf „Ist-Versteuerung" eingestellt, erscheinen Ihre Erlöse bei Zahlungseingang in der Einnahmen-Überschussrechnung sowie in der Umsatzsteuer-Voranmeldung.

Unterliegen Sie dagegen der Soll-Versteuerung und ist das Programm so eingestellt, stimmt Ihre Umsatzsteuer-Voranmeldung. Die Einnahmen-Überschussrechnung stimmt erst, wenn Sie die offenen Rechnungen von den Erlösen wieder abziehen.

→ Schritt 2: Debitorenkonten anlegen

Arbeiten Sie mit den Lexware-Programmen Faktura oder Warenwirtschaft, haben Sie dort Ihre Kunden bereits angelegt. Je nach Programmversion können die Daten automatisch oder manuell in den Lexware buchhalter übertragen werden. In diesem Fall können Sie diesen Schritt auslassen.

Notwendige Eingaben für die Buchführung

Um ein Debitorenkonto im Programm anzulegen öffnen Sie den Kontenplan, entweder rechts oben am Bildschirm über **Kontenplan** oder unter **Ansicht** → **Kontenplan.**

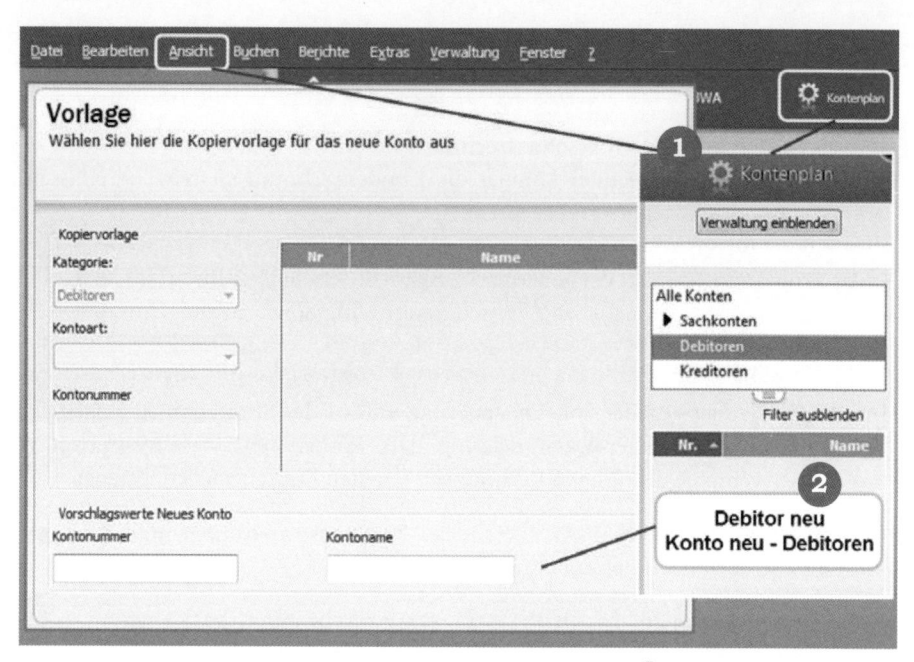

Debitoren anlegen und Kundenrechnungen erfassen

Abb. 1: **Debitorenkonto anlegen Teil 1:** *Ist der Kontenplan* ❶ *geöffnet, gehen Sie mit der Maus auf den unteren Bereich* ❷ *und wählen über die rechte Maustaste* **Debitor neu**. *In den Versionen pro und premium klicken Sie auf* **Konto neu** *und wählen dann die Kategorie* **Debitoren** *aus.*

Dann öffnet sich das Fenster zur Eingabe der Kundendaten. Hier geben Sie die Debitorennummer bzw. die **Kontonummer** sowie den **Namen** ein, zum Beispiel „10100 Anders, Sabine". Mit einem Klick auf **Weiter** öffnet sich ein weiteres Fenster, in dem Sie Ihre Eingaben noch einmal überprüfen können.

> **Tipp**
> Debitorenkonten sind nicht vier- sondern fünfstellig. Die Nummern können frei gewählt werden, wobei sie in der Praxis häufig mit 10000 oder 20000 beginnen.

Im nächsten Fenster geben Sie die **Kundennummer** sowie den **Kundennamen** ein. Wenn Sie keinen weiteren Kundennummernkreis führen, sollten Sie hier die Debitorennummer wiederholen. Jetzt fehlt nur noch das vereinbarte Zahlungsziel, das unter **Zahlungskonditionen** einzutragen ist. Dieses Eingabefenster sehen Sie im nächsten Abschnitt.

Schritt 2: Debitorenkonten anlegen

Für die Buchführung bzw. die Offene-Posten-Übersicht sind nun alle Daten erfasst, die Sie brauchen. Sie können also alle weiteren Felder frei lassen und das neue Konto speichern.

Angaben für das Mahnwesen und den Zahlungsverkehr

Möchten Sie für diesen Kunden auch das Modul „Mahnwesen" nutzen, müssen Sie neben dem Kundennamen auch die vollständige Adresse hinterlegen.

In den Programmversionen standard und plus kommen Sie nach der Adresseingabe direkt auf das Fenster **Bank**. Im letzten Fenster **Zahlungskonditionen** erfassen Sie das vereinbarte Zahlungsziel.

In den Programmversionen pro und premium wird nach der Adresseingabe das Eingabefenster geschlossen und die Adresse erscheint in einer Tabelle. Von hier aus öffnen Sie über **Weiter** ebenfalls die Fenster **Zahlungskonditionen** und **Bankverbindung**, nur in einer anderen Reihenfolge.

Abb. 2: ***Debitorenkonto anlegen Teil 2:*** *Eine Bankverbindung* ❶ *müssen Sie nur erfassen, wenn Sie das Modul „Zahlungsverkehr" nutzen um Geld von Ihrem Kunden einzuziehen. Die Zahlungskonditionen* ❷ *sind wichtig für die „OP-Verwaltung" und für das Modul „Mahnwesen".*

Debitoren anlegen und Kundenrechnungen erfassen

Übung

Legen Sie bitte folgende Kunden im Programm an. Geben Sie nur die Daten ein, die für die Offene-Posten-Übersicht notwendig sind.

	Kunde Anders	Kunde Braun
Kontonummer	10100	20200
Kontoname	Anders, Sabine	Braun GmbH
Kundennummer	10100	20200
Name	Anders	
Vorname	Sabine	
Firma		Braun GmbH
Anrede und Adresse	bitte weglassen	bitte weglassen
Bank	bitte weglassen	bitte weglassen
Zahlungskonditionen	14 Tage 2%, 30 RG	14 Tage 2%, 30 RG

Lösung

Im Kontenplan wählen Sie im unteren Bereich über die rechte Maustaste die Funktion **Debitor neu** bzw. **Konto neu.** Um ein Debitorenkonto anzulegen, müssen Sie mehrere Eingabefenster durchlaufen, in denen Sie aber nicht alle Felder ausfüllen müssen. Für die OP-Übersicht sind nur wenige Daten notwendig.

Sowie Sie die Eingaben gespeichert haben, finden Sie das Konto im **Kontenplan**. Von hier aus können Sie dann das nächste Konto anlegen.

→ Schritt 3: Einmalige Vorbereitungen für die Eingabe

Wenn Sie Ihre Buchführung zum ersten Mal mit dem Lexware buchhalter erledigen sind weitere Vorbereitungen notwendig, die bereits beim nächsten Jahreswechsel automatisch übernommen werden. Dazu gehören die Belegnummernkreise sowie die Anfangsbestände der Debitorenkonten.

Belegnummernkreis für Rechnungen

Für die Erfassung von Kundenrechnungen sollten Sie den Belegnummernkreis „AR für Ausgangsrechnungen" verwenden, so können Sie diese Rechnungen getrennt von den anderen Buchungen nummerieren. Ohne Belegnummernkreise nummeriert die Software alle Buchungen fortlaufend. Ist der Belegnummernkreis noch nicht angelegt, können Sie das bei der Erfassung der ersten Buchung erledigen.

Schritt 3: Einmalige Vorbereitungen für die Eingabe

Anfangsbestände von Debitorenkonten erfassen

Alle Kundenrechnungen, die zusammen mit einem Debitorenkonto in das Programm eingegeben werden, finden Sie automatisch in der Offenen-Posten-Liste. Rechnungen, die bisher mit einer anderen Software erfasst wurden, kennt das Programm nicht.

Bei einem Neueinstieg in das Programm zum 01.01. haben Sie zwei Möglichkeiten, wie Sie die Anfangsbestände von Forderungen erfassen können:

- Entweder Sie buchen die Anfangsbestände aller Kunden auf das Konto „1410 Forderungen" und erfassen ab sofort die neuen Kundenrechnungen über die Debitorenkonten. In diesem Fall buchen Sie die Geldeingänge der alten Rechnungen auf das Konto „1410" und die der neuen Rechnungen auf das entsprechende Debitorenkonto.
- Oder Sie erfassen bereits die Anfangsbestände pro Kunde auf den entsprechenden Debitorenkonten.

Übung

Die Eröffnungswerte sind bereits erfasst und der Anfangsbestand der offenen Forderungen wurde in einer Summe wie folgt gebucht:

Buchen → Stapelbuchen					
Datum	Text	Betrag	SOLL	HABEN	Steuer
01.01.	EB-Wert	11.900,00	1410	9000	keine

Inzwischen wurden Debitorenkonten angelegt, auf denen Sie später auch die Anfangsbestände erfassen möchten. Aus diesem Grund sollten Sie nun die oben angegebene Buchung stornieren.

Lösung

Im Menü **Ansicht** öffnen Sie das **Journal** und suchen die Buchung vom 01.01. Ist die Buchung gefunden und ausgewählt, klicken Sie rechts am Bildschirm auf **Buchung stornieren.**

Für die Erfassung der Anfangsbestände auf Debitorenkonten ist die Buchungsmaske **Stapelbuchen** zu empfehlen, diese öffnen Sie im Menü **Buchen**.

Debitoren anlegen und Kundenrechnungen erfassen

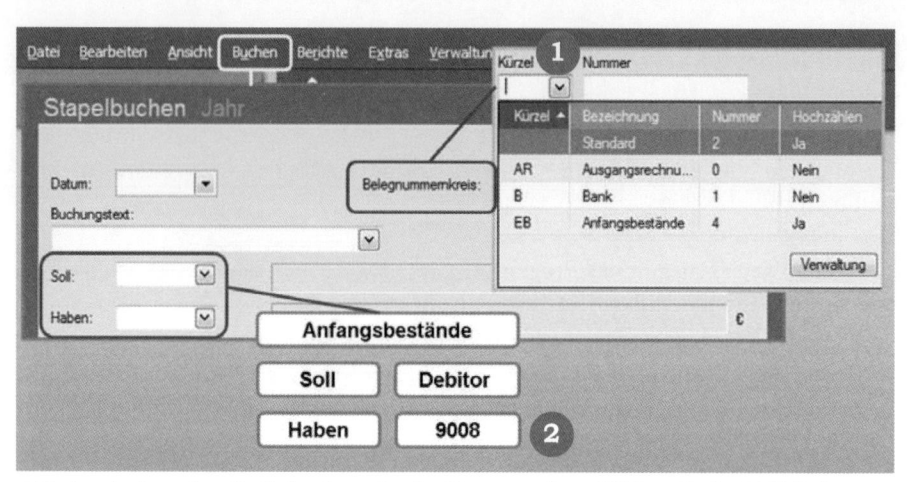

Abb. 3: **Anfangsbestände buchen:** *Ist das Datum erfasst, klicken Sie im Feld* **Belegnummernkreis** → **Kürzel** *auf den Pfeil* ❶ *und wählen „EB" aus. Die Anfangsbestände von Debitorenkonten werden über das Konto „9008 Saldenvorträge Debitoren"* ❷ *gebucht.*

Über die Funktion **Verwaltung** können Sie neue Nummernkreise anlegen und die Vorhandenen ändern.

Übung

Bei den offenen Forderungen von 11.900 Euro handelt es sich um zwei Kundenrechnungen von zwei verschiedenen Kunden. Buchen Sie bitte unter **Buchen → Stapelbuchen** die Anfangsbestände mit dem Belegnummernkreis „EB".

Buchen → Stapelbuchen						
Datum	Beleg	Text	Betrag	SOLL	HABEN	Steuer
01.01.	EB 234	RG 234	4.760,00	10100	9008	keine
01.01.	EB 236	RG 236	7.140,00	20200	9008	keine

Stimmen Ihre Eingaben, können Sie die Buchungen ins Journal übertragen, d.h. den Stapel ausbuchen unter **Buchen → Stapel ausbuchen**.

Schritt 4: Regelmäßige Arbeiten

> **Lösung**
>
> Die Anfangsbestände sehen Sie unter **Berichte** → **Debitorenkonto** oder OP-Debitoren, Bilanzierende sehen sie auch unter **Berichte** → **Auswertungen** → **Bilanz**.

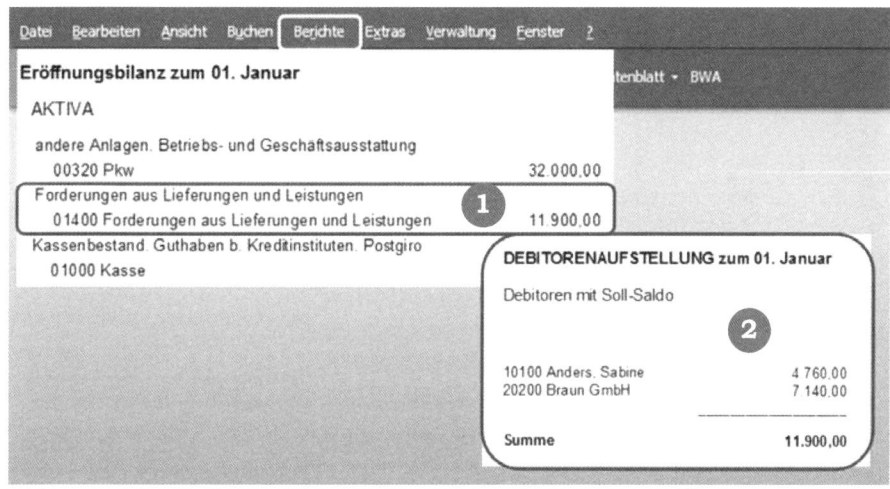

```
Datei  Bearbeiten  Ansicht  Buchen  Berichte  Extras  Verwaltung  Fenster  ?

Eröffnungsbilanz zum 01. Januar                              tenblatt ▼ BWA

AKTIVA

andere Anlagen. Betriebs- und Geschäftsausstattung
  00320 Pkw                                    32.000,00
Forderungen aus Lieferungen und Leistungen
  01400 Forderungen aus Lieferungen und Leistungen  ❶  11.900,00
Kassenbestand. Guthaben b. Kreditinstituten. Postgiro
  01000 Kasse                                  DEBITORENAUFSTELLUNG zum 01. Januar

                                               Debitoren mit Soll-Saldo
                                                                         ❷
                                               10100 Anders. Sabine         4 760,00
                                               20200 Braun GmbH             7 140,00

                                               Summe                       11.900,00
```

Abb. 4: ***Der Vorteil von Debitoren:*** *Hier sehen Sie in der Bilanz* ❶ *die offenen Forderungen in einer Summe und zusätzlich erhalten Sie eine Debitorenaufstellung,* ❷ *die Ihnen die Forderungen pro Kunde zeigt.*

→ Schritt 4: Regelmäßige Arbeiten

Erstellen Sie Ihre Kundenrechnungen mit den Programmen Lexware Faktura oder Warenwirtschaft, entfällt das Buchen, denn auch hier können die Buchungen übertragen werden.

Kundenrechnungen erfassen

Kundenrechnungen werden immer nach dem gleichen Schema eingegeben, das Debitorenkonto wird im **Soll** und das Erlöskonto im **Haben** gebucht und bei Gutschriften drehen Sie die Buchung einfach um.

> **Tipp**
>
> Suchen Sie zum Beispiel das Debitorenkonto des Kunden Braun GmbH, können Sie im Feld **Soll** statt Zahlen auch Worte eingeben, in diesen Fall „Braun GmbH". Schon wird das Konto im Kasten angezeigt und kann ausgewählt werden.

Debitoren anlegen und Kundenrechnungen erfassen

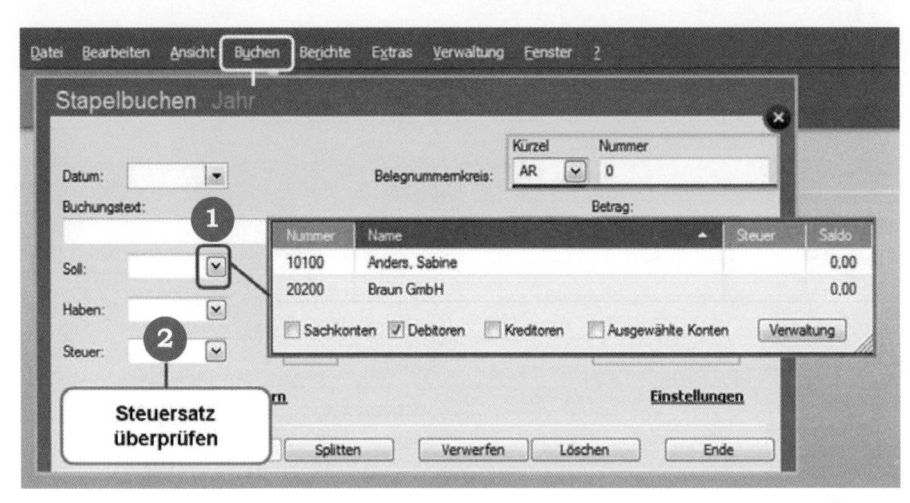

Abb. 5: **Tipps zur Buchungsmaske:** *Klicken Sie beim Feld „Soll" auf den Pfeil* ❶*, werden alle Konten gezeigt und mit einem Haken bei „Debitoren" nur noch die Debitorenkonten. Sowie Sie ein Erlöskonto im Feld „Haben" eingeben, wird gleichzeitig im Feld „Steuer"* ❷ *ein Steuersatz eingetragen.*

Was ist zu tun, wenn der Steuersatz nicht mit Ihrem Beleg übereinstimmt? Dann müssen Sie ein anderes Erlöskonto wählen, eines mit dem passenden Steuersatz. Denn beim Erlöskonto sind die Angaben für die Umsatzsteuer-Voranmeldung hinterlegt, in welchem Feld der Nettoumsatz einzutragen ist.

OP-Debitoren und Debitorenkonten ansehen

Sind die Kundenrechnungen erfasst sind, können Sie die Offene-Posten-Liste ansehen, sie heißt im Programm **OP-Debitoren**.

Übung

Buchen Sie bitte folgende Kundenrechnungen unter **Buchen → Stapelbuchen**.

Buchen → Stapelbuchen						
Datum	Beleg	Text	Betrag	SOLL	HABEN	Steuer
02.03.	AR 125	RG 125	5.950,00	10100	8400	USt.19%
03.03.	AR 126	RG 126	4.760,00	20200	8400	USt.19%
09.03.	AR 127	RG 127	7.140,00	10100	8400	USt.19%
10.03.	AR 128	RG 128	2.380,00	20200	8400	USt.19%

Schritt 4: Regelmäßige Arbeiten

Stimmen Ihre Eingaben, sollten Sie den Stapel ausbuchen unter **Buchen → Stapel ausbuchen**.

Lösung

Unter **Berichte → OP-Debitoren** können Sie sich die OP-Liste ansehen und ausdrucken, unter **Ansicht → OP-Debitoren** erscheint die Liste am Bildschirm.

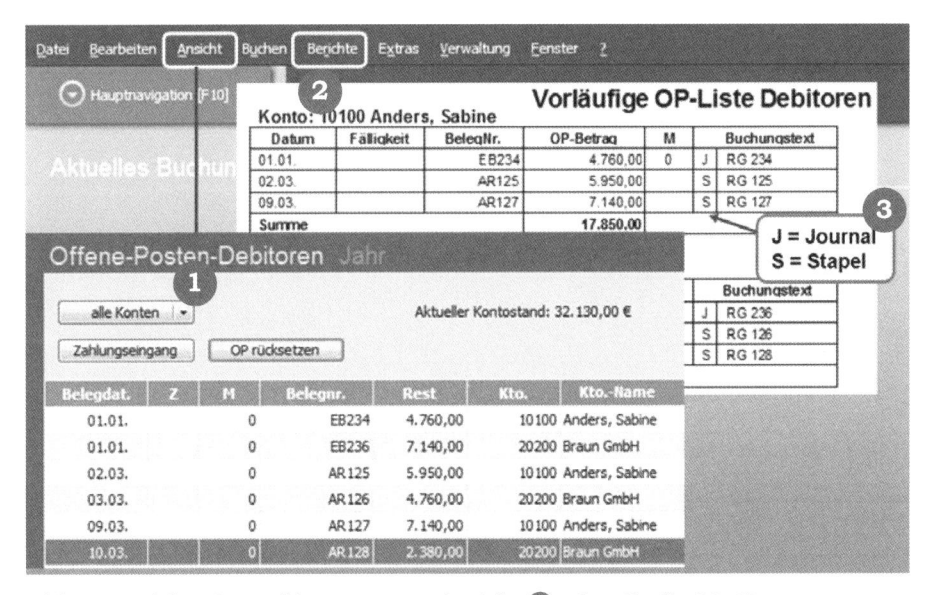

Abb. 6: ***Berichte OP-Debitoren:*** *Unter* ***Ansicht*** *❶ sehen Sie die OP-Liste erst, wenn Sie die Buchungen ins Journal übertragen bzw. den Stapel ausgebucht haben. Unter* ***Berichte*** *sehen Sie die OP-Liste ❷ jederzeit. Journalbuchungen erkennen Sie in der Liste am „J" und Stapelbuchungen am „S" ❸.*

In den Menüs **Ansicht** und **Berichte** finden Sie zum einen **OP-Debitoren** und zum anderen **Debitorenkonto**. Was ist der Unterschied?

In der Liste **OP-Debitoren** sehen Sie alle offenen Kundenrechnungen. Eine Rechnung bleibt dort solange stehen, bis der Geldeingang gebucht wurde, danach ist sie weg. Diese Liste steht Ihnen immer zur Verfügung, wenn es offene Rechnungen gibt, hier sehen Sie die offenen Rechnungen aus Vorjahren genauso wie die aus dem laufenden Jahr. Auf dem **Debitorenkonto** dagegen sehen Sie die Buchungen des laufenden Jahres, den Anfangsbestand sowie alle Rechnungen und alle Geldeingänge, die auf das Konto gebucht wurden.

> **Weitere Informationen**
> Video unter www.lexware.de
> - Buchen mit offenen Posten

Kreditoren anlegen und Eingangsrechnungen erfassen

Möchten Sie für Ihre eingehenden Rechnungen eine Offene Posten-Verwaltung mit dem Lexware buchhalter führen? In diesem Fall müssen Sie für jeden Lieferanten ein Kreditorenkonto anlegen und die Rechnungen der verschiedenen Lieferanten auf die entsprechenden Kreditorenkonten buchen. Dann sehen Sie die offenen Verbindlichkeiten pro Lieferant oder Handwerker.

Arbeiten Sie zum ersten Mal mit dem Programm, sind einige Vorbereitungen zu treffen. Doch die regelmäßigen Arbeiten sind ganz leicht zu erledigen.

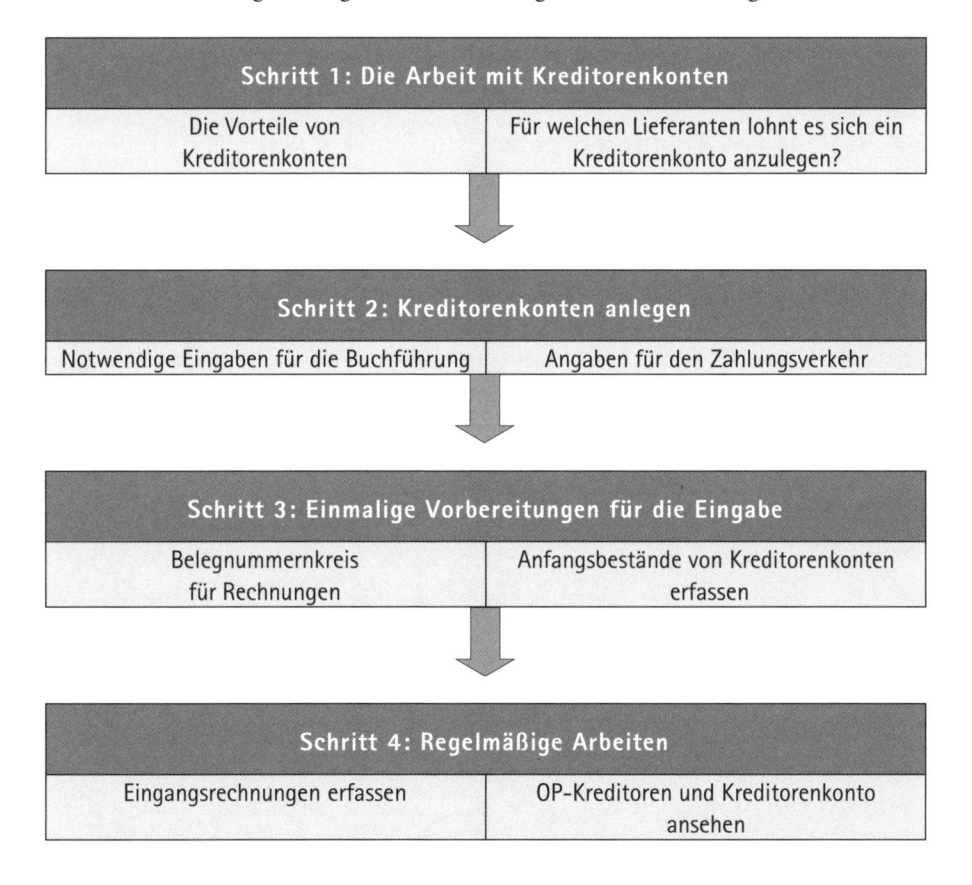

Schritt 1: Die Arbeit mit Kreditorenkonten	
Die Vorteile von Kreditorenkonten	Für welchen Lieferanten lohnt es sich ein Kreditorenkonto anzulegen?

Schritt 2: Kreditorenkonten anlegen	
Notwendige Eingaben für die Buchführung	Angaben für den Zahlungsverkehr

Schritt 3: Einmalige Vorbereitungen für die Eingabe	
Belegnummernkreis für Rechnungen	Anfangsbestände von Kreditorenkonten erfassen

Schritt 4: Regelmäßige Arbeiten	
Eingangsrechnungen erfassen	OP-Kreditoren und Kreditorenkonto ansehen

Voraussetzungen für die Übungen	
Einstellungen	Überprüfen Sie bitte, ob in den Firmenstammdaten der Haken bei „unterschiedliche Belegnummernkreise" gesetzt ist. Unter Verwaltung – Belegnummern sollten die Belegnummernkreise „EB" für Eröffnungswerte und „ER" für Eingangsrechnungen angelegt sein.
Hinweise zu den Eingaben	Gebucht wird im April, in diesem Monat sollten keine Buchungen im Stapel vorhanden sein.

→ Schritt 1: Die Arbeit mit Kreditorenkonten

Für einen Lieferanten, für den Sie ein eigenes Kreditorenkonto anlegen, können Sie im Programm nicht nur eine OP-Verwaltung führen, sondern auch Rechnungen damit bezahlen.

Die Vorteile von Kreditorenkonten

Buchen Sie zum Beispiel alle Rechnungen von der Firma Maurer auf das Kreditorenkonto „Bürohandel Maurer" und erfassen Sie auf diesem Konto auch die Zahlungen, sehen Sie in der Offene-Posten-Liste, welche Rechnungen dieses Lieferanten bezahlt und welche noch offen sind.

Möchten Sie mit dem Lexware buchhalter die Lieferantenrechnungen bezahlen, können Sie das auf Knopfdruck mit dem Programmmodul „Zahlungsverkehr" erledigen.

Für welchen Lieferanten lohnt es sich ein Kreditorenkonto anzulegen?

Wie viele Lieferanten haben Sie? Haben Sie diese Lieferanten öfter oder nur einmal? Sie müssen entscheiden für welche Lieferanten Sie eine Offene-Posten-Übersicht brauchen und für welchen Lieferanten Sie das Modul „Zahlungsverkehr" nutzen möchten.

Haben Sie zum Beispiel sehr viele verschiedene Lieferanten und möchten Sie auf Zahlungsverkehr verzichten, können Sie Ihre Lieferanten auch in Gruppen einteilen wie zum Beispiel „Kreditoren A-Diverse", „Kreditoren B-Diverse", „Kreditoren-

Großhandel" usw. Damit verringern sich zwar die Anzahl der Kreditorenkonten, aber auch die Möglichkeiten im Programm.

Hinweis für Einnahmen-Überschussrechner
Einnahmen-Überschussrechner können die Eingangsrechnungen freiwillig erfassen, dann ist allerdings folgendes zu beachten:

Wenn Sie Eingangsrechnungen erfassen, stimmt Ihre Umsatzsteuer-Voranmeldung. Die Einnahmen-Überschussrechnung stimmt erst, wenn Sie die offenen Rechnungen von den Ausgaben abziehen.

→ Schritt 2: Kreditorenkonten anlegen

Erledigen Sie Ihre Bestellungen und Wareneinkäufe mit den Lexware Programmen Faktura oder Warenwirtschaft, haben Sie dort Ihre Lieferanten bereits angelegt. Je nach Softwareversion können die Daten automatisch oder manuell in den Lexware buchhalter übertragen werden. In diesem Fall können Sie diesen Schritt auslassen.

Notwendige Eingaben für die Buchführung

Um ein Kreditorenkonto im Programm anzulegen müssen Sie den Kontenplan öffnen, entweder rechts oben am Bildschirm über **Kontenplan** oder unter **Ansicht → Kontenplan.**

Kreditoren anlegen und Eingangsrechnungen erfassen

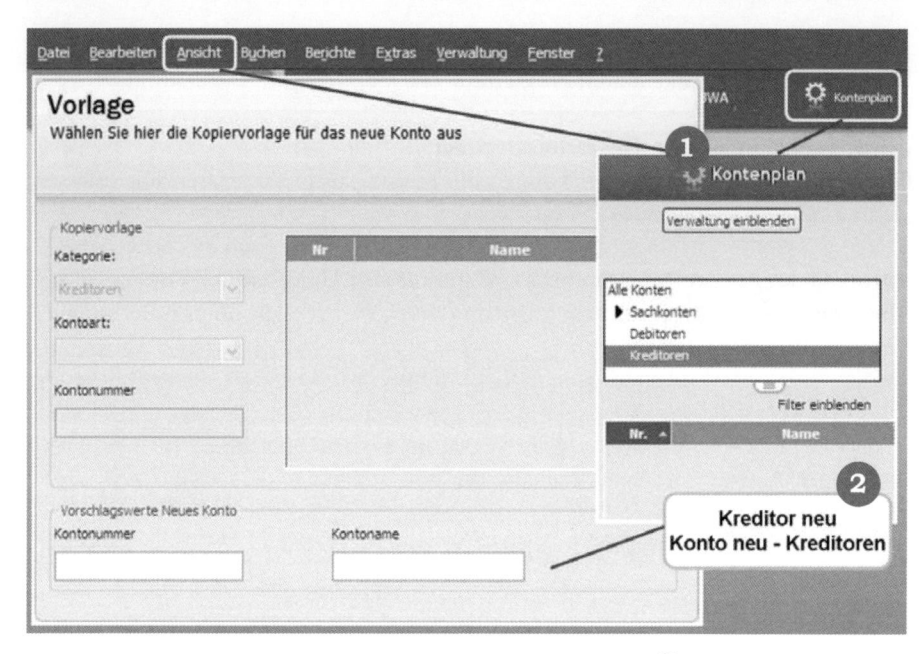

Abb. 1: **Kreditorenkonto anlegen Teil 1:** *Ist der Kontenplan* ❶ *geöffnet, gehen Sie mit der Maus auf den unteren Bereich* ❷ *und wählen über die rechte Maustaste* **Kreditor neu.** *In den Versionen pro und premium klicken Sie auf* **Konto neu** *und wählen dann die Kategorie* **Kreditoren** *aus.*

Jetzt öffnet sich das Eingabefenster für die Lieferantendaten. Hier geben Sie die Kreditorennummer bzw. die Kontonummer sowie den Namen ein, zum Beispiel „72000 Bürohandel Maurer". Mit einem Klick auf **Weiter** öffnet sich ein weiteres Fenster, in dem Sie Ihre Eingaben noch einmal überprüfen können.

Tipp
Kreditorenkonten sind nicht vier- sondern fünfstellig. Die Nummern können frei gewählt werden, wobei sie in der Praxis häufig mit 70000 beginnen.

Im dritten Fenster geben Sie die Lieferantennummer sowie den Lieferantennamen ein. Wenn Sie keinen eigenen Nummernkreis führen, sollten Sie hier die Kreditorennummer wiederholen. Jetzt fehlt nur noch das vereinbarte Zahlungsziel, das unter **Zahlungskonditionen** einzutragen ist. Dieses Eingabefenster sehen Sie im nächsten Abschnitt.

Schritt 2: Kreditorenkonten anlegen

Für die Buchführung bzw. die Offene-Posten-Übersicht sind damit alle Daten erfasst, die Sie brauchen. Sie können also alle weiteren Felder frei lassen und das neue Konto speichern.

Angaben für den Zahlungsverkehr

In den Programmversionen standard und plus kommen Sie nach der Adresseingabe direkt auf das Fenster **Bank**. Im letzten Fenster **Zahlungskonditionen** geben Sie das vereinbarte Zahlungsziel ein.

In den Programmversionen pro und premium wird nach der Adresseingabe das Eingabefenster geschlossen und die Adresse erscheint in einer Tabelle. Von hier aus öffnen Sie über **Weiter** ebenfalls die Fenster **Zahlungskonditionen** und **Bankverbindung**, nur in einer anderen Reihenfolge.

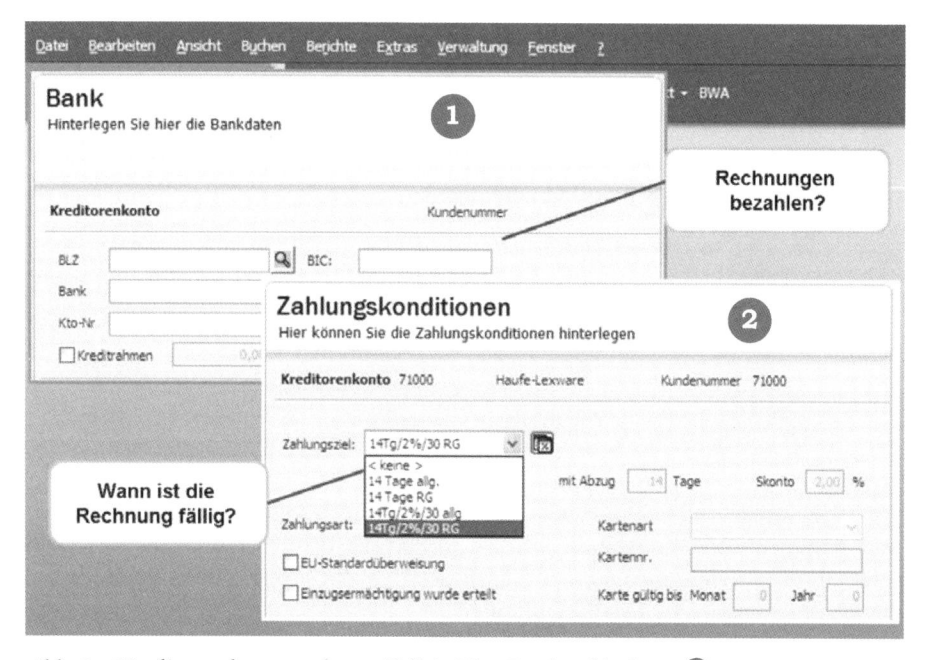

Abb. 2: ***Kreditorenkonto anlegen Teil 2:*** *Eine Bankverbindung* ❶ *müssen Sie nur erfassen, wenn Sie das Modul „Zahlungsverkehr" nutzen und Rechnungen bezahlen möchten. Geben Sie die Zahlungskonditionen* ❷ *ein, kann das Programm auch mögliche Skonti berechnen.*

Kreditoren anlegen und Eingangsrechnungen erfassen

Übung

Legen Sie bitte folgende Lieferanten im Programm an. Geben Sie nur die Daten ein, die für die Offene-Posten-Übersicht notwendig sind.

	Lieferant Haufe-Lexware	Lieferant Maurer
Kontonummer	71000	72000
Kontoname	Haufe-Lexware	Bürohandel Maurer
Kundennummer	71000	72000
Name		
Vorname		
Firma	Haufe -Lexware	Bürohandel Maurer
Anrede und Adresse	bitte weglassen	bitte weglassen
Bank	bitte weglassen	bitte weglassen
Zahlungskonditionen	14 Tage 2%, 30 RG	14 Tage 2%, 30 RG

Lösung

Im unteren Bereich des Kontenplans wählen Sie über die rechte Maustaste die Funktion **Kreditor neu** bzw. **Konto neu**. Um ein Kreditorenkonto anzulegen, sind mehrere Eingabefenster zu durchlaufen, in denen Sie aber nicht alle Felder ausfüllen müssen. Für die OP-Übersicht genügen nur wenige Daten.

Sobald Sie die Eingaben gespeichert haben, finden Sie das Konto im **Kontenplan**. Von hier aus können Sie anschließend das nächste Konto anlegen.

→ Schritt 3: Einmalige Vorbereitungen für die Eingabe

Wenn Sie Ihre Buchführung zum ersten Mal mit dem Lexware buchhalter erledigen sind weitere Vorbereitungen notwendig, die bereits beim nächsten Jahreswechsel automatisch übernommen werden. Dazu gehören die Belegnummernkreise sowie die Anfangsbestände der Kreditorenkonten.

Belegnummernkreis für Rechnungen

Für die Erfassung von Eingangsrechnungen sollten Sie den Belegnummernkreis „ER für Eingangsrechnungen" verwenden, so können Sie die Eingangsrechnungen getrennt von den anderen Buchungen nummerieren. Ist der Belegnummernkreis noch nicht angelegt, können Sie das bei der Erfassung der ersten Rechnung erledigen.

Schritt 3: Einmalige Vorbereitungen für die Eingabe

Anfangsbestände von Kreditorenkonten erfassen

Alle Eingangsrechnungen, die zusammen mit einem Kreditorenkonto in das Programm eingegeben werden, finden Sie automatisch in der Offenen-Posten-Liste. Rechnungen, die vorher mit einer anderen Software erfasst wurden, nicht.

Bei einem Neueinstieg in das Programm zum 01.01. haben Sie zwei Möglichkeiten, wie Sie die Anfangsbestände von Ihren offenen Eingangsrechnungen erfassen können:

- Entweder, Sie buchen die Anfangsbestände aller Lieferanten auf das Konto „1610 Verbindlichkeiten" und erfassen ab sofort die neuen Eingangsrechnungen über die Kreditorenkonten. In diesem Fall buchen Sie die Zahlungen der alten Rechnungen auf das Konto „1610" und die der neuen Rechnungen auf das entsprechende Kreditorenkonto.
- Oder Sie erfassen bereits die Anfangsbestände pro Lieferant auf den entsprechenden Kreditorenkonten.

Übung

Die Eröffnungswerte sind bereits erfasst und der Anfangsbestand der offenen Verbindlichkeiten wurde wie folgt gebucht:

Buchen → Stapelbuchen					
Datum	Text	Betrag	SOLL	HABEN	Steuer
01.01.	EB-Wert	5.950,00	9000	1610	keine

Da Sie inzwischen Kreditorenkonten angelegt haben, möchten Sie darauf später auch die Anfangsbestände erfassen. Aus diesem Grund sollten Sie nun die oben angegebene Buchung stornieren.

Lösung

Im Menü **Ansicht** öffnen Sie das **Journal** und suchen die Buchung vom 01.01. Ist die Buchung gefunden und ausgewählt, klicken Sie rechts am Bildschirm auf **Buchung stornieren**.

Für die Erfassung der Anfangsbestände öffnen Sie die Buchungsmaske **Stapelbuchen** im Menü **Buchen**.

Kreditoren anlegen und Eingangsrechnungen erfassen

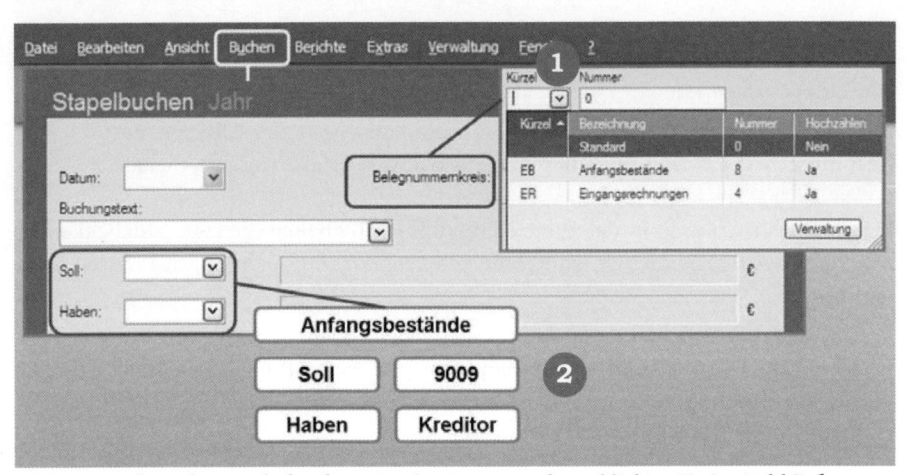

Abb. 3: ***Anfangsbestände buchen:*** *Ist das Datum erfasst, klicken Sie im Feld* **Belegnummernkreis-→ Kürzel** *auf den Pfeil* ❶ *und wählen „EB" aus. Dann sehen Sie alle angelegten Belegnummernkreise. Die Anfangsbestände von Kreditorenkonten werden über das Konto „9009 Saldenvorträge Kreditoren"* ❷ *gebucht.*

Möchten Sie einen neuen Belegnummernkreis anlegen oder einen Vorhandenen ändern, öffnen Sie die Funktion **Verwaltung** oben beim **Belegnummernkreis →Kürzel**.

Übung

Bei den offenen Verbindlichkeiten von 5.950 Euro handelt es sich um zwei Eingangsrechnungen von zwei verschiedenen Lieferanten. Buchen Sie bitte unter **Buchen → Stapelbuchen** die Anfangsbestände mit dem Belegnummernkreis „EB".

Buchen → Stapelbuchen						
Datum	Beleg	Text	Betrag	SOLL	HABEN	Steuer
01.01.	EB 7	RG 2703	2.380,00	9009	71000	keine
01.01.	EB 8	RG 119	3.570,00	9009	72000	keine

Stimmen Ihre Eingaben, können Sie den Stapel ausbuchen unter **Buchen → Stapel ausbuchen**.

Lösung

Die Anfangsbestände sehen Sie unter **Berichte → Kreditorenkonto** oder **OP-Kreditoren**, Bilanzierende sehen sie auch unter **Berichte → Auswertungen → Bilanz**.

Schritt 4: Regelmäßige Arbeiten

```
Datei  Bearbeiten  Ansicht  Buchen  Berichte  Extras  Verwaltung  Fenster  ?
```

Eröffnungsbilanz zum 01. Januar
PASSIVA

Verbindlichkeiten aus Lieferungen u. Leistungen
    01600 Verbindlichkeiten aus Lieferungen u. Leistungen   5.950,00

❶

Kreditorenaufstellung zum 01. Januar

Kreditoren mit Haben-Saldo

❷

71000 Haufe-Lexware	2.380,00
72000 Maurer	3.570,00
Summe	5.950,00

Abb. 4: **Vorteil von Kreditoren:** *In der Bilanz* ❶ *sehen Sie die offenen Verbindlichkeiten in einer Summe und zusätzlich erhalten Sie eine Kreditorenaufstellung* ❷*, die Ihnen die Verbindlichkeiten pro Lieferant zeigt.*

→ Schritt 4: Regelmäßige Arbeiten

Erfassen Sie Ihre Eingangsrechnungen in dem Programm Lexware Warenwirtschaft, können die Buchungen übertragen werden.

Eingangsrechnungen erfassen

Eingangsrechnungen werden immer nach dem gleichen Schema eingegeben. Das Aufwandskonto wird im **Soll** und das Kreditorenkonto im **Haben** gebucht und bei Gutschriften drehen Sie die Buchung einfach um.

| Tipp
Suchen Sie zum Beispiel das Kreditorenkonto der Firma Maurer, können Sie im Kontenfeld statt Zahlen auch Worte eingeben, in diesen Fall „Maurer". Schon wird das Konto im Kasten angezeigt und kann ausgewählt werden.

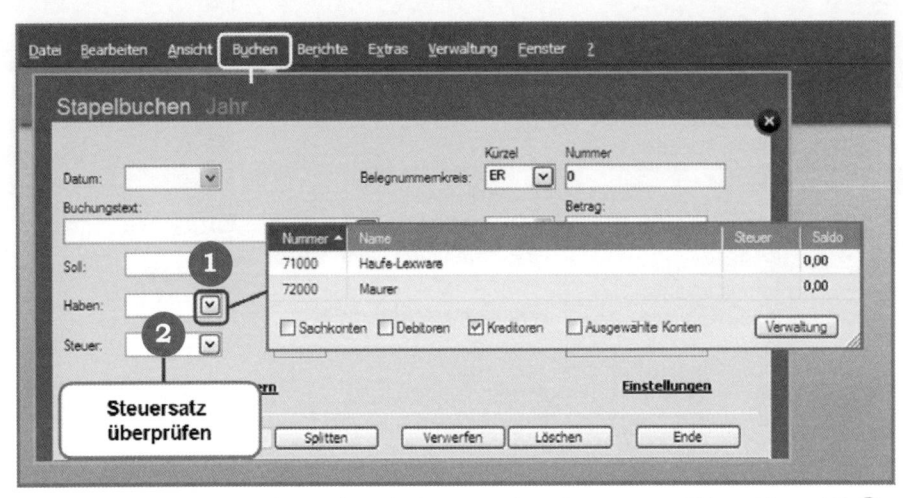

Abb. 5: **Tipps zur Eingabemaske:** *Klicken Sie neben dem Kontenfeld auf den Pfeil* ❶ *werden alle Konten gezeigt und mit einem Haken bei „Kreditoren" nur noch die Kreditorenkonten. Bei vielen Konten ist ein Steuersatz hinterlegt, der bei der Konteneingabe gleichzeitig im Feld „Steuer"* ❷ *eingetragen wird.*

Was ist zu tun, wenn der Steuersatz nicht mit Ihrem Beleg übereinstimmt? Bei normalen Ausgaben genügt es, in der Buchungsmaske den Vorsteuersatz von zum Beispiel „VSt. 19%" auf „VSt. 7%" zu ändern, da nur die Vorsteuer in der Umsatzsteuer-Voranmeldung erfasst wird.

> **Achtung**
> Handelt es sich allerdings um Bauleistungen oder innergemeinschaftlichen Erwerb, müssen Sie unbedingt die dafür vorgesehenen Konten verwenden. Hier sind besondere Funktionen hinterlegt. Während Sie den Nettobetrag eingeben, ermittelt das Programm den Steuerbetrag und trägt die Werte in verschiedene Felder der Umsatzsteuer-Voranmeldung ein.

OP-Kreditoren und Kreditorenkonto ansehen

Sind die Eingangsrechnungen erfasst sind, können Sie die Offene-Posten-Liste ansehen, sie heißt im Programm **OP-Kreditoren**.

Schritt 4: Regelmäßige Arbeiten

Übung

Buchen Sie bitte folgende Eingangsrechnungen unter **Buchen → Stapelbuchen:**

Buchen → Stapelbuchen						
Datum	Beleg	Text	Betrag	SOLL	HABEN	Steuer
06.04.	ER 1	RG 2804	1.785,00	3400	71000	VSt.19%
07.04.	ER 2	RG 333	4.760,00	3400	72000	VSt.19%
14.04.	ER 3	RG 3101	1.190,00	3400	71000	VSt.19%
15.04.	ER 4	RG 570	5.950,00	3400	72000	VSt.19%

Stimmen Ihre Eingaben, sollten Sie die Buchungen ins Journal übertragen, d.h. den Stapel ausbuchen unter **Buchen → Stapel ausbuchen.**

Lösung

Über **Berichte → OP-Kreditoren** können Sie die Offene Posten-Liste, OP-Liste ansehen und drucken. Über **Ansicht → OP-Kreditoren** erscheint die Liste am Bildschirm.

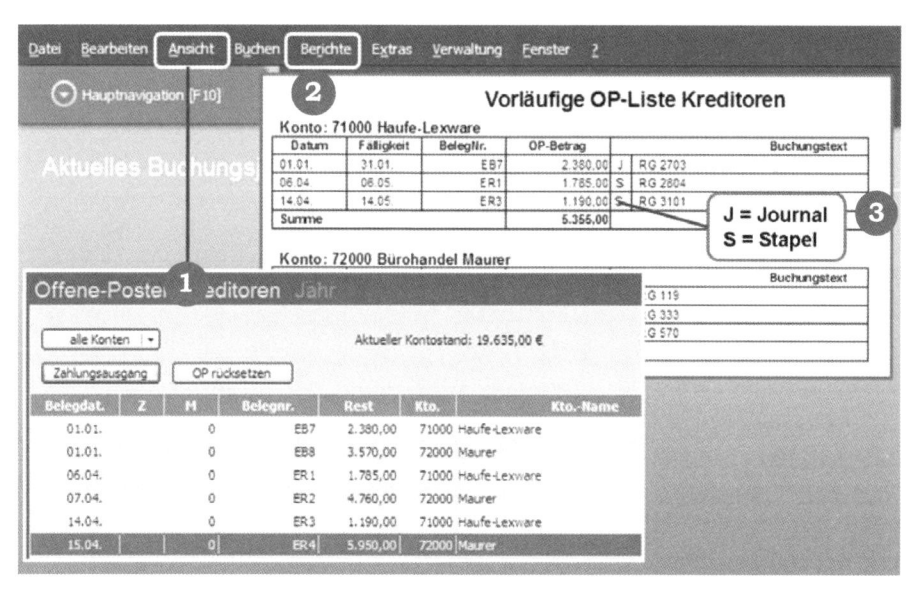

Abb. 6: **Berichte OP-Kreditoren:** *Unter* **Ansicht** ❶ *sehen Sie die OP-Liste erst, wenn Sie die Buchungen ins Journal übertragen bzw. den Stapel ausgebucht haben. Unter* **Berichte** *sehen Sie die OP-Liste* ❷ *jederzeit. Journalbuchungen erkennen Sie in der Liste am „J" und Stapelbuchungen am „S"* ❸ *.*

In den Menüs **Ansicht** und **Berichte** finden Sie zum einen **OP-Kreditoren**, und zum anderen **Kreditorenkonto**. Was ist der Unterschied?

In der Liste **OP-Kreditoren** sehen Sie alle offenen Rechnungen. Sie bleiben dort solange stehen, bis die Zahlung gebucht wurde, danach sind sie weg. Diese Liste steht Ihnen immer zur Verfügung, wenn es offene Rechnungen gibt, hier sehen Sie die offenen Rechnungen aus Vorjahren genauso wie die aus dem laufenden Jahr. Auf dem **Kreditorenkonto** dagegen sehen Sie die Buchungen des laufenden Jahres, den Anfangsbestand sowie alle Rechnungen und alle Zahlungen, die auf das Konto gebucht wurden.

Weitere Informationen

Video unter www.lexware.de
- Buchen mit offenen Posten

Kontoauszüge – Zahlungen von Debitoren und an Kreditoren

Haben Sie für Ihre Kunden Debitorenkonten angelegt und deren Rechnungen darauf gebucht? Oder Eingangrechnungen auf Kreditorenkonten gebucht? Das ist der erste Schritt zur Offenen-Posten-Verwaltung. Hier werden die Geldeingänge der Kunden auf die Debitorenkonten gebucht sowie die Zahlungen an Lieferanten auf Kreditorenkonten.

Dann erst sehen Sie welche Rechnungen noch offen sind. Außerdem erfahren Sie hier, wie Sie mit Teilzahlungen, Zahlung mehrerer Rechnungen und mit Skontoabzug umgehen.

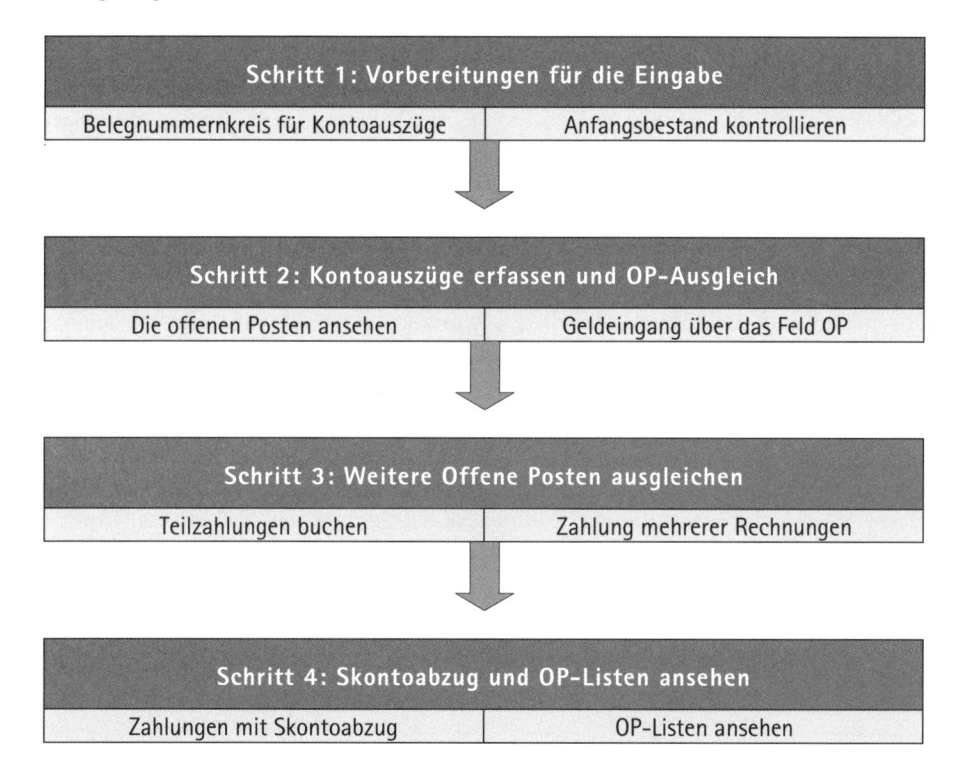

Schritt 1: Vorbereitungen für die Eingabe	
Belegnummernkreis für Kontoauszüge	Anfangsbestand kontrollieren

Schritt 2: Kontoauszüge erfassen und OP-Ausgleich	
Die offenen Posten ansehen	Geldeingang über das Feld OP

Schritt 3: Weitere Offene Posten ausgleichen	
Teilzahlungen buchen	Zahlung mehrerer Rechnungen

Schritt 4: Skontoabzug und OP-Listen ansehen	
Zahlungen mit Skontoabzug	OP-Listen ansehen

Kontoauszüge – Zahlungen von Debitoren und an Kreditoren

Voraussetzungen für die Übungen	
Einstellungen	Überprüfen Sie, ob in den Firmenstammdaten der Haken bei „unterschiedliche Belegnummernkreise" gesetzt ist. Unter Verwaltung – Belegnummern sollte der Belegnummernkreis „B" für Bank angelegt sein.
Hinweise zu den Eingaben	Der Anfangsbestand der Bank zum 01.01. sollte gebucht sein, die Buchung finden Sie im ersten Beispiel. Das Beispiel im Schritt 3 zeigt Debitorenkonten, Kreditorenkonten und Rechnungen, die bereits erfasst sein müssten. Gebucht wird die Übung im Mai, in diesem Monat sollten keine Buchungen im Stapel stehen.

→ Schritt 1: Vorbereitungen für die Eingabe

Die Buchungsmaske öffnen Sie unter **Buchen → Einnahmen/Ausgaben in den Stapel** und wählen in der Kontenauswahl das Konto **1200 Bank** aus. In der Kontenauswahl finden Sie alle Konten der Kategorie „Finanzkonto", d.h. nur Finanzkonten können Sie über diese Buchungsmaske buchen.

Belegnummernkreis für Kontoauszüge

Für die Erfassung von Kontoauszügen empfiehlt es sich, den Belegnummernkreis „B" zu verwenden. So können Sie die Kontoauszüge getrennt von anderen Buchungen nummerieren. Ist dieser Belegnummernkreis noch nicht angelegt, können Sie das bei der Erfassung des ersten Kontoauszugs erledigen.

Anfangsbestand kontrollieren

Bevor Sie mit der Erfassung der Kontoauszüge beginnen, müssen Sie den Kontostand im Programm mit Ihrem tatsächlichen Saldo Ihres Kontoauszugs vergleichen.

Beispiel
Der negative Anfangsbestand der Bank wurde bereits im Januar gebucht. Wenn nicht, können Sie das jetzt nachholen.

Buchen → Einnahmen/Ausgaben in den Stapel → 1200 Bank						
Datum	Belegnr.	Buchungstext	Betrag	Konto	Kategorie	Steuer
01.01.	EB 1	Anfangsbestand	2.800,00	9000	Ausgabe	keine

Schritt 2: Kontoauszüge erfassen und OP-Ausgleich

Nach der Eingabe des Datums klicken Sie im Feld **Belegnummernkreis→Kürzel** auf den Pfeil. Hier können Sie über die Funktion **Verwaltung** neue Belegnummernkreise anlegen und die bereits Vorhandenen ändern.

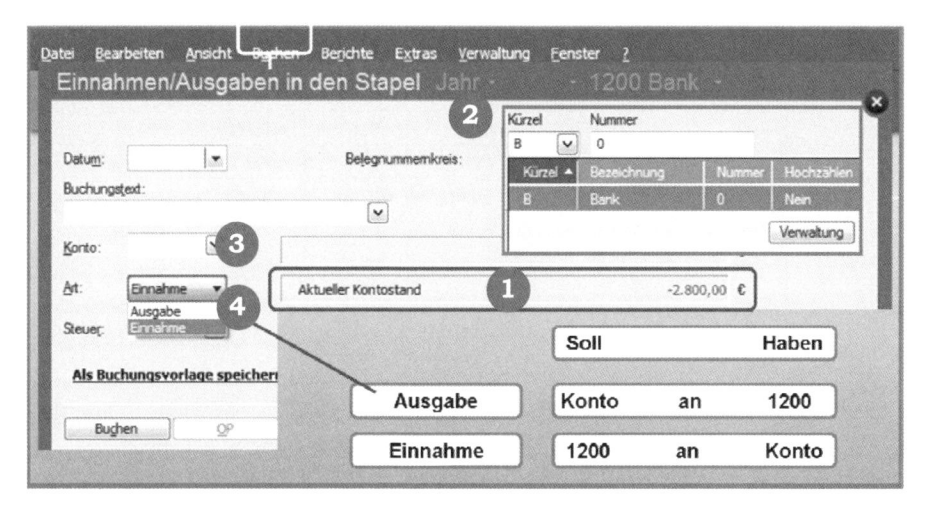

Abb. 1: ***Buchungsmaske für Kontoauszüge:*** *Hier sollten Sie zuerst den Kontostand kontrollieren* ❶ *und beim Buchen den Belegnummernkreis „B" verwenden* ❷ *. Sie müssen nur ein Konto eingeben* ❸ *und über die Auswahl* ***Einnahme*** *oder* ***Ausgabe*** ❹ *wählen.*

Das Konto **1200 Bank** bucht das Programm im Hintergrund automatisch. Sie steuern über die Eingabe **Einnahme** oder **Ausgabe** wie gebucht wird.

> **Tipp**
> Zur Kontensuche können Sie Im Feld **Konto** nicht nur Nummern, sondern auch Worte eingeben.

→ Schritt 2: Kontoauszüge erfassen und OP-Ausgleich

Die offenen Posten ansehen

Welche Rechnungen wurden bisher gebucht, d.h. für welche Rechnungen wird ein Geldeingang erwartet und welche müssen Sie noch bezahlen?

Beispiel

Die Debitorenkonten „10100 Anders, Sabine", „20200 Braun GmbH" sowie die Kreditorenkonten „71000 Haufe-Lexware", „72000 Bürohandel Maurer" wurden bereits angelegt. Auf diesen Konten wurden folgende Rechnungen erfasst und stehen in den OP-Listen der Software, **OP-Debitoren** und **OP-Kreditoren**. Wenn nicht, müssen Sie das jetzt bitte für die folgenden Übungen nachholen.

Kundenrechnungen Buchen → Stapelbuchen						
Datum	Beleg	Text	Betrag	SOLL	HABEN	Steuer
01.01.	EB 234	RG 234	4.760,00	10100	9008	keine
01.01.	EB 236	RG 236	7.140,00	20200	9008	keine
02.03.	AR 125	RG 125	5.950,00	10100	8400	USt.19%
03.03.	AR 126	RG 126	4.760,00	20200	8400	USt.19%
09.03.	AR 127	RG 127	7.140,00	10100	8400	USt.19%
10.03.	AR 128	RG 128	2.380,00	20200	8400	USt.19%

Eingangsrechnungen Buchen → Stapelbuchen						
Datum	Beleg	Text	Betrag	SOLL	HABEN	Steuer
01.01.	EB 7	RG 2703	2.380,00	9009	71000	keine
01.01.	EB 8	RG 119	3.570,00	9009	72000	keine
06.04.	ER 1	RG 2804	1.785,00	3400	71000	VSt.19%
07.04.	ER 2	RG 333	4.760,00	3400	72000	VSt.19%
14.04.	ER 3	RG 3101	1.190,00	3400	71000	VSt.19%
15.04.	ER 4	RG 570	5.950,00	3400	72000	VSt.19%

Achtung

Bevor Sie mit dem OP-Ausgleich beginnen, müssen Sie alle Rechnungen aus dem Stapel ins Journal übertragen, d. h. über **Buchen → Stapel ausbuchen**. Nur dann funktioniert die **OP-Verwaltung**.

Geldeingang über das Feld OP

In der Buchungsmaske erfassen Sie das Datum, die Belegnummer, den Buchungstext sowie den Bruttobetrag ohne Vorzeichen. Anschließend müssen Sie das entsprechende Konto erfassen und **Einnahme** oder **Ausgabe** wählen.

Sowie Sie im Feld **Konto** ein „Debitoren-" oder „Kreditorenkonto" eingeben, wird unten in der Buchungsmaske das wichtigste Feld aktiviert, das Feld **OP**. Hier müssen Sie unbedingt drauf klicken, noch vor dem **Buchen**. Nur so kann das Programm die OP-Liste ordentlich führen.

Schritt 2: Kontoauszüge erfassen und OP-Ausgleich

Sie erfassen in der Buchungsmaske den Betrag, das Debitorenkonto und klicken auf das Feld **OP**. Dadurch öffnet sich die Offene-Posten-Liste (OP-Liste) für diesen Kunden. Hier müssen Sie die entsprechende Rechnung auswählen. Stimmen die Beträge von Geldeingang und Rechnung überein, brauchen Sie nur noch auf **Buchen** klicken und schon ist alles erledigt. Der Geldeingang ist gebucht und die offene Rechnung verschwindet aus der OP-Liste.

Übung

Erfassen Sie bitte folgende Positionen des Kontoauszugs unter **Einnahmen/Ausgaben** in den **Stapel** → **1200 Bank**. Kontrollieren Sie bitte zunächst den Kontostand und buchen Sie mit dem Belegnummernkreis „B". Denken Sie daran, vor dem Buchen auf das Feld **OP** zu klicken.

Buchen → Einnahmen/Ausgaben in den Stapel → 1200 Bank						
Datum	Beleg	Buchungstext	Betrag	Konto	Kategorie	Steuer
01.01.		Anfangsbestand	-2.800,00		Kontrolle – Saldo negativ	
04.05.	B 5	Eingang RG 234	4.760,00	10100	Einnahme	keine
04.05.	B 5	Zahlung RG 2703	2.380,00	71000	Ausgabe	keine
		Saldo	-420,00		Kontrolle	

Abb. 2: **Buchung mit OP-Fenster:** *Sie geben den Betrag von „4.760" ein und im Feld „Konto" das Debitorenkonto „10100"* ❶ *. Nun klicken Sie auf das Feld OP* ❷ *und wählen aus der OP-Liste die richtige Rechnung aus* ❸ *. Dann müssen Sie nur noch auf Buchen* ❹ *klicken.*

> **Tipp**
> Springen Sie in der Buchungsmaske mit der „Entertaste" von Feld zu Feld, gelangen Sie ganz automatisch vor dem **Buchen** auf das Feld **OP**.

Keine Steuer bei Zahlungen

Wenn Sie im Feld **Konto** ein „Debitoren-" oder „Kreditorenkonto" eingeben, steht gleichzeitig im Feld **Steuer** „<keine>" und das dürfen Sie auch nicht ändern. Denn bei der Rechnungserfassung wurde die Steuer bereits gebucht. Was hier geschieht, ist lediglich der Ausgleich von Forderungen und Verbindlichkeiten.

> **Achtung**
> Gehen auf Ihrem Bankkonto Erlöse ein, für die Sie zuvor **keine** Rechnung erfasst haben, buchen Sie diese auf das entsprechende Erlöskonto zusammen mit dem Steuersatz „USt. ...". Das Gleiche gilt für Kosten. Nur wenn vorher **keine** Rechnung erfasst wurde, buchen Sie diese auf ein Aufwandskonto zusammen mit dem Steuersatz „VSt. ..."

→ Schritt 3: Weitere offene Posten ausgleichen

Teilzahlungen buchen

Was ist zu tun, wenn Sie an den Lieferanten nur einen Teil der Rechnung bezahlt haben? In diesem Fall wählen Sie im OP-Fenster die entsprechende Rechnung aus und klicken auf **Weiter**. Im nächsten Fenster wählen Sie die Funktion **Weiterführen des Differenzbetrages als Offenen Posten**. Erst dann bietet Ihnen das Programm die Funktion **Buchen** an. Nach dem Klick auf **Buchen** wird der Rechnungsbetrag in der OP-Liste verringert, hier steht nur noch der Restbetrag.

> **Übung**
> Erfassen Sie bitte die nächsten beiden Positionen des Kontoauszugs. Hier handelt es sich um Teilzahlungen, lassen Sie die Restbeträge jeweils stehen, indem Sie nach Auswahl der Rechnung die Funktion **Weiterführen des Differenzbetrages als Offenen Posten** wählen.

Buchen → Einnahmen/Ausgaben in den Stapel → 1200 Bank						
Datum	Beleg	Buchungstext	Betrag	Konto	Kategorie	Steuer
01.01.		Anfangsbestand	-420,00	Kontrolle – Saldo negativ		
10.05.	B 5	Teil der RG 119	570,00	72000	Ausgabe	keine
10.05.	B 5	Teil der RG 236	2.140,00	20200	Einnahme	keine
		Saldo	1.150,00	Kontrolle		

Schritt 3: Weitere offene Posten ausgleichen

Lösung

Sie haben an die Firma Bürohandel Maurer 570 Euro überwiesen. Hier handelt es sich um eine Teilzahlung der Rechnung Nr. 119 über 3.570 Euro. In der zweiten Position hat der Kunde Maurer an Sie nur einen Teil der RG 236 bezahlt.

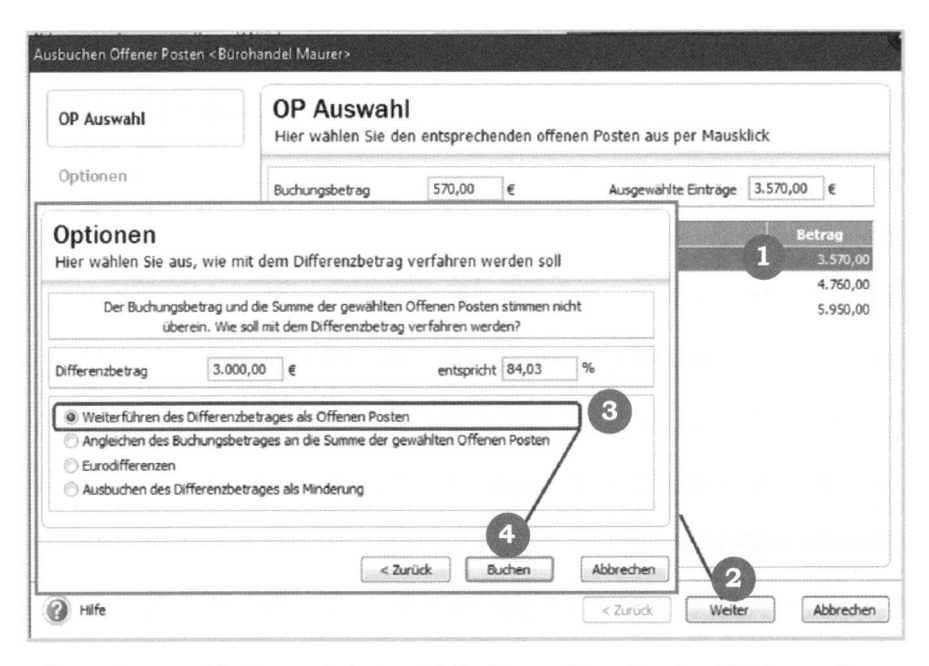

*Abb. 3: **Auszug OP-Fenster bei einer Teilzahlung:** Sie wählen im OP-Fenster die Rechnung 119 über 3.570 Euro aus ❶ und klicken auf **Weiter** ❷. Im nächsten Fenster wählen Sie den ersten Punkt in der Auswahl ❸. Erst dann können Sie auf **Buchen** klicken ❹.*

In den Versionen pro und premium gibt es den Bericht „OP-Liste mit Historie", hier sehen Sie dann nicht nur den Restbetrag, sondern auch noch den ursprünglichen Rechnungsbetrag sowie den Teilzahlungsbetrag.

Zahlung mehrerer Rechnungen

Zahlt ein Kunde mit einer Zahlung gleichzeitig mehrere Rechnungen, wählen Sie im OP-Fenster einfach nur zwei Rechnungen aus.

Sie geben im **Betragsfeld** den erhaltenen Betrag ein, im Feld **Konto** das Debitorenkonto und öffnen das OP-Fenster mit einem Klick auf **OP**. Hier klicken Sie mit der Maus nacheinander auf beide Rechnungen. Schon wird Ihnen die Funktion **Buchen** angeboten und Sie können die Buchung abschließen.

Übung

Erfassen Sie bitte diese beiden Positionen des Kontoauszugs unter **Einnahmen/Ausgaben in den Stapel → 1200 Bank.** Hier werden in einem Betrag mehrere Rechnungen bezahlt. Denken Sie daran, vor dem Buchen auf das Feld **OP** zu klicken und verwenden Sie keinen Steuersatz.

Buchen → Einnahmen/Ausgaben in den Stapel → 1200 Bank						
Datum	Beleg	Buchungstext	Betrag	Konto	Kategorie	Steuer
01.01.		Anfangsbestand	1.150,00	Kontrolle – Saldo		
11.05.	B 5	Rest RG 236+RG 126	9.760.00	20200	Einnahme	keine
11.05.	B 5	Rest RG 119+RG 333	7.760,00	72000	Ausgabe	keine
		Saldo	3.150,00	Kontrolle		

Lösung

Die Firma Braun GmbH überweist 9.760 Euro. Sie zahlt den Rest der Rechnung Nr. 236, das sind 5.000 Euro, und die gesamte Rechnung Nr. 126 über 4.760 Euro. Außerdem überweisen Sie an die Firma Bürohandel Maurer 7.760 Euro. Damit zahlen Sie den Rest der Rechnung Nr. 119 über 3.000 Euro und die Rechnung Nr. 333 über 4.760 Euro.

→ Schritt 4: Skontoabzug und OP-Listen ansehen

Zahlungen mit Skontoabzug

Was ist zu tun, wenn der Kunde vom Skontoabzug Gebrauch macht und Ihnen nicht den glatten Rechnungsbetrag überweist, sondern weniger?

Wieder geben Sie die Summe, die Sie erhalten haben, in das Betragsfeld ein, erfassen das Debitorenkonto und klicken auf das Feld **OP**. In diesem Fall wählen Sie im OP-Fenster die entsprechende Rechnung aus und klicken auf **Weiter**.

Schritt 4: Skontoabzug und OP-Listen ansehen

Im nächsten Fenster sehen Sie oben, dass eine Differenz vorliegt. In diesem Fall wählen Sie die Funktion **Ausbuchen des Differenzbetrages als Minderung** und klicken erneut auf **Weiter**.

Im letzten Fenster müssen Sie das entsprechende Minderungskonto eingeben, erst dann bietet Ihnen das Programm die Funktion **Buchen** an.

Übung

Erfassen Sie bitte die letzten beiden Positionen des Kontoauszugs. Hier werden Rechnungen abzüglich Skonto überwiesen. In diesem Fall buchen Sie den Betrag, der auf dem Kontoauszug steht und geben später ein Minderungskonto ein. In diesem Fall sind es die Konten „8736 Gewährte Skonti 19% Umsatzsteuer" und „3736 Erhaltene Skonto 19% Vorsteuer".

Buchen → Einnahmen/Ausgaben in den Stapel → 1200 Bank						
Datum	Beleg	Buchungstext	Betrag	Konto	Kategorie	Steuer
01.01.		Anfangsbestand	3.150,00	Kontrolle – Saldo		
18.05.	B 5	RG 125	5.831,00	10100	Einnahme	keine
		abzüglich 2% Skonto		8736		
18.05.	B 5	RG 2804	1.749,30	71000	Ausgabe	keine
		abzüglich 2% Skonto		3736		
		Saldo	7.231,70	Kontrolle		

Lösung

Die Kundin Sabine Anders hat 5.831 Euro überwiesen. Sie hat die Rechnung Nr. 125 über 5.950 Euro abzüglich 2 % Skonto gezahlt. Sie haben die Rechnung Nr. 2804 der Firma Haufe-Lexware abzüglich 2% Skonto überwiesen.

Kontoauszüge – Zahlungen von Debitoren und an Kreditoren

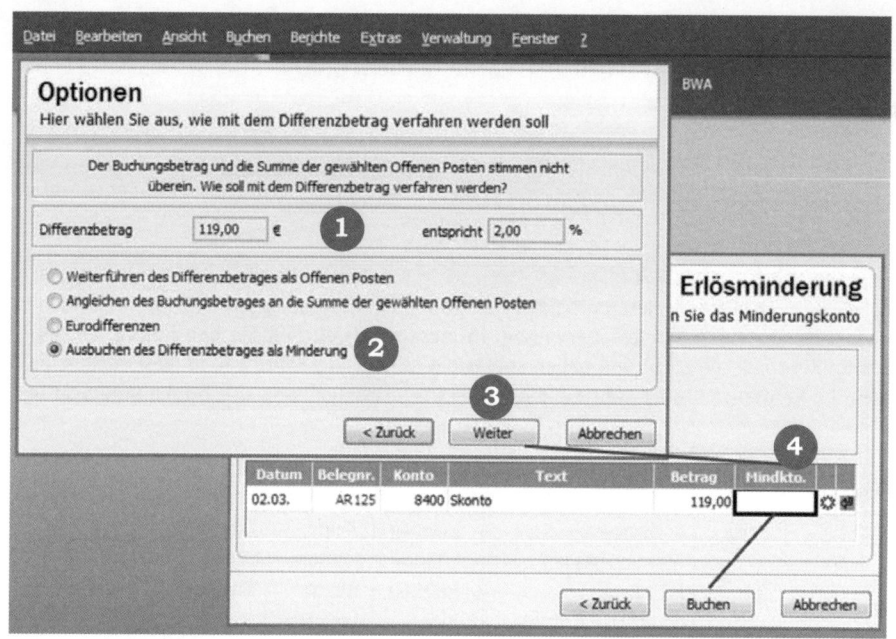

Abb. 4: **Zahlung abzüglich Skonto:** *Ist die Rechnung in der OP-Liste ausgewählt, öffnet sich ein Fenster* ❶ *. Hier wählen Sie die Funktion „Ausbuchen des Differenzbetrages als Minderung"* ❷*, gehen über* **Weiter** ❸ *ins letzte Fenster und erfassen das Minderungskonto „8736"* ❹

Bei diesem Minderungskonto ist der Steuersatz „USt. 19%" hinterlegt, d.h. die Umsatzsteuer aus dem Skontobetrag wird automatisch korrigiert.

OP-Listen ansehen

Sobald die Geldeingänge der Kunden und die Zahlungen an die Lieferanten über den Kontoauszug erfasst sind, können Sie die OP-Listen ansehen.

> **Übung**
>
> Sind alle Positionen des Kontoauszugs erfasst und stimmt der Kontostand im Programm mit Ihrem überein, können Sie die Buchungsmaske schließen. Sehen Sie sich bitte anschließend die OP-Listen an.

Schritt 4: Skontoabzug und OP-Listen ansehen

Lösung

Ihre Buchungen finden Sie unter **Ansicht → Buchungsstapel**. Hier können Sie Ihre Eingaben ansehen und ggf. ändern oder löschen. Die Listen **OP-Debitoren** und **OP-Kreditoren** können Sie im Menü **Berichte** drucken, wenn Sie im Auswertungsbereich **Stapel** oder **Alle Buchungen** wählen.

Sowie die Buchungen ins Journal übertragen wurden unter **Buchen → Stapel ausbuchen**, finden Sie die Listen auch im Menü **Ansicht**.

OP-Liste Kreditoren

Datum	BelegNr.	OP-Betrag	Konto	Name		Text
15.04.	ER4	5.950,00	72000	Maurer	J	RG 570
14.04.	ER3	1.190,00	71000	Haufe-Lexware	J	RG 3101

OP's - noch offen

OP-Liste Debitoren ❶

Datum	BelegNr.	OP-Betrag	Konto	Name	Text
09.03.	AR 127	7.140,00	10100	Anders, Sabine	RG 127
10.03.	AR 128	2.380,00	20200	Braun GmbH	RG 128
Summe		9.520,00			

Konto: 10100 Anders, Sabine ❷

letzte Buchung		EB-Wert	Saldo alt		
		0,00 S	0,00 S		

Konto alle Buchungen

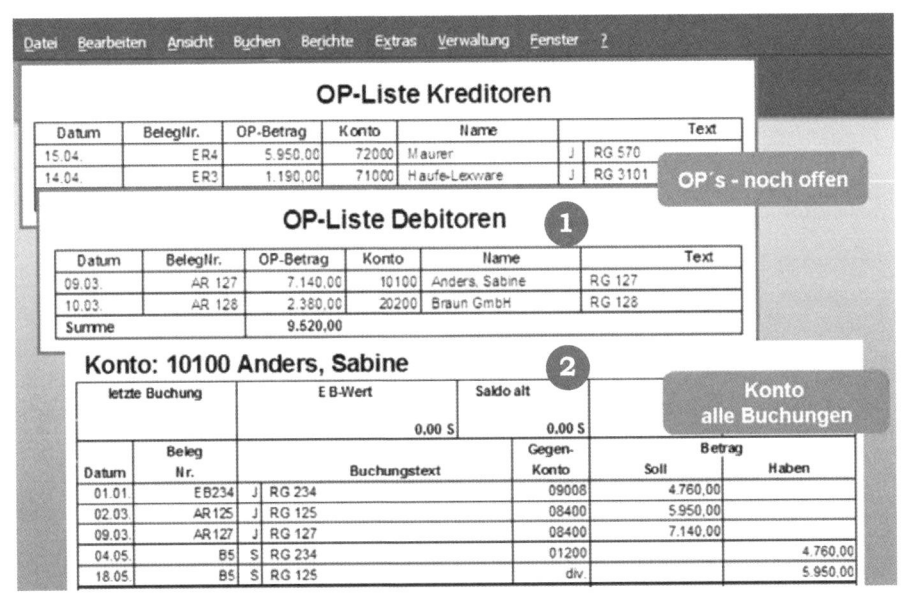

Datum	Beleg Nr.		Buchungstext	Gegen-Konto	Betrag Soll	Haben
01.01.	EB234	J	RG 234	09008	4.760,00	
02.03.	AR125	J	RG 125	08400	5.950,00	
09.03.	AR127	J	RG 127	08400	7.140,00	
04.05.	B5	S	RG 234	01200		4.760,00
18.05.	B5	S	RG 125	div.		5.950,00

Abb. 5: ***Was ist der Unterschied von OP-Debitoren und dem Debitorenkonto?*** *Die Liste „OP-Debitoren"* ❶ *zeigt Ihnen lediglich die offenen Rechnungen, während Sie auf dem „Debitorenkonto"* ❷ *alle Buchungen finden.*

In den Listen **OP-Kreditoren** und **OP-Debitoren** sehen Sie alle offenen Rechnungen. Eine Rechnung bleibt dort solange stehen, bis die Zahlung gebucht wurde. Diese Liste steht Ihnen immer zur Verfügung, wenn es offene Rechnungen gibt, hier sehen Sie die offenen Rechnungen aus Vorjahren genauso wie die aus dem laufenden Jahr.

Auf den **Kreditoren-** und **Debitorenkonten** dagegen sehen Sie die Buchungen des laufenden Jahres, den Anfangsbestand sowie alle Rechnungen und alle Zahlungen, die auf das Konto gebucht wurden.

Kontoauszüge – Zahlungen von Debitoren und an Kreditoren

Sind die Anfangsbestände auf den Konten erfasst, müssen die Salden der OP-Listen mit den Salden der Konten übereinstimmen.

Möglicherweise finden Sie in einer OP-Liste folgendes Bild, eine Rechnung und deren Zahlung. Warum ist das nicht ausgeglichen? Es liegt daran, dass Sie gleich auf **Buchen** geklickt haben, statt auf das Feld **OP**.

In diesem Fall müssen Sie im Menü **Ansicht** unter **OP-Debitoren** die beiden Positionen zurücksetzen, und zwar über die Funktion **OP-rücksetzen.** Das Debitorenkonto bleibt davon unberührt.

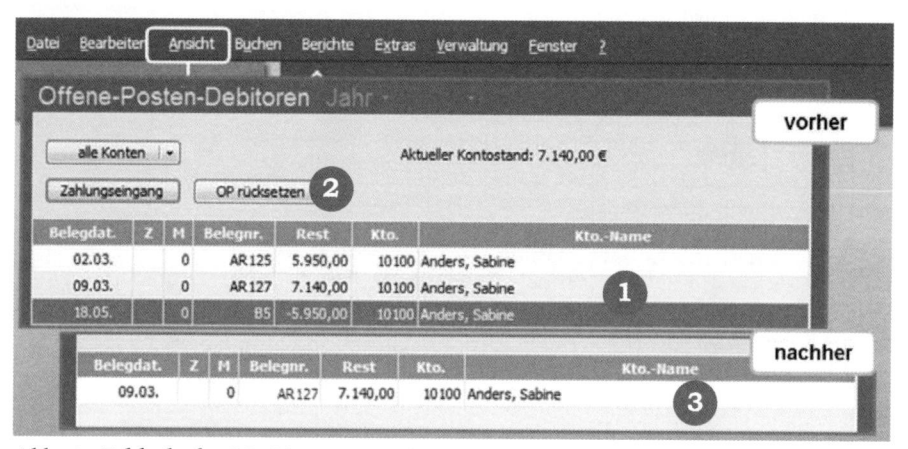

Abb. 6: **Fehlerhafte OP-Liste:** *Die Rechnung von 5.950 Euro sowie deren Zahlung stehen noch in der „OP-Liste"* ❶ *. Diese beiden Beträge müssen Sie über die Funktion* **OP-rücksetzen** ❷ *aus der OP-Liste entfernen. Erst dann stimmt die OP-Liste* ❸ *.*

Weitere Informationen
Video unter www.lexware.de
- Arbeiten mit offenen Posten

Kontoauszüge – sonstige Geldeingänge und Zahlungen

Kontoauszüge können Sie am schnellsten und komfortabelsten in der Buchungsmaske „Einnahmen/Ausgaben in den Stapel" erfassen. Lernen Sie die vielen Möglichkeiten kennen, die Sie während der Eingabe haben.

Buchungsvorlagen erleichtern das Eingeben der Belege. Hier erfahren Sie, was bei Geldeingängen und Abbuchungen zu beachten ist. Ihre Eingaben können Sie jederzeit ändern und in verschiedenen Berichten ansehen.

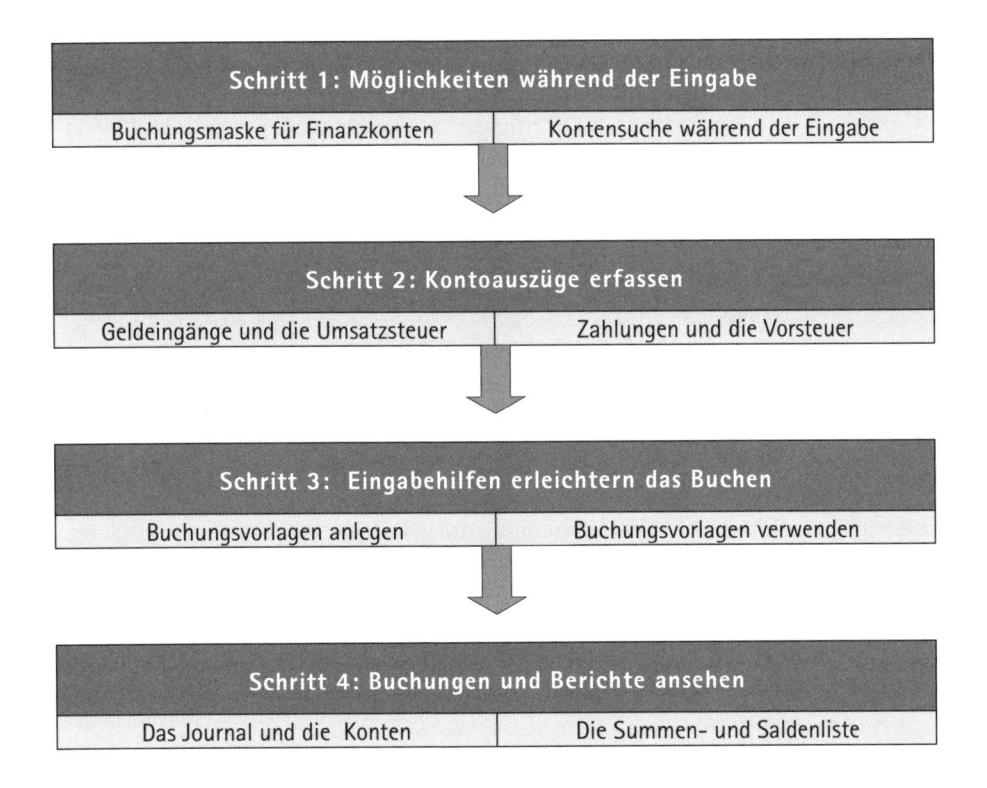

Schritt 1: Möglichkeiten während der Eingabe	
Buchungsmaske für Finanzkonten	Kontensuche während der Eingabe

Schritt 2: Kontoauszüge erfassen	
Geldeingänge und die Umsatzsteuer	Zahlungen und die Vorsteuer

Schritt 3: Eingabehilfen erleichtern das Buchen	
Buchungsvorlagen anlegen	Buchungsvorlagen verwenden

Schritt 4: Buchungen und Berichte ansehen	
Das Journal und die Konten	Die Summen- und Saldenliste

Kontoauszüge – sonstige Geldeingänge und Zahlungen

Voraussetzungen für die Übungen	
Einstellungen	Überprüfen Sie, ob in den Firmenstammdaten der Haken bei „unterschiedliche Belegnummernkreise" gesetzt ist. Unter Verwaltung – Belegnummern sollte der Belegnummernkreis „SPK" für Sparkasse angelegt sein.
Hinweise zu den Eingaben	In diesen Übungen wird ohne Debitoren- und Kreditorenkonten gebucht. Bei Geldeingängen von Kunden und Zahlungen an Lieferanten handelt es sich um Rechnungen von Juni, die zuvor nicht auf Forderungen oder Verbindlichkeiten gebucht wurden. Sie werden direkt auf Erlös- und Aufwandskonten gebucht. Gebucht wird im Juni, in diesem Monat sollten keine Buchungen im Stapel stehen.

→ Schritt 1: Möglichkeiten während der Eingabe

Sie öffnen die Buchungsmaske unter **Buchen → Einnahmen/Ausgaben in den Stapel** und wählen in der Kontenauswahl zum Beispiel das Konto **1220 Bank** aus.

Buchungsmaske für Finanzkonten

Beim Öffnen der Buchungsmaske in der Kontenauswahl finden Sie nur Konten der Kategorie „Finanzkonto". Möchten Sie zum Beispiel ein Darlehenskonto mit dieser Buchungsmaske buchen, müssen Sie im Kontenplan für dieses Konto die Kategorie „Finanzkonto statt Darlehen" wählen. Allerdings ist das ist nur möglich, solange noch nicht auf dieses Konto gebucht wurde.

Schneller geht die Erfassung in dieser Buchungsmaske, weil Sie nur ein Konto eingeben, das Konto **1220 Bank** bucht die Software im Hintergrund automatisch. Sie steuern über die Auswahl **Einnahme** oder **Ausgabe**, wie gebucht wird. Außerdem sehen Sie immer auf einem Blick den aktuellen Kontostand.

Für die Erfassung von Kontoauszügen empfiehlt es sich, den Belegnummernkreis „B-Bank" oder „SPK-Sparkasse" zu verwenden. So können Sie die Kontoauszüge getrennt von anderen Buchungen nummerieren. Man vergibt in der Regel pro Kontoauszug eine Nummer.

Schritt 1: Möglichkeiten während der Eingabe

Übung

Öffnen Sie bitte die Eingabemaske unter **Einnahmen/Ausgaben in den Stapel** →
1220 Bank 2 und legen Sie den Belegnummernkreis „SPK" für Sparkasse an, ohne die
Funktion „automatisch Hochzählen".

Lösung

Ist die Liste der Belegnummernreis geöffnet können Sie über die Funktion **Verwaltung**
neue Nummernkreise anlegen.

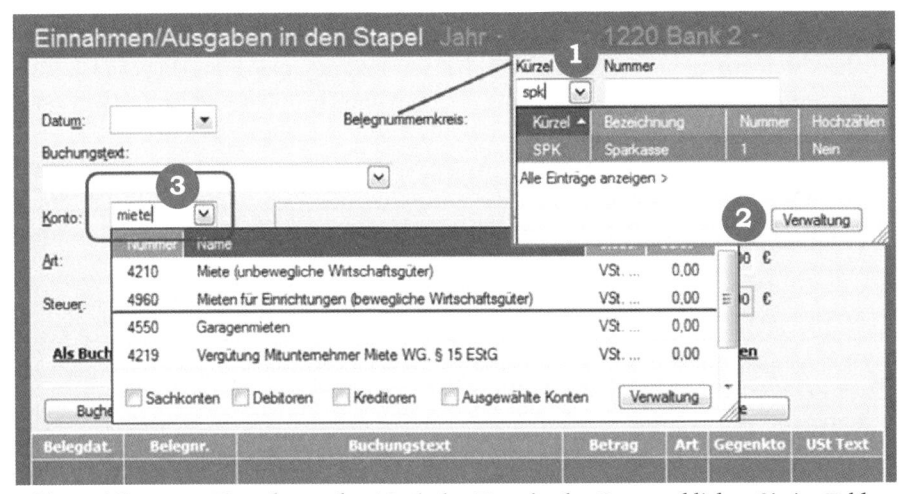

Abb. 1: ***Tipps zur Eingabemaske:*** *Nach der Eingabe des Datums klicken Sie im Feld* ***Belegnummernkreis→Kürzel*** *auf den Pfeil* ❶ *und legen über die Funktion* ***Verwaltung*** ❷ *den Belegnummernkreis „SPK" an. Im Feld „Konto"* ❸ *können Sie während der Eingabe nach Konten suchen.*

Kontensuche während der Eingabe

Im Feld **Konto** erfassen Sie zum Buchen die Kontonummer. Zur Kontensuche können Sie auch Worte eingeben. Möchten Sie zum Beispiel die Nummer des Kontos Miete finden, geben Sie hier einfach das Wort „Miete" ein. Zunächst werden alle Konten angezeigt, die mit dem Wort „Miete" beginnen und direkt danach alle Konten, die dieses Wort enthalten. Das Gleiche funktioniert auch mit Zahlen, wenn Sie einen Teil der Kontonummer eingeben, wird Ihnen das Programm ebenfalls bei der Suche helfen.

→ Schritt 2: Kontoauszüge erfassen

Sie erfassen das Datum, die Belegnummer, den Buchungstext sowie den Bruttobetrag ohne Vorzeichen. Anschließend müssen Sie das entsprechende Konto erfassen und **Einnahme** oder **Ausgabe** wählen.

Geldeingänge und die Umsatzsteuer

Wenn Sie Ihre Kundenrechnungen auf Debitorenkonten erfassen, müssen Sie aufpassen, dass Sie den Geldeingang des Kunden nicht noch einmal auf ein Erlöskonto buchen, sondern auf das entsprechende Debitorenkonto. Der Erlös und die Umsatzsteuer wurden bereits bei der Erfassung der Rechnung gebucht und jetzt ist nur noch die offene Forderung auszubuchen.

Diese Geldeingänge buchen Sie auf das entsprechende Debitorenkonto und öffnen über das Feld **OP** die Liste der offenen Rechnungen. Hier wählen Sie die richtige Rechnung aus und klicken auf **Buchen**.

Jetzt aber zu den Erlösen, die auf Ihrem Bankkonto eingehen und für die zuvor **keine** Rechnung gebucht wurde. Diese Erlöse buchen Sie hier auf Erlöskonten.

> **Achtung**
> Es gibt verschiedene Erlöskonten mit verschiedenen Steuersätzen. Hier ist es wichtig, das passende Erlöskonto auszuwählen. Es genügt nicht, den Steuersatz in der Buchungsmaske zu ändern. Denn bei Einnahmen wird nicht nur die Umsatzsteuer in der Umsatzsteuer-Voranmeldung eingetragen, sondern auch der Nettoumsatz, und diese Angaben sind beim Erlöskonto hinterlegt.

Bei Erlöskonten schlägt die Software in der Auswahl bereits **Einnahme** vor, bei allen anderen Einnahmen, wie zum Beispiel Privateinlagen müssen Sie selbst die Auswahl treffen.

Zahlungen und die Vorsteuer

Gehen von Ihrem Bankkonto Zahlungen für Eingangsrechnungen ab, die Sie zuvor auf Kreditorenkonten gebucht haben, müssen Sie auch die Zahlung auf das entsprechende Kreditorenkonto buchen. Sie öffnen über das Feld **OP** die Liste der offenen Rechnungen, wählen die richtige Rechnung aus und klicken auf **Buchen**.

Von Ihrem Bankkonto abgehende Zahlungen, für die zuvor **keine** Rechnung gebucht wurde, buchen Sie auf Aufwandskonten. Bei den meisten Aufwandskonten ist ein

Schritt 2: Kontoauszüge erfassen

Vorsteuersatz hinterlegt, der automatisch in der Buchungsmaske erscheint. Was ist zu tun, wenn der Steuersatz des gewählten Kontos nicht mit Ihrem Beleg übereinstimmt?

Bei normalen Ausgaben genügt es, in der Buchungsmaske den Vorsteuersatz von zum Beispiel „VSt. 19%" auf „VSt. 7%" zu ändern, da nur die Vorsteuer in der Umsatzsteuer-Voranmeldung erfasst wird.

Handelt es sich allerdings um Bauleistungen oder innergemeinschaftlichen Erwerb, müssen Sie unbedingt die dafür vorgesehenen Konten verwenden. Hier sind besondere Funktionen hinterlegt. Während Sie den Nettobetrag eingeben, ermittelt die Software den Steuerbetrag und trägt die Werte in verschiedene Felder der Umsatzsteuer-Voranmeldung ein.

| Tipp
| Geben Sie zum Beispiel im Feld **Konto** das Wort „Bau" ein, werden Ihnen die entsprechenden Konten angezeigt.

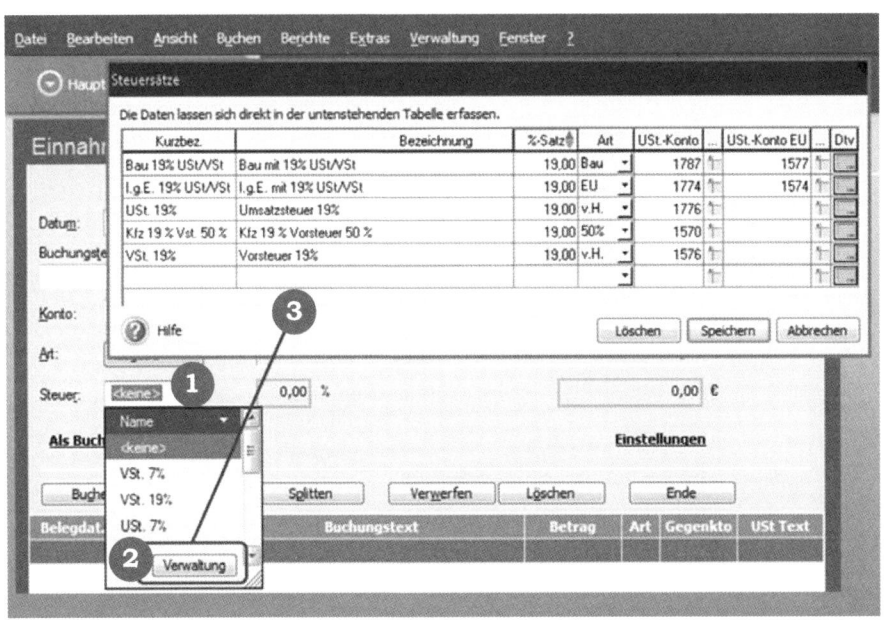

Abb. 2: ***Steuersätze auswählen:*** *Buchen Sie einen Beleg mit einem Steuersatz* ❶ *, wird die Steuer automatisch berechnet und auf ein Vorsteuerkonto gebucht. Klicken Sie bei der Auswahl der Steuersätze auf die Funktion* ***Verwaltung*** ❷ *, sehen Sie, bei welchem Steuersatz wohin gebucht wird* ❸ *.*

Geben Sie den Betrag zusammen mit einem Vorsteuersatz ein, rechnet das Programm die Steuer automatisch heraus. Gleichzeitig wird der Nettobetrag auf das Sachkonto gebucht und der Steuerbetrag auf das entsprechende Vorsteuerkonto.

→ Schritt 3: Eingabehilfen, die das Buchen erleichtern

Buchungsvorlagen anlegen

Für Belege, die in Ihrem Unternehmen öfter vorkommen, können Sie direkt beim Buchen eine Buchungsvorlage anlegen, und schon bei der nächsten Buchung können Sie die Vorteile nutzen.

Eine Versicherung zum Beispiel wird regelmäßig abgebucht, meist sogar mit dem gleichen Betrag. Hier lohnt es sich, eine Vorlage anzulegen.

Übung

Erfassen Sie bitte die folgende Position auf dem Kontoauszug unter **Einnahmen/Ausgaben in den Stapel → 1220 Bank 2** und verwenden Sie dabei den Belegnummernkreis „SPK" für Sparkasse. Dieses Bankkonto wurde gerade erst eröffnet, daher beträgt der aktuelle Kontostand 0 Euro. Legen Sie bitte für die Haftpflichtversicherung gleichzeitig eine **Buchungsvorlage** an.

Buchen → Einnahmen/Ausgaben in den Stapel → 1220 Bank 2							
Datum	Beleg	Buchungstext	Betrag	Konto	Kategorie	Steuer	
01.06.		Anfangsbestand	0,00	Kontrolle			
02.06.	SPK 1	Haftpflichtversicherung	250,00	4360	Ausgabe	keine	
		Saldo	-250,00	Kontrolle			

Denken Sie bitte daran, nach der Eingabe den Kontostand zu überprüfen.

Schritt 3: Eingabehilfen, die das Buchen erleichtern

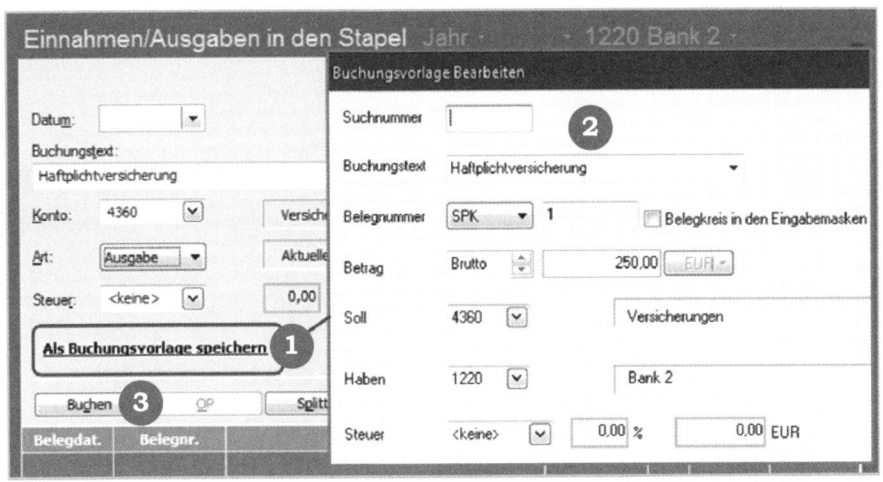

Abb. 3: **Buchungsvorlage anlegen:** *Sind alle Daten erfasst, klicken Sie auf* **Als Buchungsvorlage speichern** ❶ *. Es öffnet sich ein Fenster* ❷ *, in dem Sie die Daten für die Vorlage überprüfen und speichern können. Ist das Fenster wieder geschlossen, fehlt nur noch der Klick auf* **Buchen** ❸ *.*

In diesem Fall wurden das Konto und der Betrag hinterlegt. Bei einer Vorlage für Tankbelege hingegen sollten Sie das Betragsfeld leer lassen, da sich die Beträge in der Regel unterscheiden werden. Weiterhin haben Sie die Möglichkeit, die Buchungsvorlagen über das Feld **Suchnummer** zu nummerieren.

> **Tipp**
> Alle bereits angelegten Buchungsvorlagen sehen Sie rechts neben der Buchungsmaske unter **Buchungsvorlagen anlegen** oder im Menü **Verwaltung** → **Buchungsvorlagen**. Hier können Sie die Vorlagen bearbeiten oder löschen.

Buchungsvorlagen verwenden

Möchten Sie die nächste Abbuchung dieses Versicherungsbetrags erfassen, geben Sie im Feld **Buchungstext** den Buchstaben „h" oder das Wort „vers" ein. Je nach Einstellung der Buchungsmaske wird die Buchungsvorlage sofort angezeigt oder erst durch den Klick auf dem Pfeil. Sowie die Vorlage sichtbar ist, wählen Sie sie aus und bestätigen mit „Enter".

Dadurch werden der Buchungstext „Haftpflichtversicherung", das Konto „4360 Versicherungen" und der Betrag von 250 Euro automatisch in die Buchungsmaske übernommen. Der Buchungstext aus der Vorlage ist übrigens nur ein Vorschlag, er kann in der Buchungsmaske jederzeit geändert oder ergänzt werden. Schließlich geben Sie noch den Betrag ein und klicken auf **Buchen.**

→ Schritt 4: Buchungen und Berichte ansehen

Befinden sich die Buchungen noch im Stapel, sehen Sie diese im Menü **Ansicht** nur im **Buchungsstapel.** Hier können Sie Ihre Eingaben ansehen und ggf. ändern oder löschen. Ihre vorläufigen Ergebnisse sehen Sie nur im Menü **Berichte,** wenn Sie im Auswertungsbereich **Stapel** oder **Alle Buchungen** wählen.

Das Journal und die Konten

Sie können nur erfasste Buchungen in den Berichten sehen, deshalb muss jetzt gebucht werden.

Übung

Erfassen Sie bitte die weiteren Positionen des folgenden Kontoauszugs unter **Einnahmen/Ausgaben in den Stapel → 1220 Bank 2.** Kontrollieren Sie bitte zunächst den Kontostand und verwenden Sie beim Buchen den Belegnummernkreis „SPK" und die bereits angelegten Buchungsvorlagen. Denken Sie daran, bei der Position „Einzahlung von Kasse" **Einnahme** zu wählen.

Buchen → Einnahmen/Ausgaben in den Stapel → 1220 Bank 2						
Datum	Beleg	Buchungstext	Betrag	Konto	Kategorie	Steuer
01.06.		Anfangsbestand	-250,00	Kontrolle		
02.06.	SPK 1	Kontoführungsgebühr	115,00	4970	Ausgabe	keine
03.06.	SPK 1	Kunde zahlt RG aus Juni, sie ist noch nicht gebucht.	1.785,00	8400	Einnahme	USt.19%
07.06.	SPK 1	Benzin	71,40	4530	Ausgabe	VSt.19%
08.06.	SPK 1	Zahlung an Lieferant, eine RG aus Juni, die noch nicht gebucht ist.	595,00	3400	Ausgabe	VSt.19%
10.06.	SPK 1	Zahlung lt. USt.-Voranmeldung	680,00	1780	Ausgabe	keine
15.06.	SPK 1	Einzahlung von Kasse	1.000,00	1360	Einnahme	keine
16.06.	SPK 1	Stadtwerke Strom	357,00	4240	Ausgabe	VSt.19%
22.06.	SPK 1	Telefongebühren	59,50	4920	Ausgabe	VSt.19%
30.06.	SPK 1	Haftpflichtvers.	250,00	4360	Ausgabe	keine
		Saldo	407,10	Kontrolle		

Schritt 4: Buchungen und Berichte ansehen

Vergleichen Sie bitte nach der Eingabe den Kontostand im Programm mit dem tatsächlichen Saldo Ihres Kontoauszugs. Stimmen die Werte überein, können Sie den Stapel ausbuchen.

In den Versionen pro und premium können Sie mit mehreren Stapeln arbeiten. Wenn Sie in diesem Beispiel dem Stapel den Namen „Bank oder Sparkasse" geben, können Sie ihn getrennt von den anderen Buchungen früher oder später ausbuchen.

Lösung

Sowie die Buchungen ins Journal übertragen wurden über **Buchen** → **Stapel ausbuchen**, finden Sie diese im Menü **Ansicht** im Journal und auf den Konten.
Im Menü **Berichte** können Sie nun Auswertungen ohne das Wort „vorläufig" sehen, wenn Sie im Auswertungsbereich **Journal** wählen.

Belegdat.	Belegnr.	Buchungstext	Betrag	Sollkto	Habenkto
02.06.	SPK1	Haftpflichtversicherung	250,00	4360	1220
02.06.	SPK1	Kontoführungsgebühr	115,00	4970	1220
03.06.	SPK1	Geldeingang Kunde	1.785,00	1220	8400
07.06.	SPK1	Benzin	71,40	4530	1220
08.06.	SPK1	Zahlung an Lieferant	595,00	3400	1220
10.06.	SPK1	Zahlung UST-Voranmeldung	680,00	1780	1220
15.06.	SPK1	Einzahlung von Kasse	1.000,00	1220	1360
16.06.	SPK1	Stadtwerke Strom	357,00	4240	1220
22.06.	SPK1	Telefongebühren	59,50	4920	1220
30.06.	SPK1	Haftpflichtversicherung	250,00	4360	1220

Telefon Aktueller Kontostand: 50,00 €

Belegdat.	Belegnr.	Buchungstext	Sollkto	Habenkto	BetragEUR	USt %
22.06.	SPK1	Telefongebühren	4920	1220	59,50	19,00

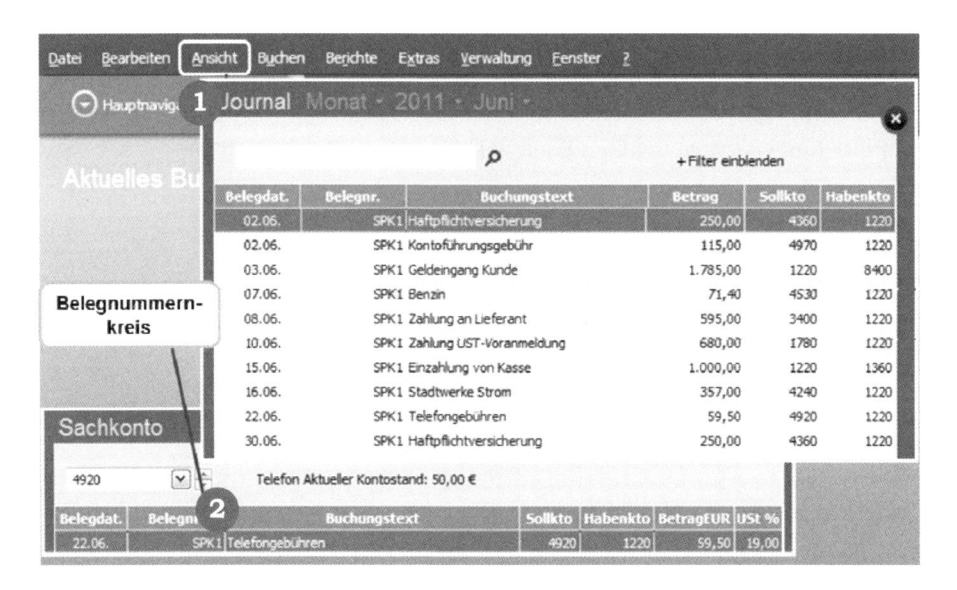

Abb. 4: **Buchungen ansehen:** *Sowie die Buchungen ins Journal übertragen wurden, finden Sie diese im Menü* **Ansicht** *im Journal* ❶ *und auf den Konten. Auf dem Sachkonto* ❷ *sehen Sie eine Buchung mit Belegnummernkreis. Sie finden diese Buchung auf dem Kontoauszug „1 der Sparkasse".*

Die Summen- und Saldenliste

Die Summen- und Saldenliste können Sie im Menü **Berichte** ausdrucken. In dieser Liste sehen Sie alle Konten, auf die bisher gebucht wurde. Mit anderen Worten: Sie sehen hier nur die Konten, die Sie für Ihre Buchführung brauchen.

Die große Kontenauswahl macht das Erledigen der Buchführung manchmal schwierig und so eine Liste kann die Arbeit enorm erleichtern.

> **Tipp**
>
> Wurde die Buchführung bisher mit einer anderen Software erledigt, wäre es sinnvoll, sich aus dem vorherigen Programm eine Summen- und Saldenliste zu besorgen. Diese Liste können Sie in der Anfangszeit nutzen um die Konten leichter zu finden.

Arbeiten Sie schon länger mit dem Lexware buchhalter und brauchen Sie die Summen- und Saldenliste nicht mehr, dann können Sie den Kontenplan im Programm individuell einstellen. Dazu sind einige Schritte notwendig. Wählen Sie zunächst im Kontenplan die Funktion **Verwaltung einblenden** und dort die Funktion **Bebuchte Konten auswählen.** Gehen Sie wieder zurück zum Kontenplan über **Verwaltung einblenden**. Dort können Sie jetzt im Wechsel über die Funktion **Filter einblenden** nur Ihre Konten sehen und über **Filter ausblenden** wieder alle Konten.

Splittbuchungen und die Nettobetragserfassung

Splittbuchungen erleichtern das Buchen. Sie können Positionen Ihres Kontoauszugs oder einer Rechnung auf verschiedene Konten buchen. Manche Splittbuchungen können sogar als Buchungsvorlage angelegt werden.

Außerdem lernen Sie hier die Möglichkeit der Nettobetragserfassung kennen.

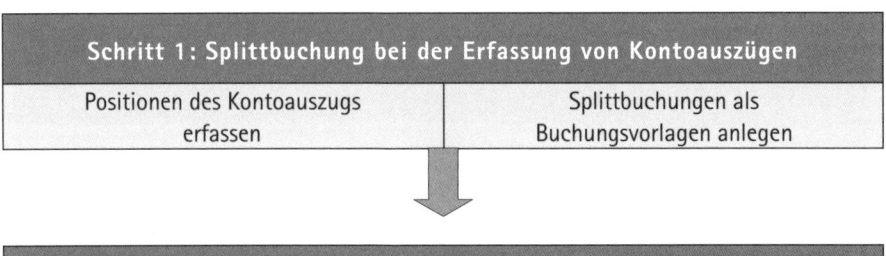

Schritt 1: Splittbuchung bei der Erfassung von Kontoauszügen	
Positionen des Kontoauszugs erfassen	Splittbuchungen als Buchungsvorlagen anlegen

Schritt 2: Splittbuchung bei Rechnungen	
Rechnungen erfassen	Buchung mit Nettobetragerfassung

Splittbuchungen und die Nettobetragserfassung

Voraussetzungen für die Übungen	
Einstellungen	Überprüfen Sie bitte, ob in den Firmenstammdaten der Haken bei „unterschiedliche Belegnummernkreise" gesetzt ist. Unter Verwaltung – Belegnummern, sollten die Belegnummernkreise „AR" für Ausgangsrechnungen und „ER" für Eingangsrechnungen angelegt sein.
Hinweise zu den Eingaben	Die Rechnungen werden in der Übung auf die Sachkonten Forderungen und Verbindlichkeiten gebucht. Sie können diese aber auch auf Debitoren- und Kreditorenkonten buchen, wenn diese angelegt sind. Gebucht wird im Oktober, in diesem Monat sollten noch keine Buchungen im Stapel stehen.

→ Schritt 1: Splittbuchungen bei der Erfassung von Kontoauszügen

Positionen des Kontoauszugs erfassen

Bei manchen Positionen des Kontoauszugs kommt es vor, dass Sie den Betrag aufteilen und die verschiedenen Teilbeträge auf zwei oder mehrere Konten buchen müssen. In diesem Fall bietet sich die Funktion **Splitten** an.

> **Beispiel**
> Die Abschlussgebühren der Bank werden in einer Summe abgebucht. Der Betrag setzt sich aus zwei Positionen zusammen, der Kontoführungsgebühr und Zinsen.

In diesem Fall geben Sie in der Eingabemaske den Buchungstext sowie den Gesamtbetrag ein. Die Felder **Konto** und **Steuer** lassen Sie leer und klicken auf **Splitten**.

Dadurch öffnet sich das **Splittfenster**. Hier buchen Sie nun nacheinander die Teilbeträge und klicken jeweils auf Übernehmen. Erst wenn die Summe der Teilbeträge mit dem Gesamtbetrag übereinstimmen können Sie auf **Schließen** klicken und gelangen zurück zur Buchungsmaske. .Das Feld **Konto** ist nun gesperrt und mit einem Klick auf **Buchen** können Sie die Eingabe abschließen.

> **Übung**
> Erfassen Sie bitte die folgende Position auf dem Kontoauszug unter **Buchen → Einnahmen/Ausgaben in den Stapel → 1100 Postbank** und nutzen Sie dafür die Funktion **Splitten**. Legen Sie weiterhin bitte in der den Belegnummernkreis „PB" für Postbank

Schritt 1: Splittbuchungen bei der Erfassung von Kontoauszügen

an. Dazu klicken Sie im Feld **Belegnummernkreis** → **Kürzel** auf den Pfeil und dann auf **Verwaltung**. Dieses Bankkonto wurde gerade erst eröffnet, daher beträgt der aktuelle Kontostand 0 Euro.

Buchen → Einnahmen/Ausgaben in den Stapel → 1110 Postbank							
Datum	Beleg	Buchungstext	Betrag	Konto	Kategorie	Steuer
01.10.		Anfangsbestand	0,00	Kontrolle		
02.10.	PB 1	Abschluss Bank	115,00			
		Kontoführungsgebühr	15,00	4970	Ausgabe	keine
		Zinsen	100,00	2110	Ausgabe	keine
		Saldo	-115,00	Kontrolle		

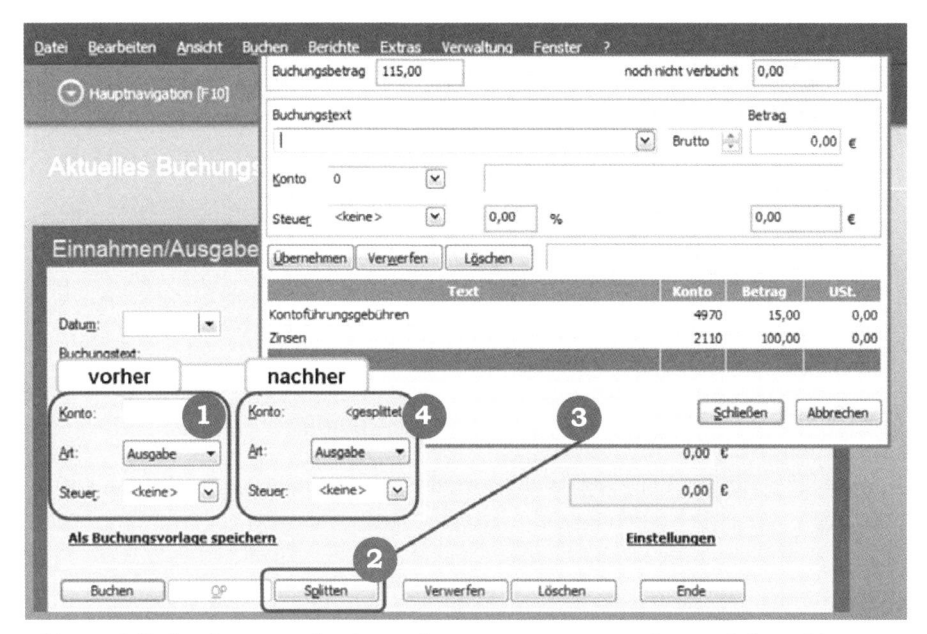

Abb. 1: **Splittbuchung:** *Ist der Gesamtbetrag von 115 Euro erfasst und das Feld Konto leer* ❶ *, klicken Sie auf* **Splitten** ❷ *. Im Splittfenster buchen Sie 15 Euro auf das Konto „4970" und 100 Euro auf „ 2110"* ❸ *. Über* **Schließen** *kommen Sie zurück in die Eingabemaske* ❹ *, wo Sie die Buchung abschließen.*

Lösung

Ist das Splittfenster geschlossen, dürfen Sie nicht vergessen auf **Buchen** zu klicken. Erst dann wird die Buchung abgeschlossen. In der Buchungsliste unten sehen Sie nun die Buchung.

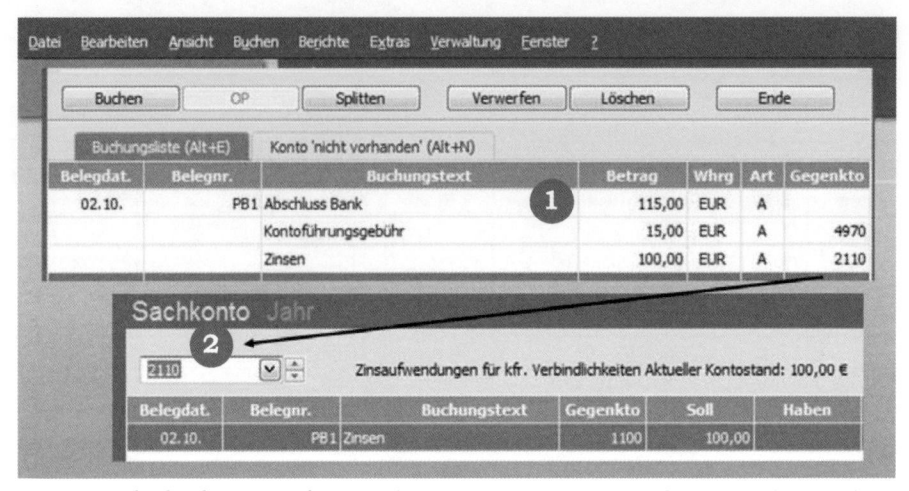

Splittbuchungen und die Nettobetragserfassung

Abb. 2: **Splittbuchung ansehen:** *Ist die Splittbuchung gebucht, finden Sie diese in der Buchungsliste unter der Eingabemaske* ❶ *. Auf dem Sachkonto „2110"* ❷ *sehen Sie hier die Zinsen von 100 Euro.*

Achtung
Bei einer Splittbuchung müssen Sie nicht nur das Feld **Konto** leer lassen, sondern auch das Feld **Steuer**. Beides erfassen Sie im Splittfenster individuell für jeden Teilbetrag.

Splittbuchungen als Buchungsvorlagen anlegen

Kommt eine Splittbuchung regelmäßig vor, können Sie hierfür eine Buchungsvorlage anlegen, wenn die Konten und die Beträge immer gleich bleiben.

Beispiel
Die Mieten für ein Büro und eine Garage werden in einer Summe an den Vermieter überwiesen. Diese Abbuchung wiederholt sich monatlich, deshalb lohnt es sich, eine Buchungsvorlage anzulegen.

In diesem Fall erfassen Sie die Splittbuchung und klicken kurz vor dem Buchen auf **Als Buchungsvorlage speichern**. Es öffnet sich ein weiteres Fenster, in dem Sie die Vorlage bearbeiten und speichern. Erst, wenn das Fenster wieder geschlossen ist, können Sie die Buchung mit einem Klick auf **Buchen** abschließen.

Schritt 1: Splittbuchungen bei der Erfassung von Kontoauszügen

Übung

Erfassen Sie bitte die folgende Position auf dem Kontoauszug unter **Buchen → Einnahmen/Ausgaben in den Stapel → 1100 Postbank.** Legen Sie bitte für diese Splittbuchung gleichzeitig eine **Buchungsvorlage** an.

Buchen → Einnahmen/Ausgaben in den Stapel → 1220 Bank 2						
Datum	Beleg	Buchungstext	Betrag	Konto	Kategorie	Steuer
01.10.		Anfangsbestand	-115,00	Kontrolle		
04.10.	PB 1	Mieten	1.100,00			
		für Büro	1.000,00	4210	Ausgabe	keine
		für Garage	100,00	4550	Ausgabe	keine
		Saldo	-1.215,00	Kontrolle		

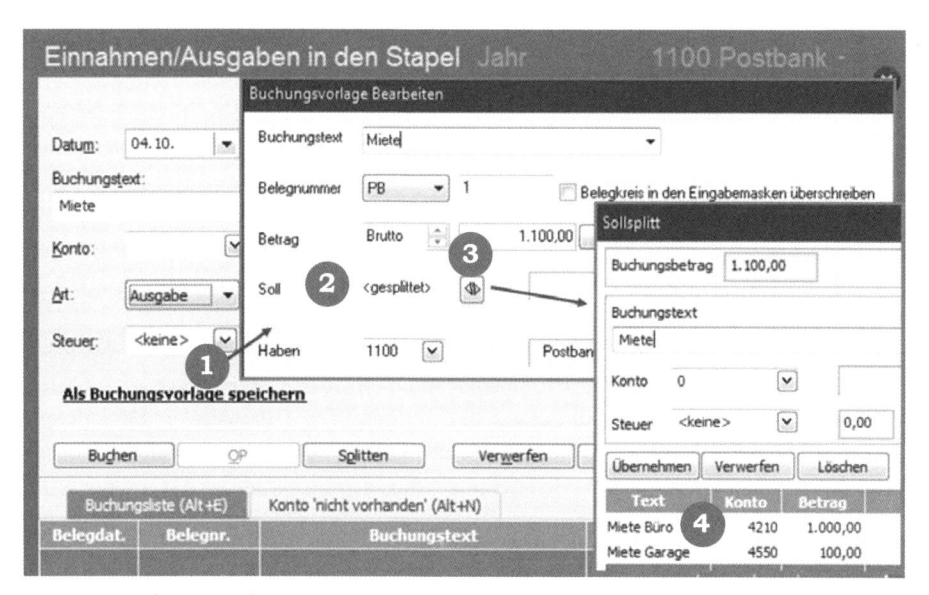

Abb. 3: **Buchungsvorlage anlegen:** *Ist die Splittbuchung erfasst, klicken Sie auf* **Als Buchungsvorlage speichern** ❶ *. Die Buchungsvorlage öffnet sich und Sie sehen, dass das Konto „Soll" gesplittet ist* ❷ *, mit einem Klick auf das* **Splittzeichen** ❸ *sehen Sie die einzelnen Konten* ❹ *.*

Lösung

Ist die Buchungsvorlage gespeichert, gelangen Sie zurück zur Buchungsmaske. Hier müssen Sie nun die Buchung abschließen.

→ Schritt 2: Splittbuchungen bei Rechnungen

Rechnungen erfassen

Splittbuchen können auch für die Erfassung von Rechnungen nützlich sein. Immer dann, wenn Sie die Positionen einer Rechnung auf verschiedene Konten buchen möchten oder müssen.

> **Beispiel**
> Verkaufen Sie Ihrem Kunden Waren mit unterschiedlichen Umsatzsteuersätzen, müssen Sie die „Umsätze 19%" getrennt von den „Umsätzen 7%" erfassen.
> Kaufen Sie Waren ein, können Sie diese auf verschiedenen Aufwandskonten buchen.

Bei einer Kundenrechnung geben Sie im Feld **Soll** immer das Debitoren- oder Forderungskonto ein. Das Feld **Haben**, in dem Sie normalerweise die Erlöskonten erfassen, lassen Sie leer. Nun klicken Sie auf **Splitten** und buchen im **Splittfenster** die Teilbeträge auf die entsprechenden Konten. Bei einer Eingangsrechnung ist es genau umgekehrt. Hier erfassen Sie das Kreditoren- oder Verbindlichkeitskonto immer im Feld **Haben** und lassen das Konto **Soll** leer.

> **Übung**
> Erfassen Sie bitte unter **Buchen → Stapelbuchen** diese beiden Rechnungen und verwenden Sie die **Splittfunktion**. Wenn in Ihrer Übungsfirma keine Debitoren- und Kreditorenkonten angelegt sind, buchen Sie hier mit den Sachkonten „Forderungen" und „Verbindlichkeiten".

Buchen → Stapelbuchen						
Datum	Beleg	Text	Betrag	SOLL	HABEN	Steuer
05.10.	AR 129	RG 129	2.260,00	1410 oder 20200		
		Erlöse 19 %	1.190,00		8400	USt. 19%
		Erlöse 7%	1.070,00		8300	USt. 7%
05.10.	ER 5	RG 410	464,00		1610 oder 72000	
		Büromaterial	357,00	4930		VSt. 19%
		Fachbücher	107,00	4940		VSt. 7%

Schritt 2: Splittbuchungen bei Rechnungen

Abb. 4: **Splittbuchung bei Rechnungen:** *Bei Kundenrechnungen* ❶ *splitten Sie das Konto „Haben"* ❷ *und lassen es deshalb leer bevor Sie das Splittfenster öffnen. Bei Eingangsrechnungen* ❸ *splitten Sie das Konto „Soll"* ❹.

Erst nachdem Sie das Splittfenster geschlossen haben, können Sie die Buchungen abschließen. Danach sehen Sie die Buchungen in der Buchungsliste unter der Eingabemaske. Stimmen Ihre Eingaben, können Sie die Buchungen ins Journal übertragen, d.h. den Stapel ausbuchen unter **Buchen → Stapel ausbuchen**.

Buchungen mit Nettobetragserfassung

Grundsätzlich ist das Programm im Betragsfeld auf die Funktion **Brutto** eingestellt, Sie geben den Betrag inkl. Umsatzsteuer zusammen mit dem Steuersatz ein und das Programm rechnet die Steuer aus dem Betrag heraus.

Sie können aber auch Nettobeträge erfassen. Dazu wählen Sie vor dem Betragsfeld die Funktion **Netto** und geben den Betrag ohne Umsatzsteuer zusammen mit dem Steuersatz ein. Dann rechnet das Programm den Steuerbetrag dazu. Diese Netto-Funktion ist besonders für Splittbuchungen hilfreich.

Splittbuchungen und die Nettobetragserfassung

Beispiel
In Rechnungen vom Großmarkt sind die Einzelbeträge oft nur mit Nettobeträgen ausgewiesen und die Umsatzsteuer in einem Betrag. In diesem Fall erspart Ihnen die Nettobetragserfassung viel Rechnerei.

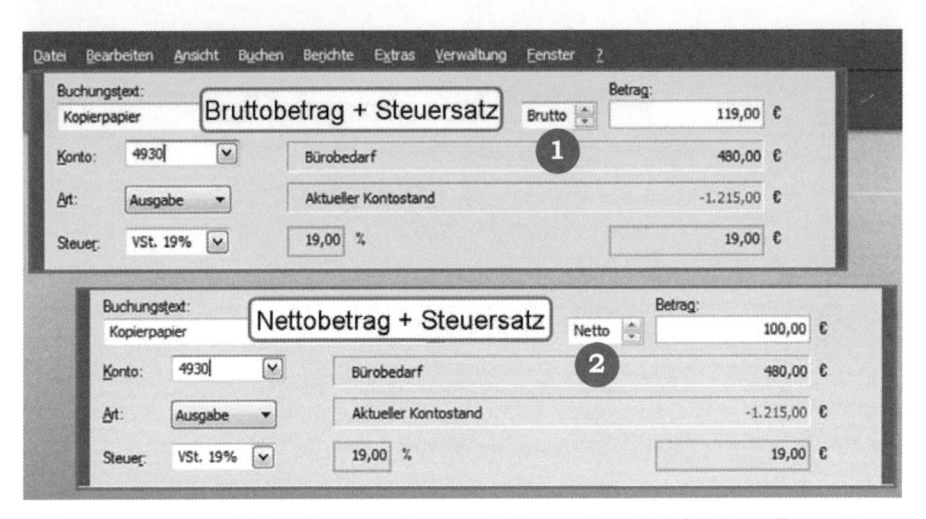

Abb. 5: **Brutto- und Nettobetragserfassung:** *Belassen Sie es bei der Einstellung „Brutto"* ❶ *in der Eingabemaske, wird die Steuer aus dem Betrag herausgerechnet. Stellen Sie um auf „Netto"* ❷ *rechnet das Programm die Steuer dazu.*

Diese Funktion steht Ihnen auch im Splittfenster zur Verfügung.

Die wichtigsten Berichte im laufenden Jahr

Der Lexware buchhalter bietet sehr viele verschiedene Berichte, und diese in verschiedenen Ausführungen. Hier zeigen wir Ihnen die wichtigsten Berichte, die Sie im laufenden Jahr brauchen. Sie können die Berichte drucken oder exportieren. Hier erfahren Sie, welche Möglichkeiten Ihnen zur Verfügung stehen und worauf Sie bei den Berichtseinstellungen achten müssen.

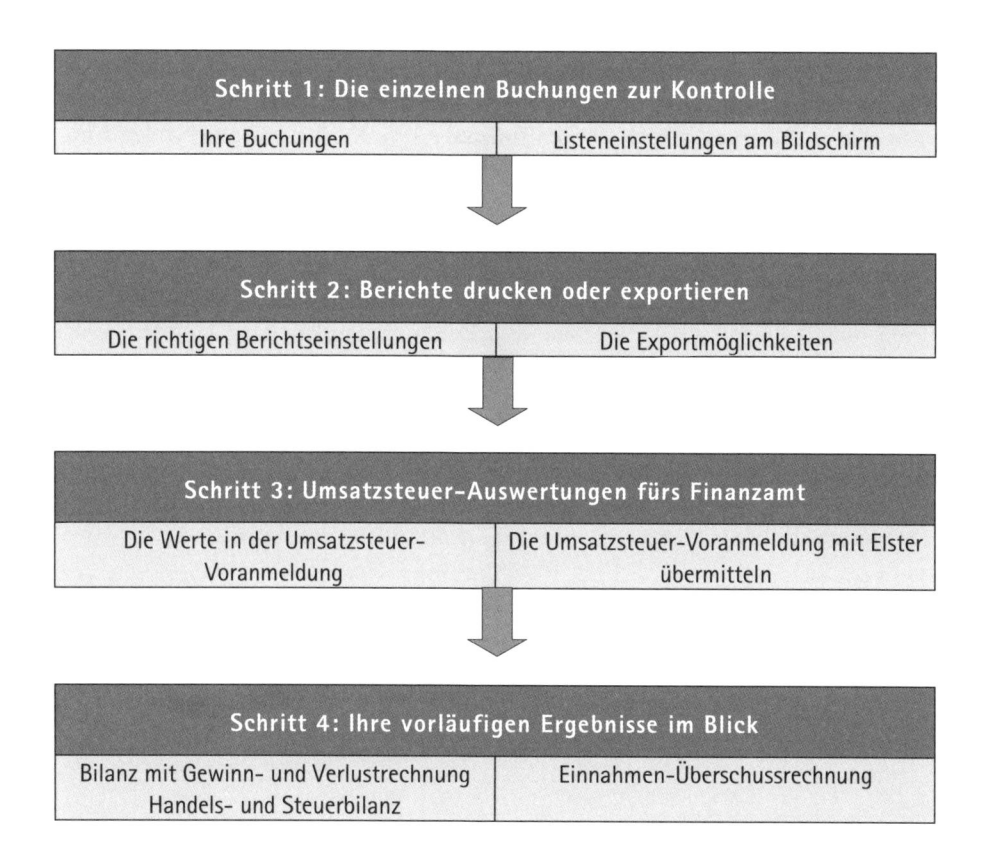

Schritt 1: Die einzelnen Buchungen zur Kontrolle	
Ihre Buchungen	Listeneinstellungen am Bildschirm

Schritt 2: Berichte drucken oder exportieren	
Die richtigen Berichtseinstellungen	Die Exportmöglichkeiten

Schritt 3: Umsatzsteuer-Auswertungen fürs Finanzamt	
Die Werte in der Umsatzsteuer-Voranmeldung	Die Umsatzsteuer-Voranmeldung mit Elster übermitteln

Schritt 4: Ihre vorläufigen Ergebnisse im Blick	
Bilanz mit Gewinn- und Verlustrechnung Handels- und Steuerbilanz	Einnahmen-Überschussrechnung

Die wichtigsten Berichte im laufenden Jahr

Voraussetzungen für die Übungen	
Hinweise zu den Eingaben	Um die Bilder in diesem Kapitel besser nachvollziehen zu können, sollten Sie die Übung im Schritt 1 erfassen. Es wird im Juli gebucht, in diesem Monat sollten keine Buchungen vorhanden sein. Sie können aber auch die Übung überspringen und mit Ihrem Datenbestand arbeiten

→ Schritt 1: Die einzelnen Buchungen zur Kontrolle

Möchten Sie oder Ihr Steuerberater die Buchführung kontrollieren, sind vor allem die einzelnen Buchungen wichtig. Diese finden Sie unter **Ansicht** und **Berichte,** entweder im **Buchungsstapel** oder im **Journal** sowie auf den entsprechenden **Konten**. In diesem Schritt lernen Sie die Möglichkeiten im Menü **Ansicht** kennen.

Ihre Buchungen

Um Buchungen zeigen zu können, muss erst einmal gebucht werden. Haben Sie bereits einige Buchungen erfasst, sind also Daten vorhanden, dann können Sie die folgende Übung überspringen. In dieser Übung werden zur besseren Übersicht nur sehr wenige Belege gebucht, gerade so viele, wie Sie für die Berichte brauchen.

Übung

Erfassen Sie bitte folgende Buchungen unter **Buchen → Einnahmen/Ausgaben in den Stapel**. Wählen Sie in der Kontenauswahl das Konto „1010 Nebenkasse".

Buchen → Einnahmen/Ausgaben in den Stapel → 1010 Nebenkasse						
Datum	Beleg	Buchungstext	Betrag	Konto	Kategorie	Steuer
01.07.		Anfangsbestand	0,00	Kontrolle		
06.07.	K 11	Geldeingang Kunde	4.760,00	8400	Einnahme	USt.19%
08.07.	K 12	Geldeingang Kunde	1.190,00	8300	Einnahme	USt.7%
12.07.	K 13	Zahlung an Lieferant	3.570,00	3400	Ausgabe	VSt.19%
14.07.	K 14	Porto	40,00	4910	Ausgabe	keine
14.07.	K 15	Fachliteratur	107,00	4940	Ausgabe	VSt.7%
		Saldo	2.233,00	Kontrolle		

Stimmt der Kontostand im Programm mit Ihrem überein, können Sie die Buchungsmaske verlassen. Übertragen Sie aber bitte die Buchungen noch nicht ins Journal.

Schritt 1: Die einzelnen Buchungen zur Kontrolle

Lösung

Solange die Buchungen noch im Stapel sind, können Sie diese im Menü **Ansicht** nur im **Buchungsstapel** ansehen. Neben dem Buchungsstapel stehen Ihnen viele Funktionen zur Verfügung Stimmen Ihre Eingaben, können Sie den **Stapel ausbuchen**, auch diese Funktion steht Ihnen hier direkt zur Verfügung.

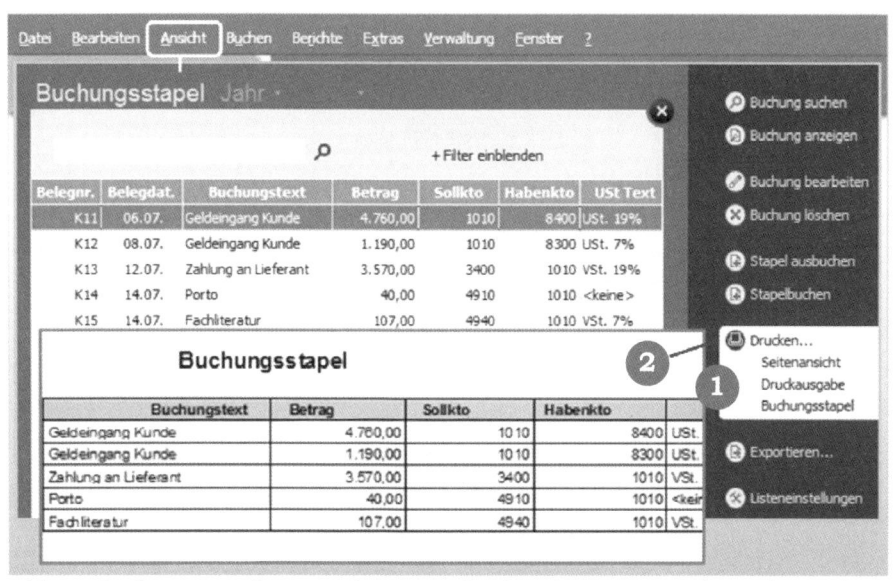

Abb. 1: **Buchungsstapel:** *Im Buchungsstapel stehen Ihnen unter anderem die Funktionen* **Drucken** *→* **Seitenansicht** *oder* **Druckausgabe** *zur Verfügung* ❶ *. Damit können Sie den Buchungsstapel ausdrucken, hier sehen Sie einen Ausschnitt des Berichts* ❷ *.*

Wird der Stapel ausgebucht, verschwinden die Buchungen aus dem **Buchungsstapel** und sind nur noch im **Journal** zu finden. Und sowie die Buchungen im Journal stehen, können Sie diese im Menü **Ansicht** auch in den Konten und den Offene-Posten-Listen „OP-Debitoren und OP-Kreditoren" sehen.

Listeneinstellungen am Bildschirm

Nicht nur in den Buchungsmasken, sondern auch im Menü **Ansicht** können Sie auf Ihre Buchungen zugreifen. Sie können sie nicht nur ansehen oder korrigieren, sondern auch drucken oder exportieren und zwar in einer individuellen Darstellung. Über die Funktion **Listeneinstellungen** können Sie die angezeigten Listen auf Ihre Bedürfnisse einstellen.

Hier ist das **Journal** am Bildschirm geöffnet. Wenn Sie rechts die Funktion **Listeneinstellungen** wählen, öffnet sich ein Auswahlfenster. Hier können Sie zum einen die gewünschten Spalten auswählen und zum anderen die Reihenfolge der ausgewählten Spalten ändern. Dazu markieren Sie, was bewegt werden soll und verschieben die Spalten mittels der Pfeile.

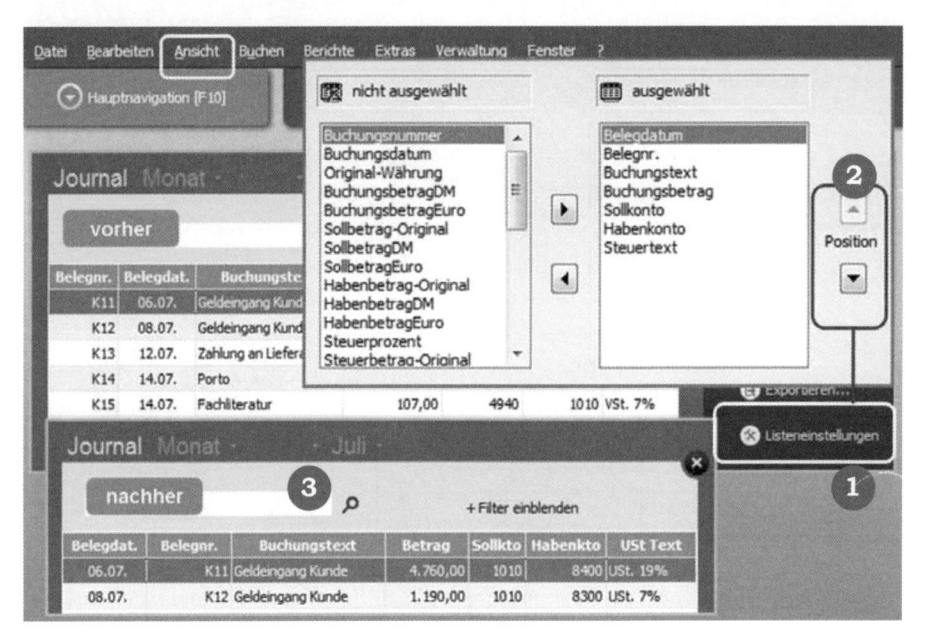

Abb. 2: **Bildschirmansicht verändern:** *Klicken Sie im Journal auf* **Listeneinstellungen** ❶ *öffnet sich ein Fenster. Hier können Sie über die Pfeile* ❷ *die Reihenfolge der Spalten verändern. Danach wird nicht mehr die Belegnummer zuerst gezeigt, sondern das Belegdatum* ❸ *.*

Im nächsten Schritt geht es um die Möglichkeiten im Menü **Berichte**. Dort finden Sie nicht nur Ihre einzelnen Buchungen, sondern auch die Buchführungsübersicht „Summen- und Saldenliste" sowie Ihre Ergebnisse.

Schritt 2: Berichte drucken oder exportieren

→ Schritt 2: Berichte drucken oder exportieren

Im Menü **Berichte** ist es egal, ob sich die Buchungen noch im Buchungsstapel befinden oder schon im Journal stehen. Hier sehen Sie alle Buchungen auf den Konten und in allen Berichten, wenn Sie die richtigen Einstellungen vornehmen.

Die richtigen Berichtseinstellungen

Bevor Sie einen Bericht öffnen können, öffnet sich ein Einstellungsfenster. Wählen Sie den Bericht Sachkonto, stellen Sie oben links ein, ob Sie den Bericht drucken oder zum Beispiel als PDF exportieren möchten. Direkt darunter im **Auswertungsbereich** entscheiden Sie, welche Buchungen gezeigt werden sollen, nur **Stapel**buchungen, nur **Journal**buchungen oder **alle Buchungen**.

Abb. 3: **Die Druckauswahl für Sachkonten**: Oben links ist eingestellt, dass die Sachkonten gedruckt ❶ werden sollen und direkt darunter im Auswertungsbereich ist **Alle Buchungen** ❷ gewählt. Nun muss nur noch der Zeitraum ❸ eingegeben werden sowie unten das gewünschte Formular ❹.

> **Tipp**
> Bei der Auswahl **Stapel** oder **Alle Buchungen** wird das Wort „vorläufig" über den Berichten stehen. Dieses Wort verschwindet erst, wenn Sie die Auswahl **Journal** anklicken.

Sie entscheiden, ob nur ein Monat, ein Quartal oder das ganze Wirtschaftsjahr gezeigt wird. Direkt darunter können Sie entweder alle Konten oder nur einzelne Konten auswählen. Setzen Sie einen Haken bei **Neue Seite je Konto** wenn Sie jedes Konto auf eigenen Seiten ausdrucken möchten.

Und schließlich können Sie ganz unten eine der angebotenen Formatvorlagen auswählen. Welche Formatvorlage hier die Beste ist, können nur Sie entscheiden. Sehen Sie sich Ihre Konten einfach in verschiedenen Vorlagen am Bildschirm an und suchen Sie sich eine aus.

> **Achtung**
> Hier haben Sie die Einstellungen bzw. Auswahlmöglichkeiten für Sachkonten gesehen. Das Programm bietet für jede Berichtsart eigene Einstellungen, deshalb müssen Sie immer genau hinschauen. Fehlt eine Zahl im Bericht, sollten Sie Ihre Einstellungen noch einmal überprüfen.

Wählen Sie beim Zeitraum zum Beispiel den Monat Juli aus, werden Sie auch nur die Buchungen von Juli sehen. In manchen Berichten gibt es jedoch die Funktion **kumulierte Werte**. Aktivieren Sie diese, werden Ihnen alle Monate bis einschließlich Juli gezeigt.

Die Exportmöglichkeiten

Das Schöne beim Export von Berichten ist, dass Sie die Berichte als Datei per E-Mail versenden oder die Daten für weitere Auswertungen zum Beispiel in Excel verwenden können. Im Menü **Berichte** unter **Berichtszentrale** kann man dies sehr schön sehen. Klicken Sie links den entsprechenden Bericht an, sehen Sie rechts sofort, welche Möglichkeiten Sie haben. Mit einem Klick auf eine der Funktionen öffnen sich wieder die Berichtseinstellungen, die Sie dann anpassen müssen. Die aktuelle Bilanz erhalten Sie über **einfache Auswertung**.

Schritt 3: Umsatzsteuer-Auswertungen fürs Finanzamt

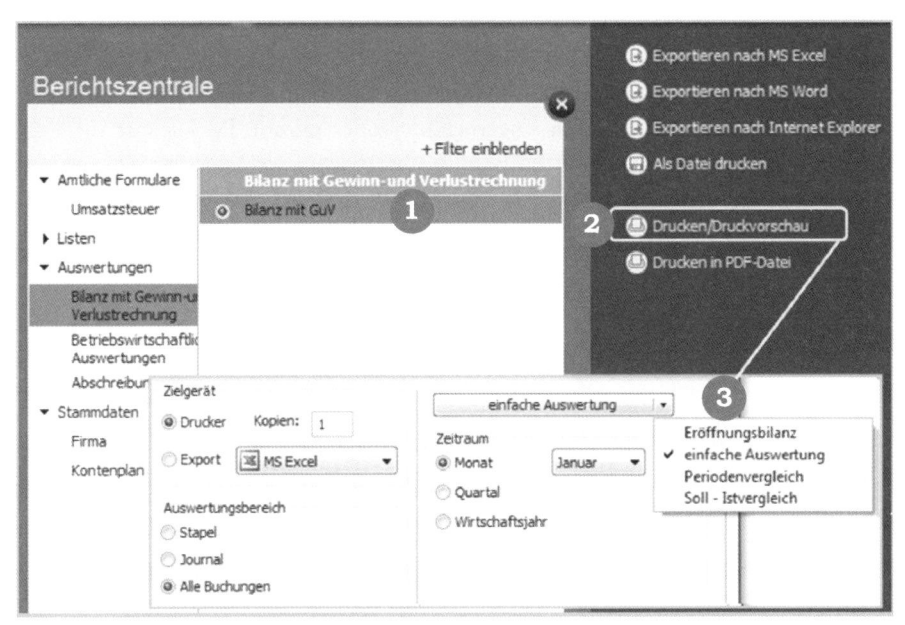

Abb. 4: **Die Berichtszentrale:** *Klicken Sie links* ❶ *auf den Bericht Bilanz, sehen Sie rechts sofort, welche Möglichkeiten Sie haben. Mit einem Klick auf* **Drucken** ❷ *öffnen sich die Berichtseinstellungen, die Sie dann anpassen müssen. Die aktuelle Bilanz erhalten Sie über „einfache Auswertung"* ❸ *.*

Achtung
Möchten Sie dem Steuerberater Ihre gesamten Buchführungsdaten übermitteln, damit er mit seinem Buchführungsprogramm den Jahresabschluss durchführt, sollten Sie nicht den Berichtexport verwenden. Dazu bietet der Lexware buchhalter den „DATEV-Export" im Menü **Datei**. Die damit exportierten Daten kann der Steuerberater direkt in sein Programm einspielen.

→ Schritt 3: Umsatzsteuer-Auswertungen fürs Finanzamt

Die ausgefüllte Umsatzsteuer-Voranmeldung, die Sie regelmäßig an das Finanzamt übermitteln müssen, können Sie im Menü **Berichte** ansehen und über das Elstermodul unter **Extras** online übertragen.

Die Werte in der Umsatzsteuer-Voranmeldung

In der Umsatzsteuer-Voranmeldung werden der Nettoumsatz, die Umsatzsteuer sowie die Vorsteuer automatisch eingetragen. Woher nimmt die Software die Zahlen? Der Nettoumsatz wird vom Erlöskonto übertragen und die Vorsteuer von den Vorsteuerkonten. Das ist so bei den Erlöskonten und den Vorsteuerkonten unter **Eigenschaften** hinterlegt. Nur den Umsatzsteuerbetrag ermittelt das Programm selbst und trägt ihn ein.

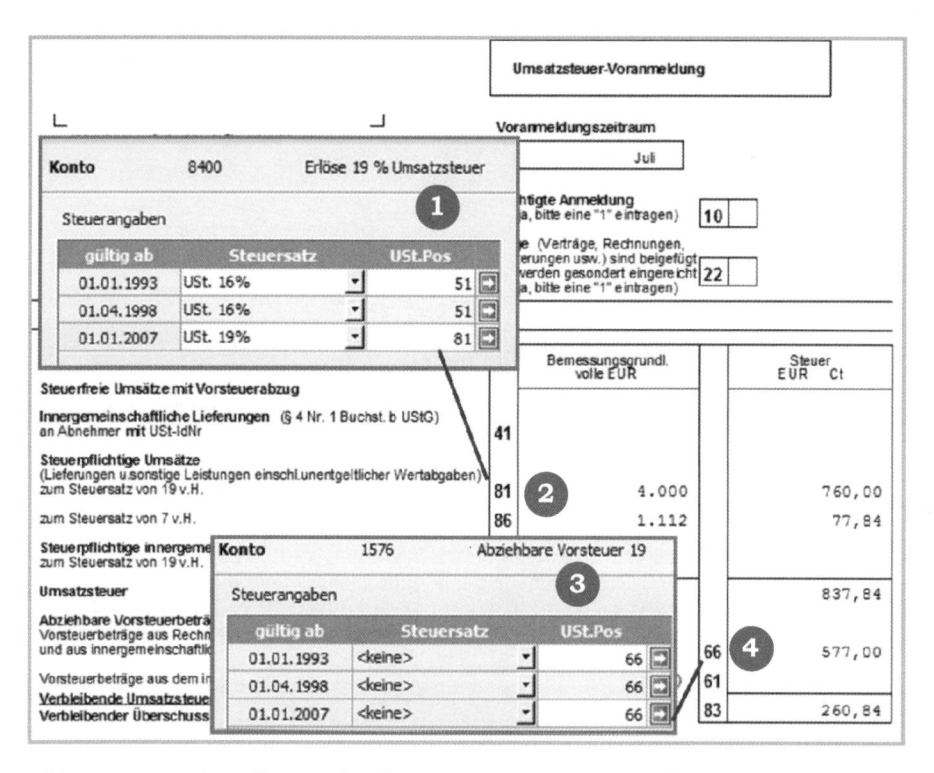

Abb. 5: ***Konteneinstellungen für die Umsatzsteuer-Voranmeldung:*** *Beim Konto „8400"* ❶ *ist hinterlegt, dass der Nettoumsatz im Formular im Feld „81"* ❷ *eingetragen wird. Im Konto „1576"* ❸ *ist das Feld „66"* ❹ *hinterlegt.*

Die Umsatzsteuer-Voranmeldung mit Elster übermitteln

Im Menü **Extras** unter **Elster** können Sie die ausgefüllte Umsatzsteuer-Voranmeldung an das Finanzamt übermitteln. Hier ist zu beachten, dass das Modul Elster fast immer vor jeder Nutzung aktualisiert werden muss. Ein Assistent führt Sie durch das Modul und auch durch die Aktualisierung. Sie müssen eigentlich nur die Einstellungen, zum Beispiel den Abgabemonat, überprüfen. Alles Weitere geht ganz automatisch. Nach der Versendung erhalten Sie ein Übertragungsprotokoll, das Sie unbedingt ausdrucken sollten.

Bei der ersten Übermittlung mit dem Lexware buchhalter kann es sein, dass Sie noch individuelle Einstellungen vornehmen müssen, damit die Internetverbindung funktioniert. Das sollten Sie zusammen mit Ihrem Systemadministrator machen. Aber auch die Hilfe des Programms steht Ihnen an dieser Stelle zur Verfügung.

Weiterhin können Sie noch freiwillig über **Authentifizierung** die Daten geschützt an das Finanzamt übermitteln. Das setzt aber voraus, dass Sie zuvor ein Zertifikat beantragen. Auch dazu finden Sie alle Informationen in der Online-Hilfe.

→ Schritt 4: Ihre vorläufigen Ergebnisse im Blick

Ihre vorläufigen Ergebnisse des laufenden Jahres finden Sie im Menü **Berichte**. Je nach Gewinnermittlungsart, die Sie beim Anlegen der Firma gewählt haben, finden Sie hier unter anderem die Bilanz mit Gewinn- und Verlustrechnung oder die Einnahmen-Überschussrechnung. Diese werden gleich gezeigt.

Weiterhin erhalten Sie hier die Betriebswirtschaftliche Auswertung, kurz BWA. Sie ähnelt der Gewinn- und Verlustrechnung, es werden die gleichen Zahlen nur in einer anderen Reihenfolge gezeigt.

Die Zahlen holt sich die Software von den bebuchten Konten. In den Konteneinstellungen unter **Auswertung** und **BWA** ist hinterlegt, an welcher Stelle das Konto in den Berichten erscheinen soll.

Bilanz mit Gewinn- und Verlustrechnung

In der Bilanz sehen Sie in der AKTIVA das Vermögen und in der PASSIVA die Schulden sowie das Eigenkapital. Gibt es ein Vorjahr, sind also schon Bestände vorhanden, ist dieser Bericht nur brauchbar, wenn auch die Eröffnungswerte erfasst wurden. Ansonsten sehen Sie hier nur die Bewegungen des laufenden Jahres.

Die wichtigsten Berichte im laufenden Jahr

In der Gewinn- und Verlustrechnung dagegen sehen Sie Ihren Gewinn- oder Verlust des laufenden Jahres. Dieser Bericht zeigt Ihnen schon viel mehr, trotzdem handelt es sich hier um ein vorläufiges Ergebnis, welches Sie regelmäßig Ihrem Steuerberater zeigen sollten. Er weiß, wie sich dieses Ergebnis durch die Jahresabschlussbuchungen verändern wird.

Gewinn- und Verlustrechnung Juli	
1. Umsatzerlöse	
08300 Erlöse 7 % Umsatzsteuer	1.112,15
08400 Erlöse Barverkauf 19 % USt.	4.000,00
2. Materialaufwand	
03400 Einkauf Computer 19 % Vorsteuer	-3.000,00
3. Andere betriebl. Aufwendungen	
3.1. verschiedene betriebliche Kosten	
04910 Porto	-40,00
04940 Zeitschriften, Bücher	-100,00
Gewinn ❶	1.972,15

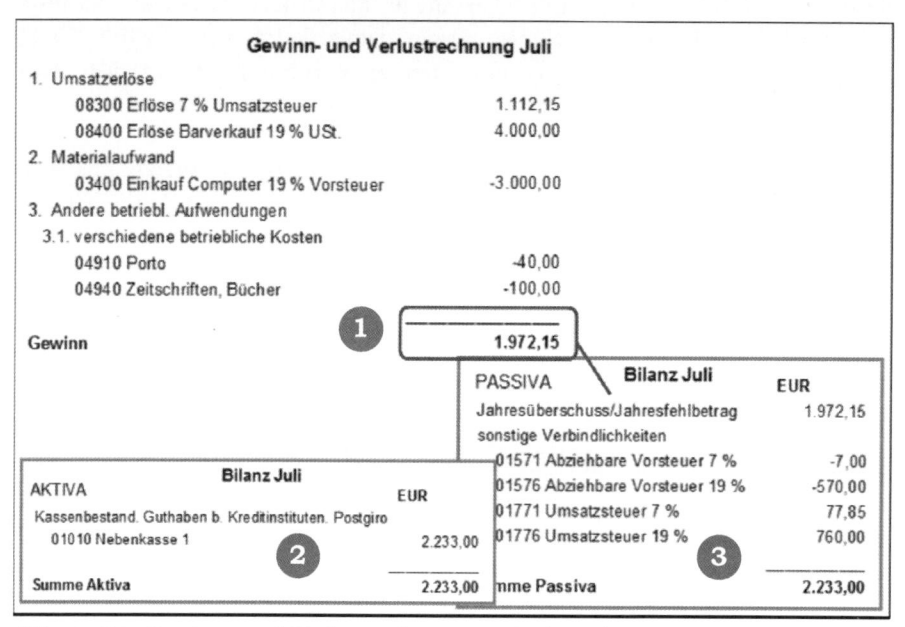

Bilanz Juli			
AKTIVA	EUR	PASSIVA	EUR
		Jahresüberschuss/Jahresfehlbetrag	1.972,15
		sonstige Verbindlichkeiten	
		01571 Abziehbare Vorsteuer 7 %	-7,00
		01576 Abziehbare Vorsteuer 19 %	-570,00
Kassenbestand, Guthaben b. Kreditinstituten, Postgiro		01771 Umsatzsteuer 7 %	77,85
01010 Nebenkasse 1 ❷	2.233,00	01776 Umsatzsteuer 19 % ❸	760,00
Summe Aktiva	2.233,00	Summe Passiva	2.233,00

Abb. 6: **Die Gewinn- und Verlustrechnung sowie die Bilanz:** *Die Gewinn- und Verlustrechnung zeigt, dass im Juli ein Gewinn* ❶ *erzielt wurde. Die Bilanz zeigt die Bestände, auf der AKTIVA* ❷ *steht das Vermögen und auf der PASSIVA* ❸ *das Kapital und die Verbindlichkeiten.*

Hinweis zur Handels- und Steuerbilanz

In den Versionen pro und premium können Sie in den Firmenstammdaten zusätzlich zur Gewinnermittlungsart „Betriebsvermögensvergleich" die Funktion „Handels- und Steuerbilanz" wählen. In diesem Fall werden automatisch die Perioden 15 und 16 zugeschaltet. In der Periode 15 müssen Sie dann alle Jahresabschlussbuchungen erfassen, die in die Handelsbilanz gehören. Denn in der Handelsbilanz werden alle Buchungen der Perioden 1-15 erscheinen.

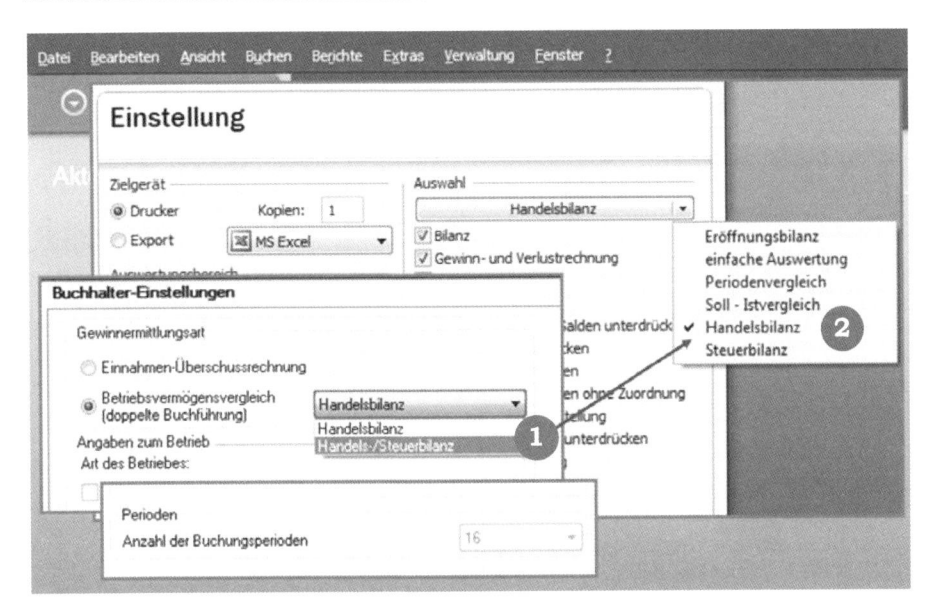

Schritt 4: Ihre vorläufigen Ergebnisse im Blick

Abb. 7: **Handels- und Steuerbilanz:** *Aktivieren Sie zusätzlich zur Gewinnermittlungsart „Betriebsvermögensvergleich" die Funktion „Handels-/Steuerbilanz"* ❶ *, können Sie zwei verschiedene Bilanzen* ❷ *erstellen – vorausgesetzt Sie haben in den richtigen Perioden gebucht.*

In der Steuerbilanz erscheinen alle Buchungen der Perioden 1-16. Sie können also in den Periode 16 das handelsrechtliche Ergebnis korrigieren und daraus ein steuerliches Ergebnis machen, zum Beispiel Buchungen stornieren oder Differenzen umbuchen.

Sind alle Jahresabschlussbuchungen in den richtigen Perioden erfasst, können Sie unter **Berichte** → **Auswertungen** → **Bilanz** eine Handels- und eine Steuerbilanz ausdrucken.

Einnahmen-Überschussrechnung

Die ausgefüllte Einnahmen-Überschussrechnung gibt es in zwei Versionen. Eine einfache Übersicht, die ganz leicht zu überblicken ist, und ein amtliches Formular für das Finanzamt bzw. den Jahresabschluss. Bei jedem Konto ist unter **Auswertungen** hinterlegt, an welcher Stelle das Konto bzw. die Zahlen im Bericht erscheinen sollen, wenn darauf gebucht wurde. Das Konto „8400 Erlöse 19% Umsatzsteuer" wird zum Beispiel in der Einnahmen-Überschussrechnung unter **Umsatzerlöse** eingetragen und im Formular „Anlage EÜR" im Feld 112.

Die wichtigsten Berichte im laufenden Jahr

```
Einnahmen-Überschussrechnung
1. Umsatzerlöse
      08300 Erlöse 7 % Umsatzsteuer        1.112,15
      08400 Erlöse 19 % Umsatzsteuer       4.000,00      ❷
2. vereinnahmte Umsatzsteuer
      01771 Umsatzsteuer
      01776 Umsatzsteuer
3. Wareneinsatz und Fremdleistungen
      03400 Wareneingang
4. sonstige betriebliche Aufwendungen
   4.1. Fachzeitschriften
      04940 Zeitschriften
   4.2. Bürobedarf, Porto
      04910 Porto
5. verauslagte Vorsteuer
      01571 Abziehbare Vorsteuer 7 %         -7,00
      01576 Abziehbare Vorsteuer 19 %      -570,00

5. verauslagte Vorsteuern
      01571 Abziehbare Vorsteuer 7 %         -7,00
      01576 Abziehbare Vorsteuer 19 %      -570,00
Überschuss                                 2.233,00
```

Auswertung-Dialog: „Hier können Sie das Konto einer Auswertungsposition zuordnen" — Konto ❶ 8400 Erlöse 19 % Umsatzsteuer; Einnahmenüberschuss: Umsatzerlöse; Anlage EÜR: 99/20 Pos. 112 Umsatzsteuerpflichtige Betriebseinnahmen.

Anlage EÜR – Feld 112

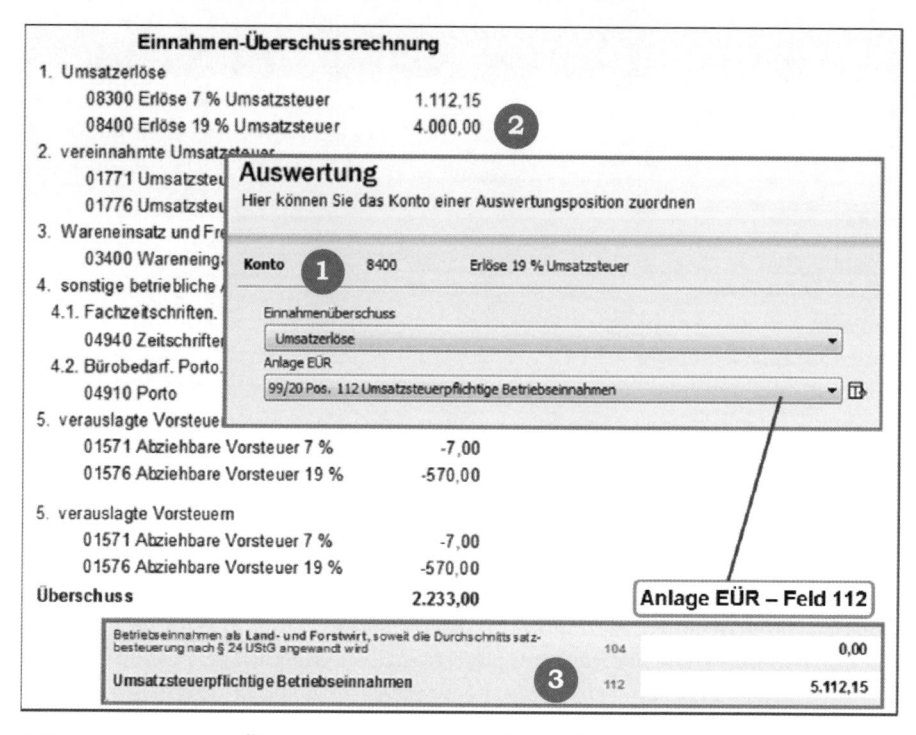

```
Betriebseinnahmen als Land- und Forstwirt, soweit die Durchschnittssatz-
besteuerung nach § 24 UStG angewandt wird                    104       0,00
Umsatzsteuerpflichtige Betriebseinnahmen         ❸           112    5.112,15
```

Abb. 8: ***Einnahmen-Überschussrechnung, Anlage EÜR:*** *Das Konto „8400 Erlöse 19% Umsatzsteuer"* ❶ *wird zum Beispiel in der Einnahmen-Überschussrechnung* ❷ *unter „Umsatzerlöse" eingetragen und im Formular Anlage EÜR im Feld „112"* ❸.

Hier handelt es sich, wie gesagt, um ein vorläufiges Ergebnis. Fragen Sie rechtzeitig Ihren Steuerberater, inwieweit sich das Ergebnis durch Jahresabschlussbuchungen noch verändern wird.

> **Tipp**
> In der Anwendung **Business Cockpit** erhalten Sie ebenfalls interessante Auswertungen, allerdings sehen Sie hier nur Journalbuchungen.

> **Weitere Informationen**
> Videos unter www.lexware.de
> - Auswertungen in Lexware buchhalter plus
> - Auswertungen in Lexware buchhalter pro
> - Elster – Elektronische Steueranmeldungen

Was ist beim Jahreswechsel zu beachten? (buchhalter standard und plus)

Mit Jahreswechsel ist gemeint, dass Sie bereits in einem Buchungsjahr gebucht haben und nun im nächsten Jahr weiterbuchen möchten. Dazu müssen Sie ein neues Buchungsjahr anlegen und zunächst die Anfangsbestände der Kassen- und Bankkonten erfassen. Erst wenn der Vorjahresabschluss fertig gestellt ist, liegen Ihnen alle endgültigen Anfangsbestände vor. Diese müssen im neuen Jahr erfasst werden. Hier erfahren Sie, in welchen Fällen Sie die Daten manuell erfassen müssen und wann eine automatische Übernahme möglich ist.

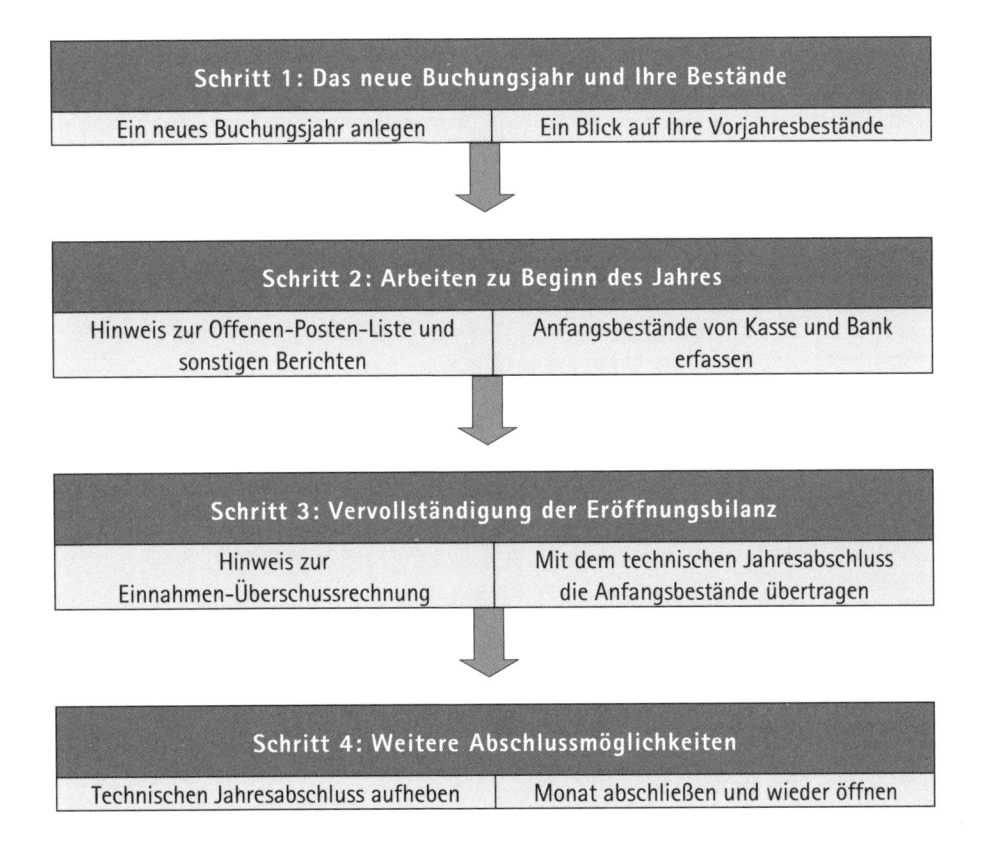

Schritt 1: Das neue Buchungsjahr und Ihre Bestände	
Ein neues Buchungsjahr anlegen	Ein Blick auf Ihre Vorjahresbestände

Schritt 2: Arbeiten zu Beginn des Jahres	
Hinweis zur Offenen-Posten-Liste und sonstigen Berichten	Anfangsbestände von Kasse und Bank erfassen

Schritt 3: Vervollständigung der Eröffnungsbilanz	
Hinweis zur Einnahmen-Überschussrechnung	Mit dem technischen Jahresabschluss die Anfangsbestände übertragen

Schritt 4: Weitere Abschlussmöglichkeiten	
Technischen Jahresabschluss aufheben	Monat abschließen und wieder öffnen

Was ist beim Jahreswechsel zu beachten? (buchhalter standard und plus)

Voraussetzungen für die Übungen	
Hinweise zu den Eingaben	Um die Bilder in diesem Kapitel besser nachvollziehen zu können, sollten Sie die zweite Übung im Schritt 1 erfassen. Die Idee ist, dass Sie zunächst ein neues Buchungsjahr anlegen und in diesem neuen bzw. leeren Buchungsjahr die Übungen erfassen. Gerne können Sie aber auch die zweite Übung im Schritt 1 überspringen und mit Ihrem Datenbestand arbeiten.

→ Schritt 1: Das neue Buchungsjahr und Ihre Bestände

Ein neues Buchungsjahr anlegen

Im Menü **Datei** unter **Buchungsjahr neu** oder **Jahreswechsel → Neues Buchungsjahr anlegen** können Sie das nächste Buchungsjahr öffnen. Direkt nach einem Klick ist es angelegt und Sie sehen oben am Bildschirm die neue Jahreszahl.

Übung

Legen Sie bitte ein neues Buchungsjahr an über Datei → Jahreswechsel.

Lösung

Hier sehen Sie auf einem Blick, was beim Jahreswechsel zu tun ist, und dass im ersten Schritt das neue Buchungsjahr anzulegen ist.

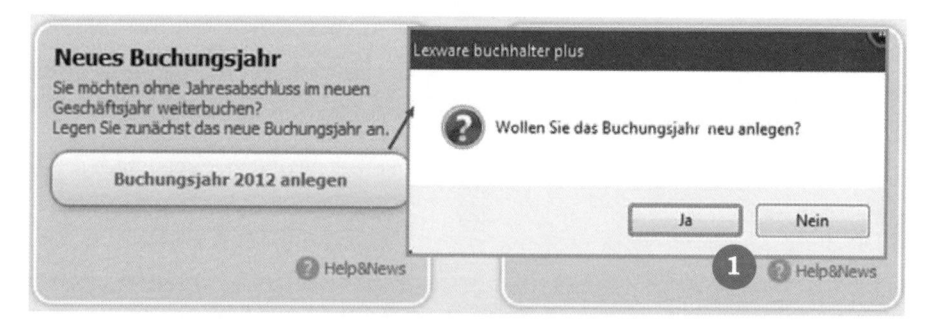

Abb. 1: **Ein Ausschnitt des Assistenten zum Jahreswechsel:** *Hier können Sie das neue Buchungsjahr anlegen. Sollten Sie Fragen zum Jahreswechsel haben, finden Sie sicher die Antworten in den verschiedenen* **Help&News** ❶ .

Schritt 1: Das neue Buchungsjahr und Ihre Bestände

Über **Datei → Buchungsjahr wechseln** oder oben am Bildschirm über den Pfeil beim **Aktuellen Buchungsjahr** können Sie jederzeit zwischen dem neuen und alten Jahr wechseln. Beide Jahre sind offen und in beiden Jahren kann gebucht werden. Gerade zu Jahresbeginn könnte ja der eine oder andere Beleg eingehen, der noch im alten Jahr zu erfassen ist. Im neuen Buchungsjahr stehen Ihnen wie zuvor alle Stammdaten zur Verfügung. Der Kontenplan, die Buchungsvorlagen und die Belegnummernkreise, wobei diese automatisch zurückgesetzt werden und die Nummerierung wieder bei Null beginnt. Bei Null beginnen allerdings auch Ihre Konten, noch sind keine Bestände des Vorjahres vorhanden.

Ein Blick auf Ihre Vorjahresbestände

Solange der Vorjahresabschluss noch nicht fertig gestellt ist, handelt es sich bei den meisten Vorjahresbeständen nur um vorläufige Werte. In der Regel werden zu diesem Zeitpunkt lediglich die Anfangsbestände der Kassen- und Bankkonten im neuen Buchungsjahr erfasst, was im nächsten Schritt gezeigt wird.

Um die Erfassung von Anfangsbeständen zeigen zu können, müssen auch Buchungen im Vorjahr vorhanden sein. Diese werden mit der folgenden Übung erfasst. Haben Sie bereits gebucht, können Sie diese Übung überspringen und mit Ihren Daten arbeiten. In der Übung werden ganz bewusst sehr wenige Buchungen erfasst, so können Sie die folgenden Beispiele leichter nachvollziehen.

Übung

Buchen Sie bitte in dem neu angelegten Buchungsjahr bzw. in einem Jahr, das noch keine Buchungen enthält, folgende Rechnungen unter **Buchen → Stapelbuchen**. Das Debitorenkonto „20200 Braun GmbH" sowie das Kreditorenkonto „72000 Bürohandel Maurer" wurde bereits angelegt, wenn nicht, müssen Sie das jetzt nachholen.

Buchen → Stapelbuchen						
Datum	Beleg	Text	Betrag	SOLL	HABEN	Steuer
30.12.	AR 278	RG 278	7.140,00	20200	8400	USt.19%
30.12.	AR 279	RG 279	4.760,00	20200	8400	USt.19%
30.12.	ER 1	RG 2401	5.950,00	3400	72000	VSt.19%
30.12.	ER 2	RG 2408	2.380,00	3400	72000	VSt.19%

Stimmen Ihre Eingaben, buchen Sie bitte den Stapel aus unter **Buchen → Stapel ausbuchen**. Erfassen Sie anschließend bitte folgenden Kontoauszug unter **Buchen → Einnahmen/Ausgaben in den Stapel** und wählen Sie in der Kontenauswahl das Konto **1200 Bank**. Klicken Sie bitte vor dem Buchen auf das Feld **OP**, wählen dort die entsprechende Rechnung aus und klicken dann erst auf **Buchen**. So kann das Programm die Offene-Posten-Liste richtig führen.

Was ist beim Jahreswechsel zu beachten? (buchhalter standard und plus)

Buchen → Einnahmen/Ausgaben in den Stapel → 1200 Bank

Datum	Beleg	Buchungstext	Betrag	Konto	Kategorie	Steuer
30.12.	B 12	Geldeingang Kunde	7.140,00	20200	Einnahme + OP	keine
30.12.	B 12	Zahlung an Lieferanten	5.950,00	72000	Ausgabe + OP	keine
31.12.		Saldo	1.190,00	Kontrolle		

Stimmt der Kontostand im Programm mit diesem überein, können Sie den Stapel ebenfalls ausbuchen. Legen Sie nun ein weiteres neues Buchungsjahr an unter **Datei → Buchungsjahr neu**.

Lösung

In der Summen- und Saldenliste sehen Sie nun die Vorjahresbestände. Bilanzierende sehen sie auch in der Aktiva und Passiva der Bilanz.

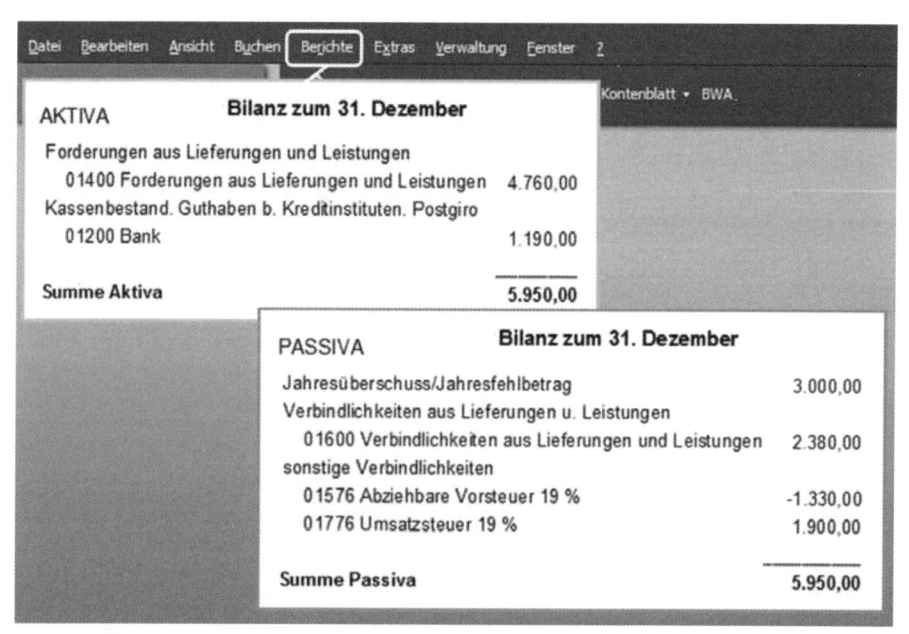

AKTIVA — Bilanz zum 31. Dezember

Forderungen aus Lieferungen und Leistungen	
01400 Forderungen aus Lieferungen und Leistungen	4.760,00
Kassenbestand. Guthaben b. Kreditinstituten. Postgiro	
01200 Bank	1.190,00
Summe Aktiva	**5.950,00**

PASSIVA — Bilanz zum 31. Dezember

Jahresüberschuss/Jahresfehlbetrag	3.000,00
Verbindlichkeiten aus Lieferungen u. Leistungen	
01600 Verbindlichkeiten aus Lieferungen und Leistungen	2.380,00
sonstige Verbindlichkeiten	
01576 Abziehbare Vorsteuer 19 %	-1.330,00
01776 Umsatzsteuer 19 %	1.900,00
Summe Passiva	**5.950,00**

Abb. 2: **Die Vorjahreswerte ansehen:** *Unter* **Berichte → Auswertungen → Bilanz** *sehen Sie die Werte zum 31.12.*

Schritt 2: Arbeiten zu Beginn des Jahres

→ Schritt 2: Arbeiten zu Beginn des Jahres

Hier erfahren Sie, was zu tun ist und welche Möglichkeiten der Lexware buchhalter bietet, solange der Vorjahresabschluss noch nicht vorliegt.

Hinweis zur Offenen-Posten-Liste und sonstigen Berichten

Die Offene-Posten-Liste steht Ihnen auch im neuen Buchungsjahr zur Verfügung, denn alle Rechnungen, die einmal in dem Programm erfasst wurden, stehen so lange in der Liste, bis sie bezahlt wurden. Die OP-Verwaltung funktioniert also auch ohne die Anfangsbestände der Debitoren- und Kreditorenkonten.

Auch die Gewinn- und Verlustrechnung zeigt Ihnen das vorläufige Ergebnis, denn die Aufwands- und Ertragskonten beginnen sowieso in jedem Jahr bei Null.

Allerdings sind fast alle anderen Berichte nicht brauchbar. Die Konten sowie die Summen- und Saldenliste zeigen, ohne Ihre Anfangsbestände, nur die Zugänge und Abgänge, die bisher im neuen Jahr gebucht wurden. Das gilt auch für die Bilanz.

Anfangsbestände von Kasse und Bank erfassen

Am 01.01. erfassen Sie lediglich die Anfangssalden der Geldkonten laut Kassenbuch und Kontoauszügen vom 31.12. Alle anderen Anfangsbestände können Sie erst später erfassen, wenn die Schlussbilanz des Vorjahres fertig gestellt ist, und das kann noch ein paar Wochen oder Monate dauern.

Unter **Buchen → Stapelbuchen** können Sie die Anfangsbestände erfassen. Man spricht hier auch von EB-Werten, Eröffnungsbilanzwerten. Diese werden über das Konto „9000 Saldenvorträge Sachkonten" gebucht.

> **Übung**
>
> Der Kontoauszug vom 31.12. liegt Ihnen vor. An diesem Bestand wird sich nichts mehr ändern. Buchen Sie bitte im neu angelegten bzw. im aktuellen Buchungsjahr den Anfangssaldo der Bank unter **Buchen → Stapelbuchen**.

Buchen → Stapelbuchen					
Datum	Text	Betrag	SOLL	HABEN	Steuer
01.01.	EB-Wert	1.190,00	1200	9000	keine

Stimmen Ihre Eingaben, können Sie die Buchungen ins Journal übertragen, unter **Buchen → Stapel ausbuchen**.

Was ist beim Jahreswechsel zu beachten? (buchhalter standard und plus)

Lösung

Durch die Erfassung des Anfangsbestandes sehen Sie wieder Ihren **aktuellen Kontostand** im Programm und können wie gewohnt Ihre Kontoauszüge erfassen und danach den Saldo vergleichen. Außerdem können Sie über den Klick auf das Feld **OP** ebenfalls wie zuvor offene Rechnungen verbuchen.

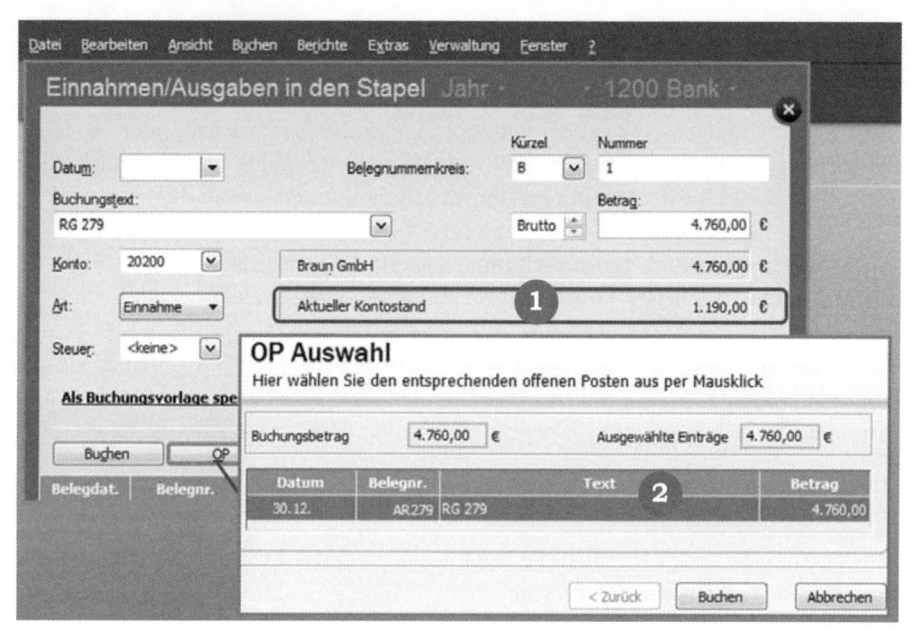

Abb. 3: ***Zunächst genügen die Anfangsbestände des Finanzkontos:*** *Sind diese erfasst, sehen Sie Ihre aktuellen Kontostände im Programm* ❶ *. Denn auch ohne Anfangsbestände von Debitoren und Kreditoren finden Sie in der OP-Auswahl alle offenen Rechnungen* ❷ *, auch die aus dem Vorjahr.*

→ Schritt 3: Vervollständigung der Eröffnungsbilanz

Ist der Vorjahresabschluss fertig, können Sie die restlichen Anfangsbestände erfassen. Das können Sie natürlich immer manuell erledigen. Hier zeigen wir Ihnen die automatische Übertragung über die Funktion Jahresabschluss.

Schritt 3: Vervollständigung der Eröffnungsbilanz

Hinweis zur Einnahmen-Überschussrechnung

Einnahmen-Überschussrechner müssen keine Anfangsbestände erfassen. Für die Arbeit mit der Software ist es jedoch empfehlenswert, die Anfangsbestände von Kasse und Bank zu buchen. So können Sie nach Ihren Eingaben die Kontostände kontrollieren.

Ist in den Firmenstammdaten „Einnahmen-Überschussrechnung" hinterlegt, wird der technische Jahresabschluss bereits nach der Eingabe der Saldenvortragskonten beendet. Er ist schneller erledigt, da weder das Kapital noch Forderungen und Verbindlichkeiten übertragen werden.

Mit dem technischen Jahresabschluss die Anfangsbestände übertragen

Wenn Ihr Steuerberater den Jahresabschluss in seinem Programm fertig gestellt hat, wurden von ihm Umbuchungen vorgenommen, die Ihre Software nicht hat. Diese Umbuchungsliste können Sie manuell erfassen oder über die Funktion **DATEV-Import** im Menü **Datei** in das Abschlussjahr einspielen. Erst wenn das Vorjahr in Ihrem Programm die gleichen Werte ausweist wie im Jahresabschluss des Steuerberaters ausgewiesen, ist es sinnvoll die Salden automatisch übertragen zu lassen.

> **Tipp**
> Sie können sich natürlich auch die vorläufigen Salden in den Buchungsstapel übertragen lassen und diese Buchungen dann bearbeiten.

Die Salden lassen Sie sich über die Funktion **Jahresabschluss** im Menü **Extras** übertragen. Dadurch wird zwar das alte Buchungsjahr abgeschlossen, wir zeigen Ihnen aber gleich im Anschluss wie schnell es wieder geöffnet werden kann.

Der Lexware buchhalter führt Sie durch den Jahresabschluss und dabei sind einige Felder in verschiedenen Fenstern auszufüllen. Zuerst müssen Sie entscheiden, ob die Buchungen direkt in das **Journal** oder erst in den **Buchungsstapel** übertragen werden sollen. Außerdem können Sie hier den gewünschten **Belegnummernkreis** auswählen, soweit er angelegt ist. Auf der nächsten Seite geben Sie die Saldenvortragskonten ein.

Was ist beim Jahreswechsel zu beachten? (buchhalter standard und plus)

Abb. 4: ***Der technische Jahresabschluss Teil 1:*** *Hier sollen die Buchungen in den Buchungsstapel* ❶ *übertragen werden mit dem Belegnummernkreis „EB"* ❷*. Im nächsten Fenster geben Sie die Saldovortragskonten ein* ❸*.*

Auf der nächsten Seite erfassen Sie die Gegenkonten für die Eröffnungsbuchungen. Das entfällt bei Einnahmen-Überschussrechnern.

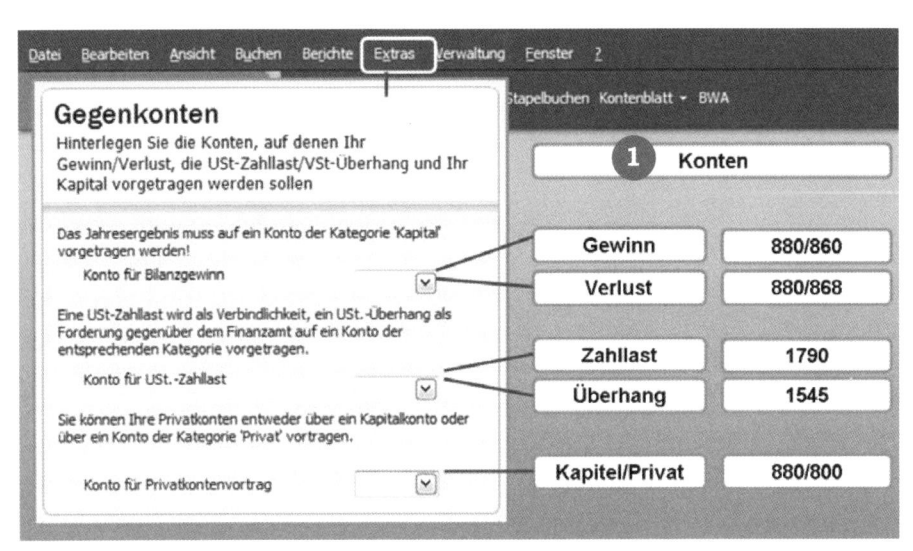

Schritt 3: Vervollständigung der Eröffnungsbilanz

Abb. 5: ***Der technische Jahresabschluss Teil 2:*** *Hier sehen Sie Vorschläge für Gegenkonten* ❶ *, die Sie zur Sicherheit mit Ihren eigenen Bilanzkonten noch einmal vergleichen sollten.*

Übung

Gehen Sie in das Buchungsjahr, in dem Sie in der letzten Übung die Vorjahresbuchungen eingegeben haben. Starten Sie hier unter **Extras → Jahresabschluss** den technischen Jahresabschluss und erfassen Sie alle Angaben wie in den vorherigen Bildern gezeigt.

Hinweis für Einnahmen-Überschussrechner: Beim technischen Jahresabschluss wird das Fenster **Gegenkonto** nicht erscheinen, da diese Werte nicht übertragen werden.

Lösung

Ist der Buchungsstapel ausgewählt, sind die Saldenvortragskonten sowie die Gegenkonten erfasst, müssen Sie die Konten noch einmal bestätigen.

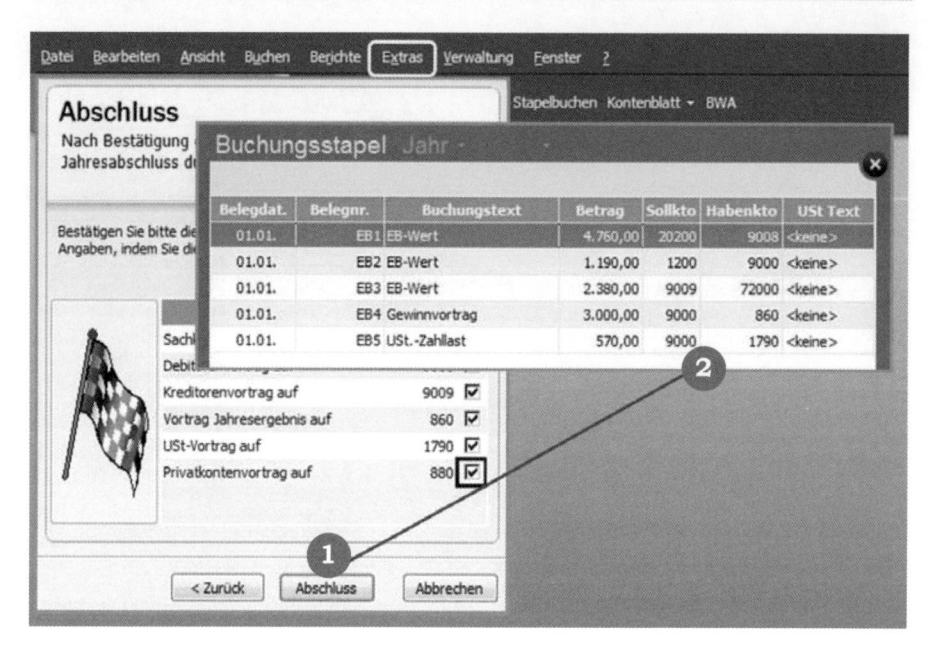

Was ist beim Jahreswechsel zu beachten? (buchhalter standard und plus)

Abb. 6: **Der technische Jahresabschluss Teil 3:** *Haben Sie alle Konten noch einmal bestätigt, können Sie auf* **Abschluss** ❶ *klicken. Anschließend werden die Buchungen in den Buchungsstapel* ❷ *übertragen.*

> **Achtung**
> Den Anfangsbestand der Bank haben Sie bereits gebucht, diese Buchung müssen Sie jetzt aus dem Buchungsstapel löschen.

→ Schritt 4: Weitere Abschlussmöglichkeiten

Mit dem technischen Jahresabschluss oder dem Monatsabschluss werden Zeiträume abgeschlossen. In diesen Zeiträumen kann nicht mehr gebucht werden, Sie können jedoch Ihre Buchungen und Berichte weiterhin ansehen und drucken.

Schritt 4: Weitere Abschlussmöglichkeiten

Technischen Jahresabschluss aufheben

Der technische Jahresabschluss kann allerdings jederzeit wieder aufgehoben werden, unter **Extras → Jahresabschluss.**

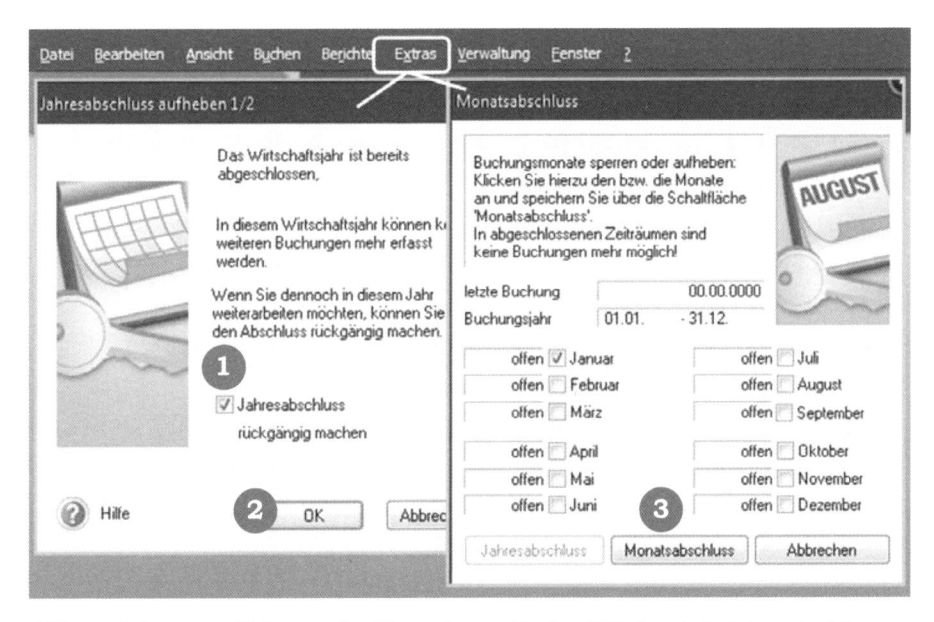

Abb. 7: ***Jahres- und Monatsabschluss:*** *Setzen Sie das Häkchen bei „Jahresabschluss rückgängig machen"* ❶ *und klicken auf* **OK** ❷ *wird das alte Buchungsjahr wieder geöffnet. Einen Monat abzuschließen geht genauso schnell, Sie wählen den Monat aus und klicken auf* **Monatsabschluss** ❸.

> **Achtung**
> Die Saldenvortragsbuchungen bleiben allerdings in Ihrem neuen Buchungsjahr stehen. Denken Sie daran für den Fall, dass Sie den Abschluss noch einmal wiederholen möchten.

Monat abschließen und wieder öffnen

Mit dem Monatsabschluss können Sie einzelne Monate ganz unkompliziert sperren und wieder öffnen. Möchten Sie, dass zum Beispiel im Monat Januar nicht mehr gebucht werden kann, dann können Sie auf diese Weise den Monat abschließen.

Dazu klicken Sie den entsprechenden Monat an und klicken auf Monatsabschluss. Möchten Sie das wieder rückgängig machen, nehmen Sie den Haken heraus und klicken erneut auf Monatsabschluss.

Weitere Informationen
Video unter www.lexware.de
- Die Arbeiten zum Jahresabschluss
- Vorbereitende Arbeiten zum Jahresabschluss

Was ist beim Jahreswechsel zu beachten? (buchhalter pro und premium)

Haben Sie bereits in einem Buchungsjahr gebucht und möchten nun im nächsten Jahr weiterbuchen, müssen Sie ein neues Buchungsjahr anlegen. Dabei können Sie die Salden aus dem Vorjahr übernehmen.
Zu Beginn des Jahres können Sie die Salden ganz oder teilweise übertragen. Sowie der Vorjahresabschluss fertig gestellt ist und Ihnen die endgültigen Salden vorliegen, können Sie über die Vortragsaktualisierung die restlichen Bestände bzw. die Differenzen übertragen. Hier lernen Sie die Vorgehensweise kennen.

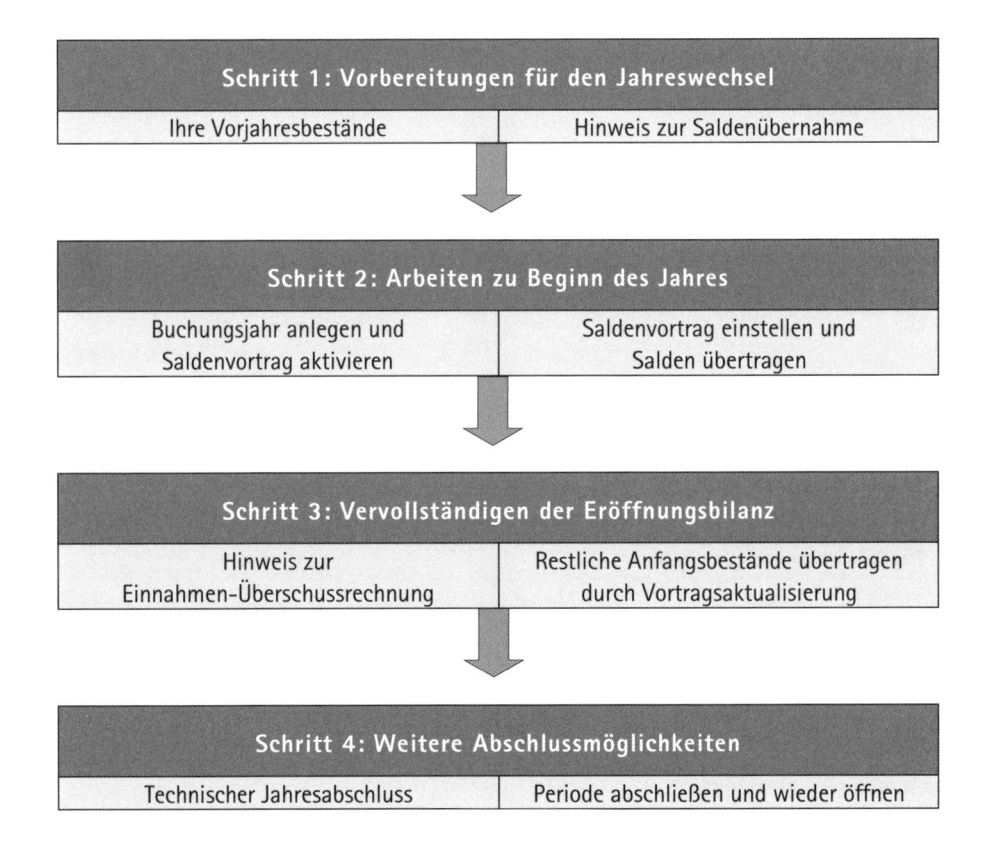

Schritt 1: Vorbereitungen für den Jahreswechsel	
Ihre Vorjahresbestände	Hinweis zur Saldenübernahme

Schritt 2: Arbeiten zu Beginn des Jahres	
Buchungsjahr anlegen und Saldenvortrag aktivieren	Saldenvortrag einstellen und Salden übertragen

Schritt 3: Vervollständigen der Eröffnungsbilanz	
Hinweis zur Einnahmen-Überschussrechnung	Restliche Anfangsbestände übertragen durch Vortragsaktualisierung

Schritt 4: Weitere Abschlussmöglichkeiten	
Technischer Jahresabschluss	Periode abschließen und wieder öffnen

Was ist beim Jahreswechsel zu beachten? (buchhalter pro und premium)

Voraussetzungen für die Übungen	
Hinweise zu den Eingaben	Um die Bilder in diesem Kapitel besser nachvollziehen zu können, sollten Sie die erste Übung im Schritt 1 in einem neu angelegten bzw. leeren Buchungsjahr erfassen. Gerne können Sie aber auch die erste Übung überspringen und mit Ihrem Datenbestand arbeiten.

→ Schritt 1: Vorbereitungen für den Jahreswechsel

Sie müssen beim Anlegen des neuen Buchungsjahres nicht sofort alle Salden übertragen. Denn über die Funktion Vortragsaktualisierung können Sie die Saldenübernahme jederzeit wiederholen. Hier erfahren Sie, welche Salden Sie sofort übernehmen sollten.

Ihre Vorjahresbestände

Um die Saldenübernahme zeigen zu können, müssen Buchungen im Vorjahr vorhanden sein. Diese werden mit der folgenden Übung erfasst. Haben Sie bereits gebucht, können Sie diese Übung überspringen und mit Ihren Daten arbeiten. In der Übung werden ganz bewusst sehr wenige Buchungen erfasst, so können Sie die folgenden Beispiele leichter nachvollziehen.

Übung

Buchen Sie in ein neu angelegtes Buchungsjahr bzw. einen Jahr das noch keine Buchungen enthält, bitte folgende Rechnungen unter **Buchen → Stapelbuchen**. Das Debitorenkonto „20200 Braun GmbH" sowie das Kreditorenkonto „72000 Bürohandel Maurer" wurde bereits angelegt, wenn nicht, müssen Sie das jetzt nachholen.

Buchen → Stapelbuchen						
Datum	Beleg	Text	Betrag	SOLL	HABEN	Steuer
30.12.	AR 278	RG 278	7.140,00	20200	8400	USt.19%
30.12.	AR 279	RG 279	4.760,00	20200	8400	USt.19%
30.12.	ER 1	RG 2401	5.950,00	3400	72000	VSt.19%
30.12.	ER 2	RG 2408	2.380,00	3400	72000	VSt.19%

Stimmen Ihre Eingaben, buchen Sie bitte den Stapel aus unter **Buchen → Stapel ausbuchen**. Erfassen Sie anschließend bitte folgenden Kontoauszug unter **Buchen → Einnahmen/Ausgaben in den Stapel** und wählen Sie in der Kontenauswahl das Konto **1200 Bank**. Klicken Sie bitte vor dem Buchen auf das Feld **OP**, wählen Sie die entspre-

Schritt 1: Vorbereitungen für den Jahreswechsel

chende Rechnung aus und gehen dann erst auf **Buchen**. So kann das Programm die Offene-Posten-Liste richtig führen.

Buchen → Einnahmen/Ausgaben in den Stapel → 1200 Bank						
Datum	Beleg	Buchungstext	Betrag	Konto	Kategorie	Steuer
30.12.	B 12	Geldeingang Kunde	7.140,00	20200	Einnahme + OP	keine
30.12.	B 12	Zahlung an Lieferanten	5.950,00	72000	Ausgabe + OP	keine
31.12.		Saldo	1.190,00	Kontrolle		

Stimmt der Kontostand im Programm mit diesem überein, können Sie den Stapel ebenfalls ausbuchen. Legen Sie nun ein weiteres neues Buchungsjahr an unter **Datei → Buchungsjahr neu.**

In der Summen- und Saldenliste sehen Sie die Vorjahresbestände. Bilanzierende sehen diese auch in der Aktiva und Passiva der Bilanz.

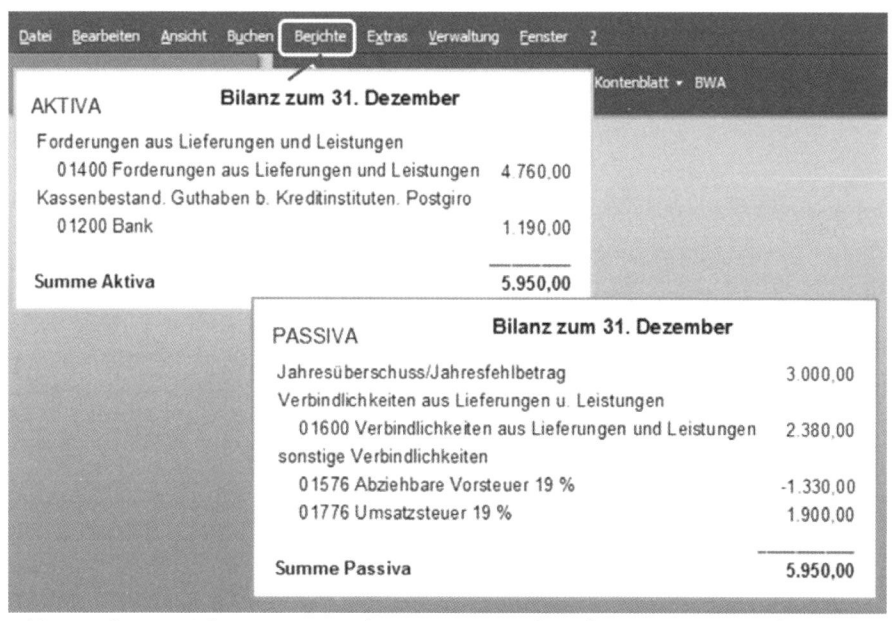

Abb. 1:   Ihre Vorjahreswerte ansehen: Unter **Berichte → Auswertungen → Bilanz** *sehen Sie die Werte zum 31.12.*

Hinweis zur Saldenübernahme

Solange der Vorjahresabschluss noch nicht fertig gestellt ist, handelt es sich bei den meisten Vorjahresbeständen noch um vorläufige Werte, die Sie nicht alle übernehmen müssen. Es würde genügen, zu Beginn des Jahres lediglich die Anfangsbestände der Kassen- und Bankkonten in das neue Buchungsjahr zu übertragen.
Die Offene-Posten-Liste steht Ihnen auch im neuen Buchungsjahr zur Verfügung, denn alle Rechnungen, die einmal in dem Programm erfasst wurden, stehen solange in der Liste, bis sie bezahlt wurden.

> **Beispiel**
> Zu Beginn des Jahres wurde nur der Anfangsbestand des Bankkontos übertragen, die Salden der Debitoren- und Kreditorenkonten noch nicht.

Sie sehen Ihren **aktuellen Kontostand** im Programm. Sie können wie gewohnt Ihre Kontoauszüge erfassen und danach den Saldo vergleichen. Auch der Geldeingang eines Kunden kann wie zuvor über den Klick auf das Feld **OP** gebucht werden. Auch ohne Anfangsbestände finden Sie hier die offenen Rechnungen.

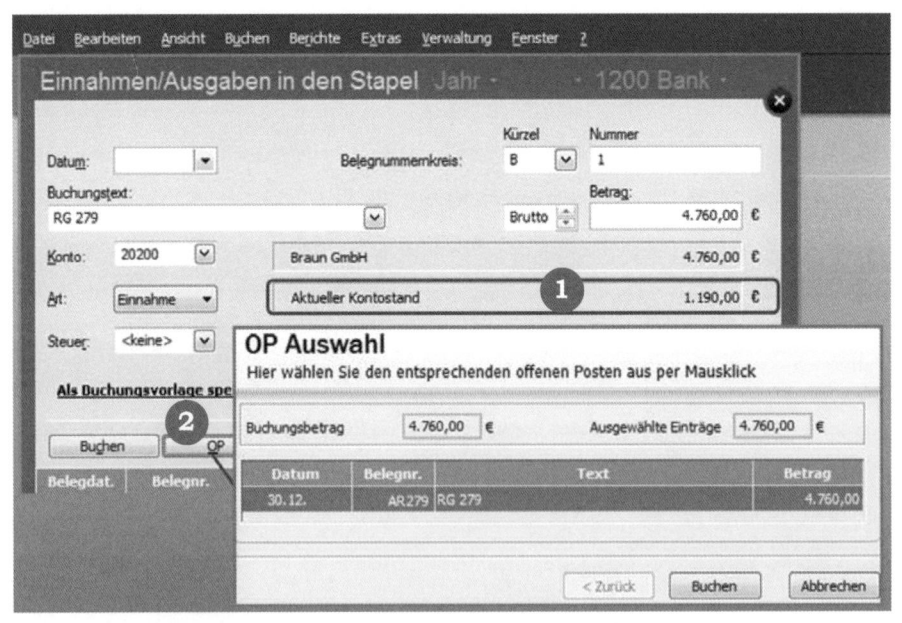

Abb. 2: ***Zunächst genügt der Anfangsbestand des Finanzkontos****: Ist dieser erfasst, sehen Sie Ihre aktuellen Kontostände im Programm* ❶ *. Die OP-Auswahl über das Feld OP* ❷ *ist auch ohne die Erfassung der Anfangssalden von Debitoren und Kreditoren vorhanden.*

Die Gewinn- und Verlustrechnung zeigt Ihnen das vorläufige Ergebnis, denn die Aufwands- und Ertragskonten beginnen sowieso in jedem Jahr bei Null.

Allerdings sind fast alle anderen Berichte ohne Anfangsbestände bzw. mit falschen Anfangsbeständen nicht brauchbar. Die Konten sowie die Summen- und Saldenliste zeigen nur die Zugänge und Abgänge, die im neuen Jahr gebucht wurden und nicht die Bestände. Das gilt auch für die Bilanz, ohne Anfangsbestände sehen Sie hier keine Endbestände.

→ Schritt 2: Arbeiten zu Beginn des Jahres

Beim ersten Jahreswechsel sind noch einige Einstellungen vorzunehmen, die schon im nächsten Jahr entfallen.

> **Tipp**
> Spätestens jetzt sollten Sie die Funktion **Arbeiten mit mehreren Stapeln** unter **Extras → Optionen → Buchungsmaske** einschalten. Dann werden die Saldenvorträge in einem eigenen Buchungsstapel erfasst und Sie können diesen getrennt von den laufenden Buchungen ausbuchen oder auch stehen lassen.

Buchungsjahr anlegen und Saldenvortrag aktivieren

Im Menü **Datei** unter **Neu → Buchungsjahr** oder **Jahreswechsel → Neues Buchungsjahr anlegen** können Sie das nächste Buchungsjahr eröffnen. Setzen Sie hier unbedingt den Haken bei **Salden aus dem Vorjahr übernehmen.**

> **Achtung**
> Möchten Sie die Salden erst später übernehmen, müssen Sie trotzdem den Haken setzen und erst nach dem Klick auf **OK** den Saldenvortrag abrechnen. Ansonsten können Sie die Salden nur noch über die Funktion **Technischer Jahresabschluss** übertragen, die später gezeigt wird.

Sowie das neue Buchungsjahr angelegt ist können Sie jederzeit über **Datei → Buchungsjahr wechseln** oder oben am Bildschirm über den Pfeil beim **Aktuellen Buchungsjahr** zwischen dem neuen und alten Jahr wechseln. Beide Jahre sind offen und in beiden Jahren kann gebucht werden.

Im neuen Buchungsjahr stehen Ihnen wie zuvor alle Stammdaten zur Verfügung. Der Kontenplan, die Buchungsvorlagen und die Belegnummernkreise, wobei die Nummernkreise wieder bei Null beginnen.

Saldenvortrag einstellen und Salden übertragen

Nun zurück zur Saldenübernahme, ist diese aktiviert, öffnen sich nach dem Klick auf **OK** weitere Fenster. Unter **Einstellungen** müssen Sie entscheiden, ob die Buchungen direkt in das **Journal** oder erst in den **Buchungsstapel** übertragen werden sollen. Weiterhin wählen Sie einen Belegnummernkreis aus.

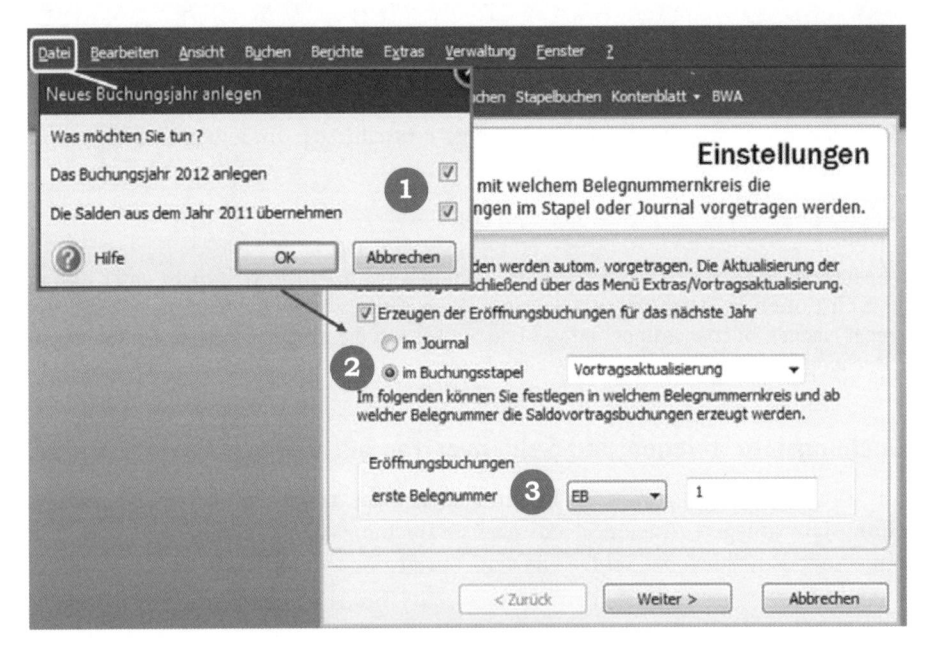

Abb. 3: ***Ein neues Buchungsjahr anlegen und Salden des Vorjahres übernehmen:***
Sind beide Haken gesetzt ❶ *, öffnet sich ein Fenster. Hier wählen Sie Buchungsstapel* ❷ *aus sowie den Belegnummernkreis „EB"* ❸ *für Eröffnungswerte.*

Die nächsten beiden Fenster öffnen sich nur beim ersten Saldenvortrag mit dem Programm. Dort hinterlegen Sie die **Saldenvortragskonten** sowie die **Gegenkonten** für die Buchungen der Anfangsbestände. Diese Konten werden nur einmal hinterlegt, jede weitere Saldenübernahme ist dann schneller erledigt.

Schritt 2: Arbeiten zu Beginn des Jahres

Ist das Programm auf Einnahmen-Überschussrechnung eingestellt, wird das Fenster „Gegenkonten" nicht erscheinen, da diese Werte nicht übertragen werden.

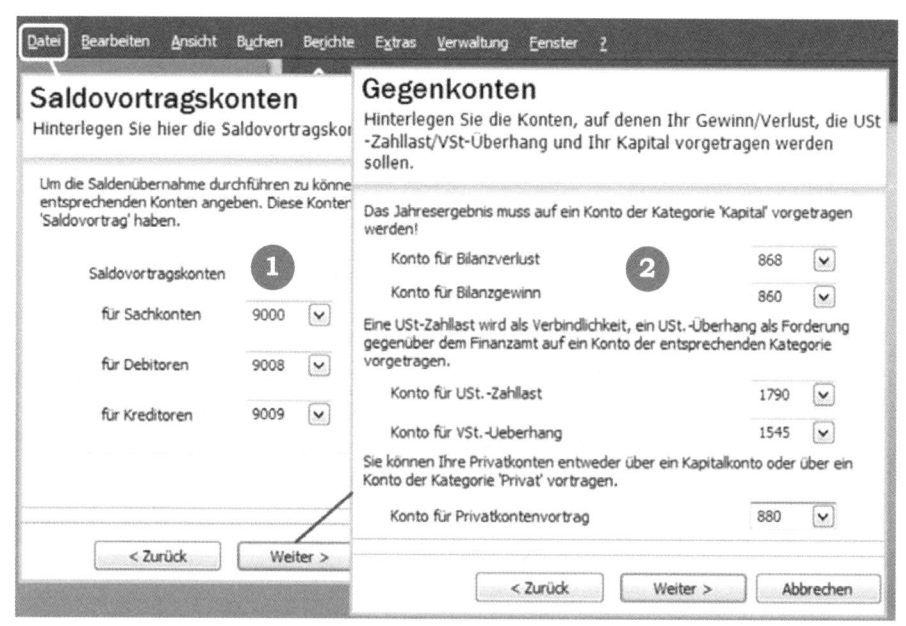

Abb. 4: **Einmalig die Konten für die Saldenvortragsbuchungen erfassen:** *Hier sehen Sie die Saldenvortragskonten* ❶ *und Vorschläge für Gegenkonten* ❷ *, die Sie zur Sicherheit mit Ihren eigenen Bilanzkonten noch einmal vergleichen sollten.*

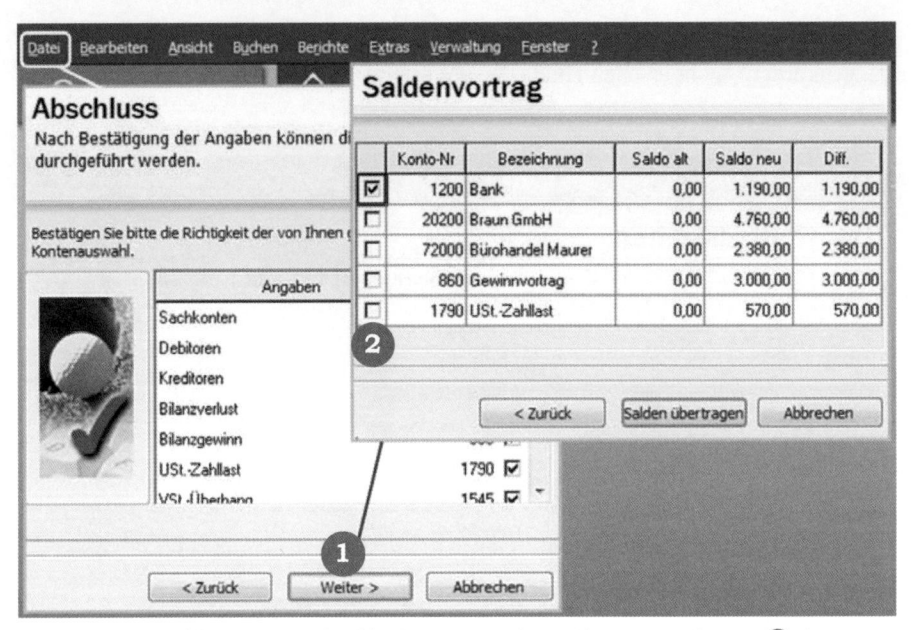

Abb. 5: **Den Saldenvortrag abschließen:** *Sowie die Saldenvortragskonten* ❶ *bestätigt sind, wird die Saldenvortragsliste gezeigt. Hier soll nur der Saldo der „Bank 1200"* ❷ *übernommen werden, deshalb alle anderen Häkchen entfernen.*

Übung

Gehen Sie in das Buchungsjahr, in dem Sie die Vorjahresbuchungen der letzten Übung eingegeben haben. Legen Sie hier unter **Datei → neu → Buchungsjahr** ein neues Buchungsjahr an und aktivieren Sie die Saldenübernahme aus dem Vorjahr. Erfassen Sie alle Angaben wie in den vorherigen Bildern gezeigt.

Lösung

Ist der Buchungsstapel ausgewählt, sind die Saldenvortragskonten sowie die Gegenkonten erfasst, müssen Sie die Konten noch einmal bestätigen. Mit einem Klick auf **Weiter** werden die Buchungen angezeigt.

Hier ist nur die Vortragsbuchung des Bankkontos „1200" ausgewählt, nach dem Klick auf **Salden übertragen** wird nur diese Buchung in den Buchungsstapel übertragen.

Zunächst setzt das Programm bei allen Buchungen ein Häkchen, d. h. bei allen Buchungen, die Sie erst später übernehmen möchten, müssen Sie das Häkchen entfernen. Alle Buchungen, die Sie jetzt nicht auswählen, können Sie jederzeit über die Funktion **Vortragsaktualisierung** übertragen.

→ Schritt 3: Vervollständigung der Eröffnungsbilanz

Ist der Vorjahresabschluss fertig, können Sie die restlichen Anfangsbestände bzw. die Differenzen übertragen. Allerdings nur, wenn die Jahresabschlussbuchungen im Programm gebucht wurden.

Hinweis zur Einnahmen-Überschussrechnung

Einnahmen-Überschussrechner müssen keine Anfangsbestände erfassen. Für die Arbeit mit dem Programm ist es jedoch empfehlenswert, die Anfangsbestände von Kasse und Bank zu übertragen. So können Sie nach Ihren Eingaben die Kontostände kontrollieren.

Ist in den Firmenstammdaten „Einnahmen-Überschussrechnung" hinterlegt, wird der technische Jahresabschluss bereits nach der Eingabe der Saldenvortragskonten beendet. Er ist schneller erledigt, da weder das Kapital noch Forderungen und Verbindlichkeiten übertragen werden.

Restliche Anfangsbestände übertragen durch Vortragsaktualisierung

Hat Ihr Steuerberater den Jahresabschluss in seinem Programm fertig gestellt, wurden von ihm Umbuchungen vorgenommen, die Ihr Programm nicht hat. Diese Umbuchungsliste können Sie manuell erfassen oder über die Funktion **DATEV-Import** im Menü **Datei** in das Abschlussjahr einspielen.

Jede Änderung an den Vorjahresbeständen erkennt das Programm. Diese Veränderungen können Sie über die Funktion **Vortragsaktualisierung** im Menü **Extras** übertragen. Hier ist die Vorgehensweise die gleiche wie bei der ersten Saldenübernahme, lediglich die Konteneingabe entfällt.

> **Übung**
>
> In der letzten Übung wurde nur der Anfangsbestand des Bankkontos „1200" gebucht. Nun sollen die restlichen Salden übertragen werden. Gehen Sie dazu zurück ins Vorjahr und starten Sie die **Vortragsaktualisierung** im Menü **Extras**.

> **Lösung**
>
> Durch die Vortragsaktualisierung können nun die restlichen Salden übertragen werden. In der Liste sind die restlichen Buchungen markiert. Am Banksaldo hat sich nichts geändert.

Was ist beim Jahreswechsel zu beachten? (buchhalter pro und premium)

In der unteren Liste sehen Sie den anderen Fall. Hier wurden zu Beginn des Jahres alle Salden vorgetragen und nun werden lediglich die Differenzen übertragen.

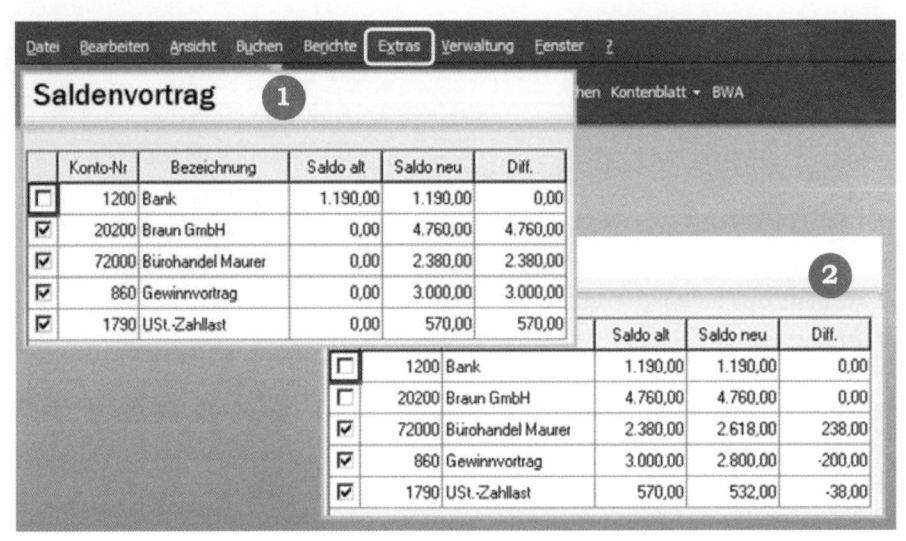

Abb. 6: **Die Vortragsaktualisierung:** *In der oberen Liste werden die restlichen Anfangsbestände* ❶ *übertragen. In der unteren Liste* ❷ *wurden bereits alle Salden vorgetragen und eine Eingangsrechnung über 238 Euro wurde im alten Jahr gebucht. In diesem Fall werden nur die Differenzen übertragen.*

→ Schritt 4: Weitere Abschlussmöglichkeiten

Sie können bestimmte Buchungszeiträume sperren, das heißt hier abschließen. In einem abgeschlossenen Monat oder Jahr können Sie nicht mehr buchen, Ihre Buchungen und Berichte können Sie jedoch weiterhin ansehen und drucken. Jede Sperrung kann aber auch wieder aufgehoben werden.

Technischer Jahresabschluss

Durch den technischen Jahresabschluss unter **Extras → Jahresabschluss** wird ein Buchungsjahr abgeschlossen und es werden alle Salden vorgetragen, die bisher nicht übernommen wurden. Haben Sie also versehentlich die Saldenübernahme ausgelas-

Schritt 4: Weitere Abschlussmöglichkeiten

sen, können Sie das über diesen Weg nachholen. Die Vorgehensweise ist wieder die gleiche wie bei der Saldenübernahme und der Vortragsaktualisierung.

Der technische Jahresabschluss kann jederzeit wieder aufgehoben werden. Dazu setzen Sie unter **Extras** → **Jahresabschluss** das Häkchen bei **Jahresabschluss rückgängig machen.** Mit einem Klick auf **OK** wird das alte Buchungsjahr wieder geöffnet.

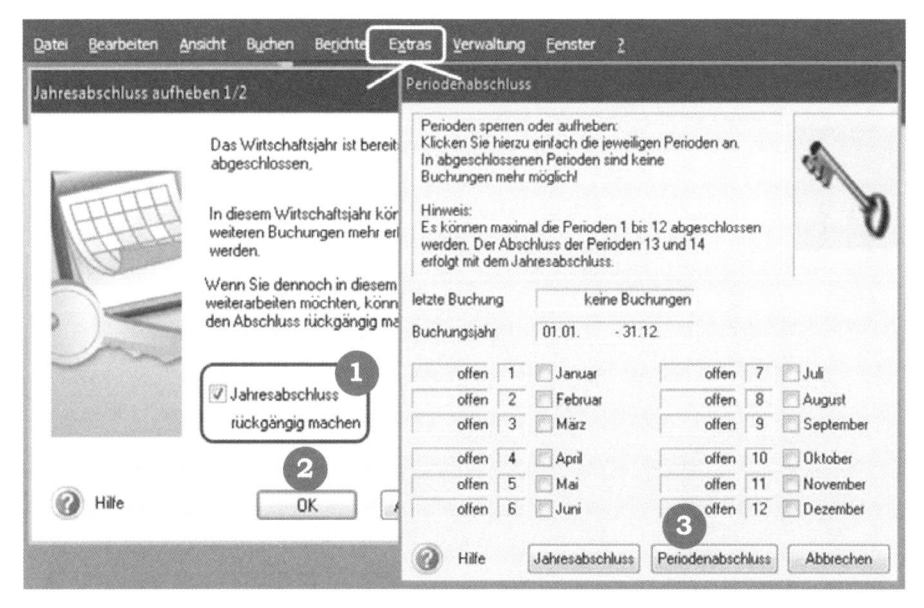

Abb. 7: **Jahres- und Periodenabschluss:** *Setzen Sie das Häkchen bei „Jahresabschluss rückgängig machen"* ❶ *und klicken auf OK* ❷ *wird das alte Buchungsjahr wieder geöffnet. Eine Periode abzuschließen geht genauso schnell, Sie wählen den Monat aus und klicken auf* **Periodenabschluss** ❸ *.*

Periode abschließen und wieder öffnen

Mit dem Periodenabschluss können Sie einzelne Perioden ganz unkompliziert sperren und wieder öffnen. Möchten Sie, dass zum Beispiel in der ersten Periode nicht mehr gebucht werden kann, dann können Sie auf diese Weise die Periode abschließen.

Dazu klicken Sie die entsprechende Periode an und anschließend auf Periodenabschluss. Möchten Sie das wieder rückgängig machen, nehmen Sie den Haken heraus und klicken erneut auf Periodenabschluss.

> **Weitere Informationen**
> Video unter www.lexware.de
> - Die Arbeiten zum Jahresabschluss
> - Vorbereitende Arbeiten zum Jahresabschluss

Ihre Buchungen mit der DATEV-Schnittstelle exportieren

Möchten Sie Ihre Buchführung vom Steuerberater kontrollieren lassen oder ist es schon so weit, dass er den Jahresabschluss machen soll? Dann braucht er Ihre Buchführungsdaten. Für diesen Fall bietet sich der Datenexport über die DATEV-Schnittstelle an. Hier werden die Daten in ein einheitliches Format gesetzt und können von allen Programmen, die ebenfalls mit einer DATEV-Schnittstelle ausgestattet sind, ganz einfach eingelesen werden. Hier erfahren Sie, worauf beim DATEV-Export zu achten ist.

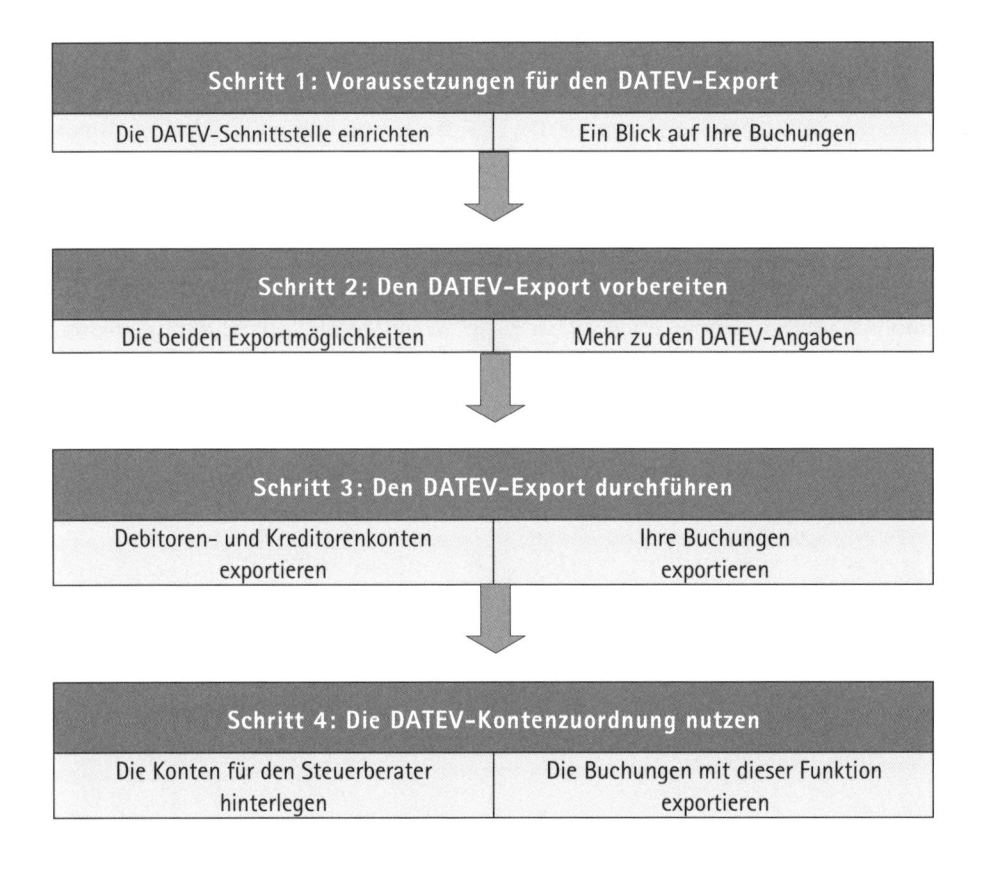

Schritt 1: Voraussetzungen für den DATEV-Export	
Die DATEV-Schnittstelle einrichten	Ein Blick auf Ihre Buchungen

Schritt 2: Den DATEV-Export vorbereiten	
Die beiden Exportmöglichkeiten	Mehr zu den DATEV-Angaben

Schritt 3: Den DATEV-Export durchführen	
Debitoren- und Kreditorenkonten exportieren	Ihre Buchungen exportieren

Schritt 4: Die DATEV-Kontenzuordnung nutzen	
Die Konten für den Steuerberater hinterlegen	Die Buchungen mit dieser Funktion exportieren

Voraussetzungen für die Übungen	
Hinweise zu den Eingaben	In diesen Übungen können Sie mit Ihrem Datenbestand arbeiten. Haben Sie allerdings in der Firma noch keine Buchungen erfasst, sollten Sie zuvor das Beispiel im Schritt 1 buchen.

→ Schritt 1: Voraussetzungen für den DATEV-Export

Haben Sie beim Anlegen der Firma die **DATEV-Schnittstelle** noch nicht aktiviert, müssen Sie das jetzt nachholen.

Die DATEV Schnittstelle einrichten

Im Menü **Bearbeiten** unter **Firma** bzw. **Firmenangaben** können Sie die DATEV-Schnittstelle aktivieren und einrichten. In den Versionen standard und pro setzen Sie unter **Einstellungen** den Haken bei **DATEV-Unterstützung** und in den Versionen pro und premium setzen Sie den Haken direkt im Register **DATEV**.

Hier können Sie die Angaben Ihres Steuerberaters hinterlegen. Fragen Sie ihn nach der **Beraternummer** sowie die **Mandantennummer**, die er in seinem Programm für Ihr Unternehmen nutzt. Außerdem ist zu klären, ob er in seiner Software mit **Kontonummernerweiterung** arbeitet oder nicht. Wenn ja, müssen Sie diese Funktion hier aktivieren, somit können die Daten später im passenden Format übertragen werden.

Schritt 1: Voraussetzungen für den DATEV-Export

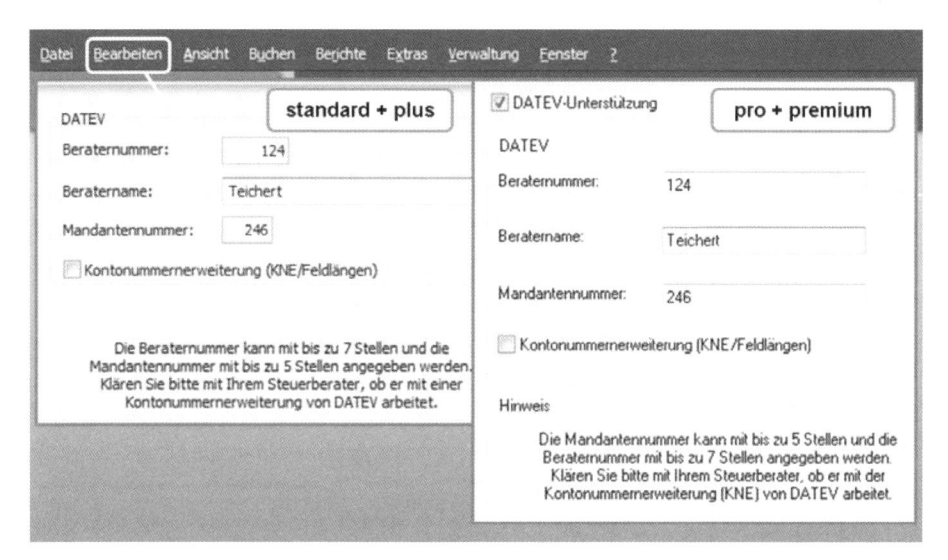

Abb. 1: **Die DATEV-Unterstützung aktivieren:** Im Menü **Bearbeiten** können Sie diese Funktion aktivieren. Erfassen Sie hier bereits die Angaben des Steuerberaters, werden diese Daten später beim Export automatisch eingetragen.

Nach dem **Speichern** Ihrer Eingaben finden Sie die DATEV-Funktion im Menü **Datei**. In den Versionen standard und plus unter **Export → DATEV** und in den Versionen pro und premium unter **DATEV-Schnittstelle → Export.**

Achtung
Sollte der Menüpunkt trotzdem fehlen, müssen Sie diesen unter **Verwaltung → Konfigurationsassistent → Einstellungen → Datei** einschalten.

Ein Blick auf Ihre Buchungen

In den folgenden Schritten zeigen wir Ihnen den DATEV-Export anhand ganz weniger Buchungen. So können Sie den Ablauf besser nachvollziehen. Für die Übungen können Sie aber auch mit Ihren Daten arbeiten.

Beispiel
Die Personenkonten „20200 Braun GmbH" und „72000 Bürohandel Maurer" sowie das individuelle Erlöskonto „8402 Erlöse Beratung 19% USt." wurden angelegt. Auf diesen Konten wurden folgende Rechnungen gebucht und anschließend in das Journal übertragen.

Ihre Buchungen mit der DATEV-Schnittstelle exportieren

Buchen → Stapelbuchen						
Datum	Beleg	Text	Betrag	SOLL	HABEN	Steuer
30.12.	AR 278	RG 278	7.140,00	20200	8400	USt.19%
30.12.	AR 279	RG 279	4.760,00	20200	8402	USt.19%
30.12.	ER 1	RG 2401	5.950,00	3400	72000	VSt.19%
30.12.	ER 2	RG 2408	2.380,00	3400	72000	VSt.19%

Möchten Sie diese Daten für Ihren Steuerberater exportieren, sollten Sie ihm parallel zum Datenexport auch eine aktuelle Summen- und Saldenliste geben. Hier handelt es sich um eine Übersicht über alle bebuchten Konten. Diese Liste können Sie unter **Berichte → Summen- und Salden** drucken oder als pdf exportieren.

Nachdem der Steuerberater Ihre Daten in sein Programm eingespielt hat, kann er sich ebenfalls eine Summen- und Saldenliste drucken und die beiden Listen miteinander vergleichen. Erst dann kann er sicher sein, dass er alle Daten erhalten hat.

Tipp
Sie sollten beim Buchen in den Belegnummernfeldern nur Zahlen, Buchstaben und folgende Sonderzeichen verwenden: $ & % * + - /. Andere Zeichen werden beim DATEV-Export vom Programm korrigiert.

→ Schritt 2: Den DATEV-Export vorbereiten

Starten Sie den DATEV-Export im Menü **Datei** unter **Export → DATEV** bzw. **DATEV-Schnittstelle →Export**, leitet Sie das Programm durch verschiedene Eingabefenster, die Sie ausfüllen müssen.

Die beiden Exportmöglichkeiten

Gleich im ersten Fenster wählen Sie entweder den Export von **Buchungsdaten** oder den von **Kontendaten**, d.h. in einem Durchgang können Sie nur Buchungen exportieren und in einem anderen die Kontendaten.

Schritt 2: Den DATEV-Export vorbereiten

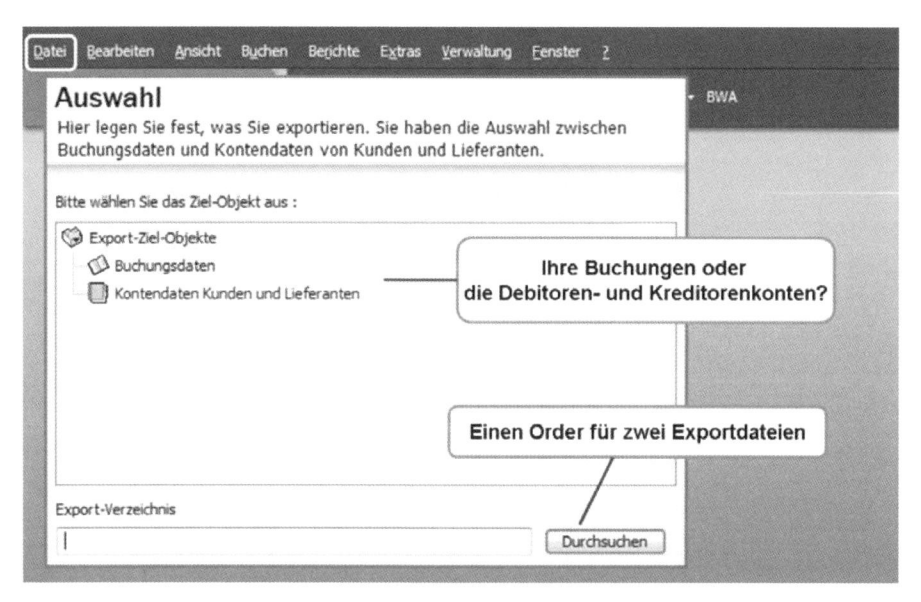

Abb. 2: **Exportmöglichkeiten:** *Sie können Ihre Buchungen oder Kontendaten exportieren. In diesem Fenster legen Sie auch den Speicherort für die Exportdateien fest.*

Wohin Sie die Exportdateien speichern möchten, legen Sie hier über die Schaltfläche **Durchsuchen** fest.

Mehr zu den DATEV-Angaben

Im nächsten Fenster finden Sie die Angaben des Steuerberaters, die Sie bereits in den Firmenstammdaten hinterlegt haben. Weiterhin tragen Sie im Feld **DFV** Ihr Namenskürzel ein, zum Beispiel „AM" für Anja Mick. Ein **Passwort** hinterlegen Sie nur, wenn Sie das mit Ihrem Steuerberater vereinbart haben.

In den Feldern **Datenträgernummer** und **Abrechnungsnummer** können Sie beim ersten Export eine 1 eintragen und beim nächsten eine 2, es sei denn Ihr Steuerberater gibt bestimmte Nummern vor. Im Zweifel sollten Sie sich hier mit ihm abstimmen.

Abb. 3: ***DATEV-Angaben für den Export:*** *Beim Export von Buchungen hinterlegen Sie im Feld „Abrechnungsnummer" zunächst eine „1"* ❶ *und beim nächsten Export eine „2". Nur beim Export von Kontendaten hinterlegen Sie immer die „189"* ❷.

Die DATEV-Kontenzuordnung, die im letzten Schritt gezeigt wird, können Sie hier aktivieren.

Den DATEV-Export können Sie jederzeit wiederholen. Kann Ihr Steuerberater die Daten also nicht einlesen, können Sie den Vorgang noch einmal durchführen. Vielleicht nutzt er ja doch die Kontonummernerweiterung oder ein Passwort.

> **Tipp**
>
> In jedem dieser Eingabefenster finden Sie ausführliche Hilfen, die Ihnen sicher die passenden Antworten geben.

→ Schritt 3: Den DATEV-Export durchführen

Beim DATEV-Export werden zwei Dateien erstellt, und beide benötigt Ihr Steuerberater zum Einlesen der Daten. Die Exportdateien haben folgende Bezeichnung: DE001 und DV01. Ist die Funktion Kontonummernerweiterung aktiviert, heißen die Dateien ED0001 und EV01.

> **Achtung**
> Wiederholen Sie den Export, werden die vorherigen Dateien überschrieben. Aus diesem Grund sollten Sie auf Ihrem Computer eigene Ordner anlegen. Die Ordner könnten zum Beispiel „ExportKonten", „ExportBuchungenJanuar" oder „BuchungenFebruar" heißen. Wenn Sie die Exportdateien in die entsprechenden Ordner speichern, bleiben alle Dateien erhalten und werden nicht überschrieben.

Verschicken Sie die Exportdateien per E-Mail, kann es passieren, dass an die Dateinamen eine Endung, zum Beispiel „DAT", gesetzt wird. Diese Endung muss vor dem Import wieder entfernt werden.

Debitoren- und Kreditorenkonten exportieren

Arbeiten Sie mit Debitoren- und Kreditorenkonten, können Sie die Kontendaten exportieren, die noch nicht in der Software Ihres Steuerberaters vorhanden sind.

Ist die Auswahl **Kontendaten Kunden und Lieferanten** gewählt und das **Export-Verzeichnis** angegeben, können Sie das nächste Fenster öffnen.

Abb. 4: **Export von Kontendaten:** *Haben Sie festgelegt, welche Kontonummern* ❶ *Sie exportieren möchten, sehen Sie im nächsten Fenster die ausgewählten Konten* ❷ *. Möchten Sie ein Konto nicht exportieren, entfernen Sie einfach den „Haken" in der Liste.*

Hier wählen Sie nur noch unten den Kontenbereich aus und schon sehen Sie im nächsten Fenster die **Export-Daten.** Möchten Sie bestimmte Konten für den Export ausschließen, müssen Sie den Haken entfernen. Nach dem Klick auf **Fertig stellen** werden die zwei Exportdateien erzeugt und in das angegebene Verzeichnis gespeichert. Zum Abschluss können Sie das Export-Protokoll drucken.

Ihr Steuerberater kann Ihre Buchungen nur dann reibungslos einlesen, wenn er die gleichen Konten verwendet wie Sie. Sowie er diese Personenkonten importiert hat, sind die Voraussetzungen für ein leichtes Einspielen der Buchungen geschaffen.

Tipp
Legen Sie häufig neue Personenkonten an, müssen Sie diesen Vorgang oft wiederholen. Über die Funktion DATEV-Kontenzuordnung, die im letzten Schritt gezeigt wird, können Sie für den Export einheitliche Kontonummern hinterlegen, vielleicht ist das eine Alternative.

Schritt 3: Den DATEV-Export durchführen

Ihre Buchungen exportieren

Möchten Sie Ihre Buchungen exportieren, wählen Sie im ersten Fenster den Export von **Buchungsdaten** und geben über den Klick auf **Durchsuchen** den gewünschten Speicherort an.

Sind die DATEV-Angaben erfasst, legen Sie fest, ob Sie die Buchungen eines Monats, eines Quartals oder des ganzen Wirtschaftsjahres exportieren möchten und klicken auf **Fertig stellen**. Wieder werden die beiden Exportdateien erzeugt, gespeichert und das Export-Protokoll zum Druck angeboten.

Übung

Starten Sie bitte den DATEV-Export von **Buchungsdaten**, geben Sie einen Speicherort an und erfassen Sie die DATEV-Angaben wie in den vorherigen Bildern gezeigt. Wählen Sie den Zeitraum von 01.01. bis zum 31.12. aus und schließen Sie den Export ab.

Lösung

Nach dem Klick auf **Fertig stellen** werden die Exportdateien erstellt, die Sie nun an den Steuerberater übergeben könnten.

Abb. 5: ***Zeitraum auswählen beim Export von Buchungsdaten:*** *In den Versionen standard und plus werden nur Daten exportiert, die im Journal stehen. D.h. alle Stapel müssen ausgebucht sein. In den Versionen pro und premium können Sie auch Stapel* ❶ *exportieren.*

> **Tipp**
> Denken Sie daran, Ihrem Steuerberater immer beide Exportdateien zu übergeben und dazu zur Kontrolle die Summen- und Saldenliste. Haben Sie zum Beispiel individuelle Konten angelegt, sieht er diese in der Liste.

→ Schritt 4: Die DATEV-Kontenzuordnung nutzen

Grundsätzlich sollte Ihr Steuerberater in seiner Software die gleichen Konten verwenden wie Sie in Ihrer. Jedes Konto, das Sie individuell anlegen, muss er in seinem Programm ebenfalls anlegen. Meist geschieht das parallel zum Datenimport. Sein Programm unterbricht den Importvorgang, fordert zum Anlegen der neuen Konten auf, und lässt erst danach den Import zu.

Um diesen Vorgang abzukürzen, bietet sich die Funktion DATEV-Kontenzuordnung an. Hier können Sie für den Export andere Konten hinterlegen, am besten die Ihres Steuerberaters.

Die Konten für den Steuerberater hinterlegen

Unter **Verwaltung → DATEV-Kontenzuordnung** sehen Sie alle Konten, sortiert nach Sachkonten, Debitoren und Kreditoren. Öffnen Sie zum Beispiel die Sachkonten, sehen Sie in der linken Spalte die Kontonummern, die im Lexware buchhalter angelegt wurden und auf der rechten Seite die Nummern, die beim Export übertragen werden. Bei allen Standardkonten stehen links und rechts die gleichen Nummern. Nur bei individuell angelegten Konten ist das rechte Feld noch leer.

Möchten Sie die DATEV-Kontenzuordnung beim Export aktivieren, müssen Sie diese leeren Felder ausfüllen.

> **Beispiel**
> Ihre Buchungen wurden auf individuelle Konten gebucht. D.h., bei dem individuell angelegten Erlöskonto „8402 Erlöse Beratung 19% USt." ist das rechte Feld noch leer. Das gilt auch für die beiden Personenkonten.

Erfassen Sie nun beim Konto „8402" in der rechten Spalte das Konto „8400" und beim Kreditorenkonto „72000" die „70000", werden diese Nummern exportiert.

Schritt 4: Die DATEV-Kontenzuordnung nutzen

Die Buchungen mit dieser Funktion exportieren

Hier sehen Sie die **Export-Daten** zweimal. Im linken Bild wurde auf die Kontenzuordnung verzichtet, es wurden Ihre Kontonummern exportiert. Im rechten Bild dagegen wurde die Funktion beim Export aktiviert. In diesem Fall wurden die hinterlegten DATEV-Konten übernommen.

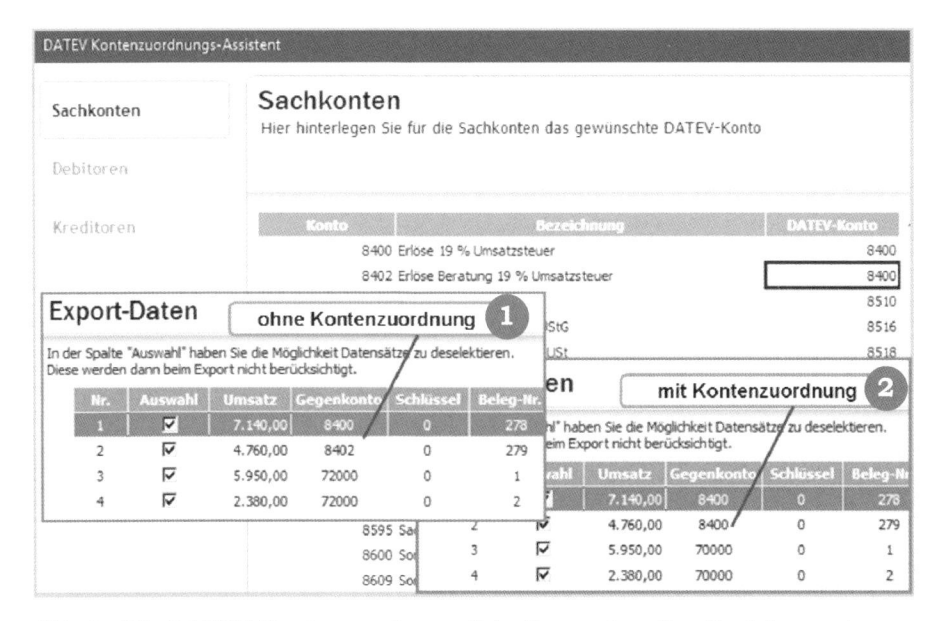

*Abb. 6: **Die DATEV-Kontenzuordnung:** Beim Export ohne diese Funktion werden Ihre Kontonummern ❶ exportiert. Aktivieren Sie diese Funktion und erfassen Sie beim Konto „8402" in der rechten Spalte das Konto „8400" ❷, werden die hinterlegten DATEV-Konten exportiert.*

So können Sie in Ihrer Buchführung individuelle Konten verwenden ohne dass Ihr Steuerberater damit Arbeit hat. Vielleicht möchten Sie auch in Ihren endgültigen Auswertungen für das Finanzamt nicht all zu viele individuelle Konten zeigen.

Hinweis zu den DATEV-Steuerschlüsseln

In der DATEV-Software wird mit Steuerschlüsseln gebucht und diese sind bei den Lexware-Steuersätzen im Menü **Verwaltung → Steuersätze** hinterlegt.

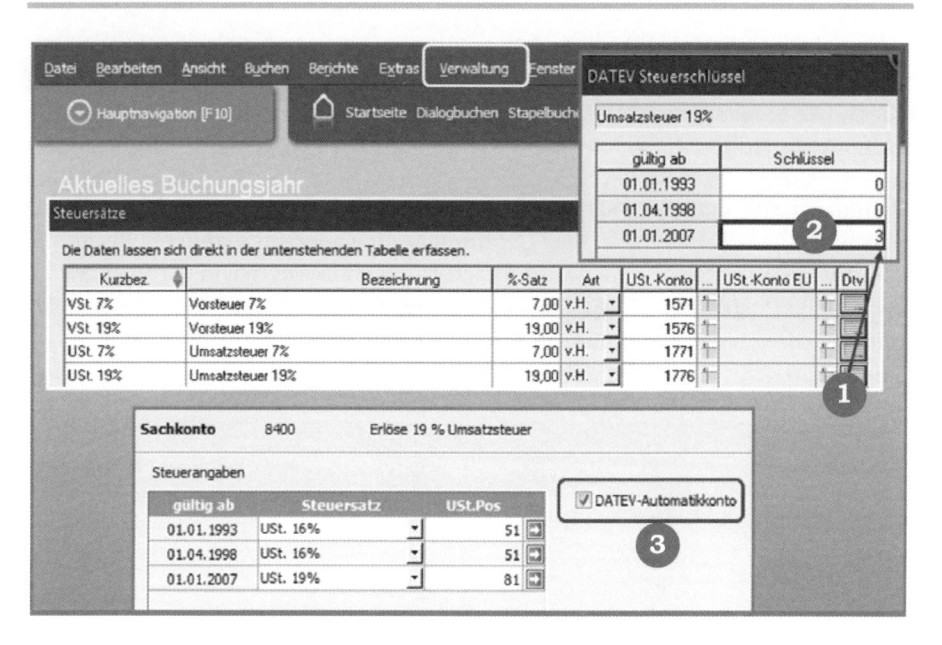

*Abb. 7: **DATEV-Steuerschlüssel:** Klicken Sie bei den Steuersätzen in die Spalte „Dtv" ❶, sehen Sie hier, dass beim Steuersatz „USt.19%" eine „3" ❷ hinterlegt ist. Die entsprechenden Steuerschlüssel werden beim DATEV-Export übertragen, außer bei Automatikkonten ❸.*

Automatikkonten sind zum Beispiel die Konten „8400 Erlöse 19% USt." oder „3400 Wareneinkauf 19% Vorsteuer". Bei diesen Konten sind die Steuerschlüssel bereits hinterlegt und müssen nicht übertragen werden. Diese Konten sind in der Kontenverwaltung mit einem Haken versehen.

> **Tipp**
>
> Legen Sie neue Konten an und sind Sie sich nicht sicher, ob es sich dabei um ein DATEV-Automatikkonto handelt, sollten Sie den Haken weglassen. In diesem Fall wird Lexware den Steuerschlüssel übertragen, denn der Steuerberater kann einen zuviel übertragenen Steuerschlüssel jederzeit löschen. Vielleicht teilt er Ihnen auch mit, welche Konten Sie in Zukunft als „Automatikkonto" kennzeichnen sollten.

Das Mahnwesen nutzen

Führen Sie mit dem Lexware buchhalter eine Offene-Posten-Verwaltung? D. h., haben Sie für Ihre Kunden eigene Debitorenkonten angelegt und deren Rechnungen wie auch die Geldeingänge auf diesen Konten erfasst? Wenn ja, sehen Sie in der Offene-Posten-Liste nicht nur die offenen Rechnungen, sondern Sie können mit der Software auch Mahnungen erstellen. Sowie die Stammdaten einmal erfasst sind, erhalten Sie die Zahlungserinnerungen auf Knopfdruck.

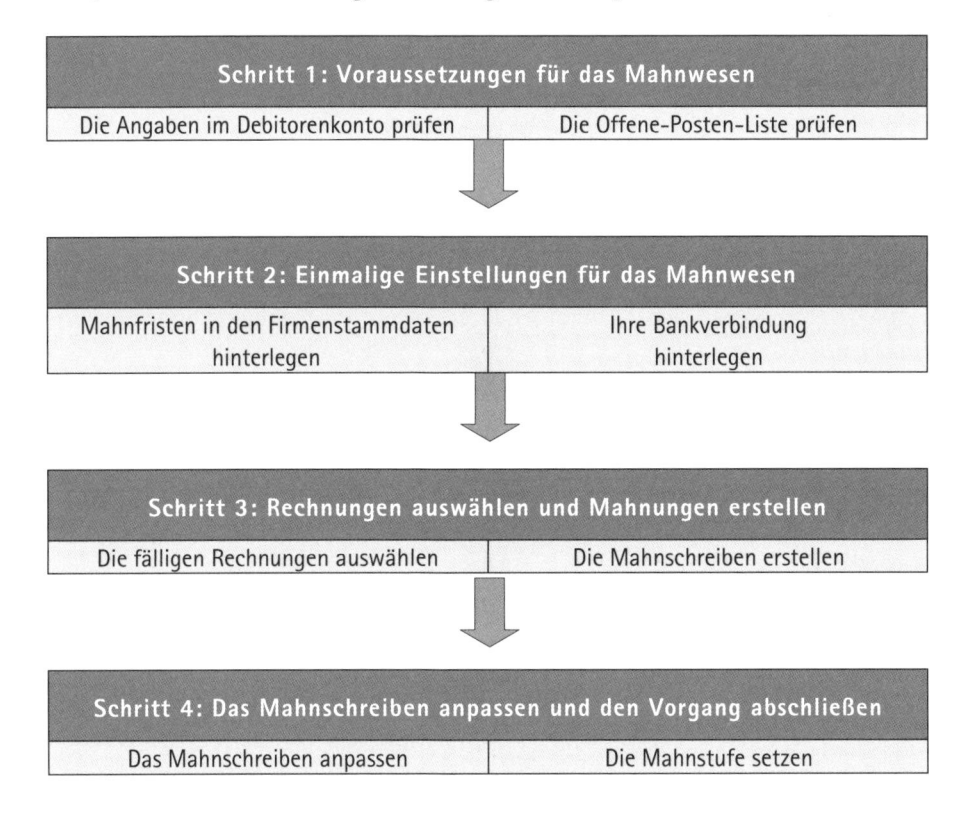

Schritt 1: Voraussetzungen für das Mahnwesen	
Die Angaben im Debitorenkonto prüfen	Die Offene-Posten-Liste prüfen

⬇

Schritt 2: Einmalige Einstellungen für das Mahnwesen	
Mahnfristen in den Firmenstammdaten hinterlegen	Ihre Bankverbindung hinterlegen

⬇

Schritt 3: Rechnungen auswählen und Mahnungen erstellen	
Die fälligen Rechnungen auswählen	Die Mahnschreiben erstellen

⬇

Schritt 4: Das Mahnschreiben anpassen und den Vorgang abschließen	
Das Mahnschreiben anpassen	Die Mahnstufe setzen

Voraussetzungen für die Übungen	
Hinweise zu den Eingaben	In der ersten Übung werden die Daten von zwei Debitorenkonten ergänzt. Wenn diese Konten noch nicht angelegt sind, können Sie das in der Übung nachholen. Direkt nach der ersten Übung zeigt ein Beispiel zwei Rechnungen, die gebucht sein sollten.

→ Schritt 1: Voraussetzungen für das Mahnwesen

Das Modul Mahnwesen holt sich die Adresse der Mahnung sowie das Fälligkeitsdatum aus den Angaben des Debitorenkontos und die offenen Rechnungen aus der Offenen-Posten-Liste. Diese Daten sollten also stimmen.

Die Angaben im Debitorenkonto prüfen

Für die Buchführung bzw. das Führen einer Offenen-Posten-Verwaltung genügt es, beim Debitorenkonto den Namen des Kunden und die Zahlungskonditionen zu hinterlegen. Für das Mahnwesen ist die Adresse erforderlich.

> **Tipp**
> Möchten Sie prüfen, bei welchem Kunden die Adresse noch fehlt, können Sie sich unter **Datei → Drucken → Kontenplan** eine Adressenliste der Personenkonten ansehen.

Falls eine Adresse fehlt, öffnen Sie den Kontenplan, suchen dort das entsprechende Debitorenkonto aus und markieren es. Nun wählen Sie über die rechte Maustaste die Funktion **Konto bearbeiten** und öffnen links das Register **Anschrift**. In den Versionen standard und plus geben Sie hier direkt die Adresse ein.

Da Sie in den Versionen pro und premium mehrere Adressen hinterlegen können, erscheint nach dem Klick auf **Anschrift** zunächst eine Tabelle. Hier können Sie über die Funktion **Neu** eine neue Adresse anlegen oder über **Bearbeiten** eine Vorhandene ergänzen oder ändern.

> **Übung**
> Folgende Debitorenkonten wurden bereits angelegt. Wenn nicht, können Sie das jetzt nachholen. Bisher wurden lediglich die Daten für die Buchführung hinterlegt, die Adressen noch nicht. Bitte erfassen Sie bei folgenden Debitorenkonten die Adresse im Kontenplan über die Funktion **Konto bearbeiten**.

Schritt 1: Voraussetzungen für das Mahnwesen

	Kunde Anders	Kunde Braun
Kontonummer	10100	20200
Kontoname	Anders, Sabine	Braun GmbH
Kundennummer	10100	20200
Name	Anders	
Vorname	Sabine	
Firma		Braun GmbH
Anrede	Frau	Firma
Adresse	Schönstr. 34 79098 Freiburg	Aussichtsweg 20 79098 Freiburg
Bank	bitte weglassen	bitte weglassen
Zahlungskonditionen	14 Tage 2%, 30 RG	14 Tage 2%, 30 RG

Sind alle Angaben in den Debitorenkonten erfasst, können Sie unter **Datei** → **Drucken** → **Kontenplan** die „Adressliste Personenkonten" drucken. In dieser Liste sehen Sie auf einen Blick, ob Ihre Eingaben stimmen.

Abb. 1: ***Adressen in den Debitorenkonten überprüfen****: Unter **Datei** → **Drucken** → **Kontenplan** können Sie sich die „Adressliste Personenkonten" drucken ❶.*
In dieser Liste sehen Sie auf einen Blick, ob Ihre Eingaben stimmen.

Die Offene-Posten-Liste prüfen

Sowie eine Kundenrechnung auf ein Debitorenkonto gebucht wurde, steht sie in der Offenen-Posten-Liste, die hier **OP-Debitoren** heißt. Eine Rechnung bleibt dort so lange stehen, bis der Geldeingang richtig gebucht wurde. Mit richtig ist gemeint, dass Sie beim Geldeingang das entsprechende Debitorenkonto verwenden, vor dem Buchen auf das Feld **OP** klicken und erst, wenn die Rechnung ausgewählt ist, auf **Buchen** klicken.

> **Beispiel**
>
> Folgende Rechnungen wurden erfasst und stehen noch in der OP-Liste des Programms, **OP-Debitoren**. Wenn nicht, können Sie das jetzt nachholen.

Kundenrechnungen Buchen → Stapelbuchen						
Datum	Beleg	Text	Betrag	SOLL	HABEN	Steuer
09.03.	AR 127	RG 127	7.140,00	10100	8400	USt.19%
10.03.	AR 128	RG 128	2.380,00	20200	8400	USt.19%

Unter **Ansicht → OP-Debitoren** können Sie die OP-Liste öffnen. Stehen in der Liste Minusbeträge, darf es sich nur um Gutschriften handeln, nicht um Zahlungen.

Hier sehen Sie zwei OP-Listen, beide weisen den gleichen Forderungsstand von 9.520 Euro aus. In der oberen Liste sehen Sie was passiert, wenn Sie beim Erfassen des Geldeingangs gleich auf **Buchen** klicken, statt vorher auf das Feld **OP**. Die Rechnung der Firma Braun GmbH vom 3.03. sowie deren Zahlung vom 11.05. stehen noch in der OP-Liste, obwohl diese beiden Positionen ausgeglichen sind. Das muss bereinigt werden.

In diesem Fall müssen Sie beide Positionen zurücksetzen, über die Funktion **OP-Rücksetzen**. Danach sehen Sie, wie in der unteren Liste gezeigt, nur noch die tatsächlich offenen Rechnungen, denn nur für diese soll eine Mahnung erstellt werden. Die Buchungen auf dem Debitorenkonto bleiben beim Rücksetzen der Offenen-Posten unberührt.

Schritt 2: Einmalige Einstellungen für das Mahnwesen

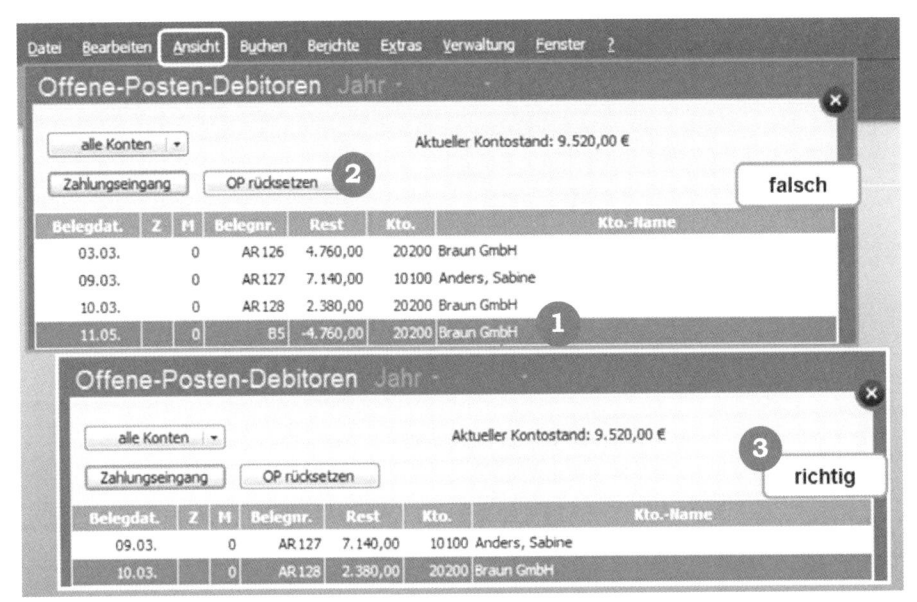

*Abb. 2: **Die OP-Liste überprüfen und bereinigen:** Ist die Rechnung über 4.740 Euro sowie deren Zahlung in der OP Liste* ❶ *zu sehen, müssen Sie beide Positionen aus der Liste löschen über die Funktion **OP rücksetzen*** ❷ *. Erst dann stimmt die OP-Liste* ❸ *.*

→ Schritt 2: Einmalige Einstellungen für das Mahnwesen

In den Firmenstammdaten können Sie das Mahnwesen einrichten. Sind die Einstellungen erst einmal erfasst, geht das Mahnen ganz schnell.

Mahnfristen in den Firmenstammdaten hinterlegen

Im Menü **Bearbeiten** unter **Firma** bzw. **Firmenangaben → Mahnwesen** können Sie verschiedene Einstellungen hinterlegen und jederzeit wieder anpassen. Möchten Sie zum Beispiel bei kleineren Rechnungen auf Mahnungen verzichten, erfassen Sie unter **Beträge mahnen ab** den Mindestbetrag. Unter **Zinsen auf fälligen Betrag** können Sie einen Zinssatz für Verzugszinsen eintragen.

Tipp
Für Verbraucher darf der Zinssatz 5 % über dem Basiszinssatz liegen; für den unternehmerischen Geschäftsverkehr sind 8 % erlaubt. Den Basiszinssatz finden Sie im Internet über die Schaltflächen **www.bundesbank.de** bzw. **Zinssätze**.

Das Mahnwesen nutzen

Automatisch wird die Eurozinsrechnung angewendet (Ansatz der tatsächlichen Tage des Monats). Sie können aber auch die deutsche Zinsrechnung aktivieren (Ein Monat wird mit 30 Tagen angesetzt). Sind bei verspäteter Zahlung Mahngebühren vereinbart, können Sie das pro Mahnstufe eintragen.

Beim Debitorenkonto ist das Zahlungsziel hinterlegt und sowie dieses abgelaufen ist, sollte gemahnt werden. Hier tragen Sie ein, nach wie vielen Tagen, bezogen auf das Fälligkeitsdatum, die verschiedenen Zahlungserinnerungen im Modul Mahnwesen angeboten werden sollen.

> **Beispiel**
> Die Rechnung vom 09.03. ist am 08.04. fällig. Unter Mahnfrist ist in der Stufe 1 „10 Tage" und in der Stufe 2 „20 Tage" eingetragen. Wann wird die erste Mahnung im Modul Mahnwesen zum Druck angeboten? Und wann die zweite Mahnung?

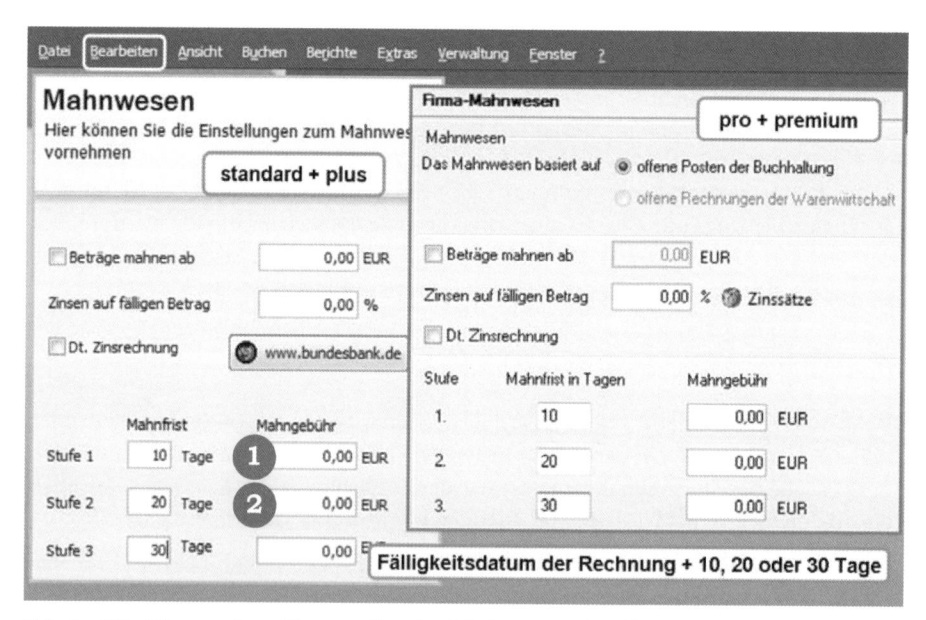

Abb. 3: ***Die Firmeneinstellungen für das Mahnwesen in allen Versionen:*** *Die erste Mahnung könnten Sie am 18.04. erstellen, 10 Tage* ❶ *nach Fälligkeit und die zweite Mahnung am 28.04., 20 Tage* ❷ *nach Fälligkeit, natürlich nur wenn die erste Mahnung überhaupt erstellt wurde.*

Ihre Bankverbindung hinterlegen

Möchten Sie Ihre Bankverbindung auf das Mahnschreiben drucken lassen, muss diese im Programm hinterlegt werden.

In den Versionen standard und plus wählen Sie im Kontenplan das entsprechende Bankkonto aus, zum Beispiel das Konto „1200 Bank". Über die Funktion **Konto bearbeiten** öffnen Sie das Konto und aktivieren hier das Feld **Hausbank**. Anschließend hinterlegen Sie im Register **Bank** Ihre Bankverbindung.

In den Versionen pro und premium öffnen Sie im Menü **Datei** unter **Anwendung** die **Zentrale**. Dort können Sie unter **Verwaltung → Bankangaben** Ihre Bankverbindungen hinterlegen. Die ersten beiden Bankverbindungen werden dann im Mahnschreiben stehen.

→ Schritt 3: Rechnungen auswählen und Mahnungen erstellen

Unter **Extras → Mahnwesen** können Sie in einem Durchgang mehrere Mahnungen erstellen, allerdings nur Gleichartige. D.h. Sie erstellen gleichzeitig für mehrere Kunden die erste Mahnung oder für mehrere Kunden die Dritte. Erst wenn ein Durchgang abgeschlossen ist, kann der nächste gestartet werden.

Die fälligen Rechnungen auswählen

Wählen Sie hier **1. Mahnung** aus, wird das Programm nur fällige Rechnungen anbieten, die zuvor noch nicht gemahnt wurden und bei der Wahl **3. Mahnung** nur Rechnungen, die bereits zweimal gemahnt wurden. Anschließend tragen Sie unter **Stichtag** ein, bis zu welchem Tag die Rechnungen berücksichtigt werden sollen.

> **Beispiel**
> Geben Sie hier den Stichtag 20.04. ein und haben Sie in den Firmenstammdaten für die erste Mahnung eine Frist von 10 Tagen hinterlegt, werden alle Rechnungen gezeigt, die seit 10 Tagen bzw. seit dem 10.04. fällig sind.

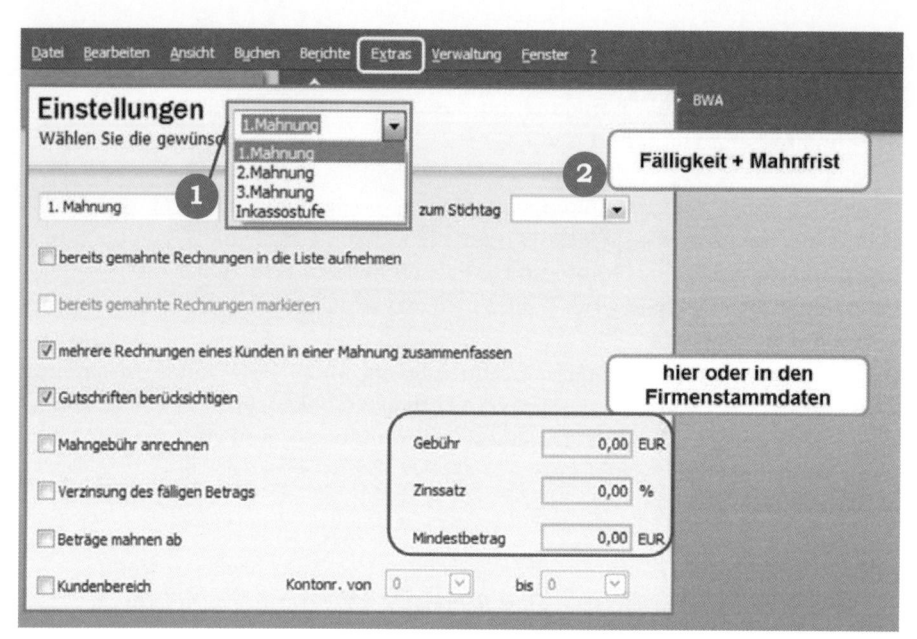

Abb. 4: **Mahnungen erstellen Teil 1:** *Welchen Mahnlauf möchten Sie starten? Den für die* **1. Mahnung** *oder den für die* **2. Mahnung** ❶ *? Ist das gewählt, fehlt nur noch das Fälligkeitsdatum* ❷ *. Alle weiteren Punkte helfen Ihnen dabei, die richtigen Rechnungen zu finden.*

Alle weiteren Felder können Sie je nach Bedarf aktivieren und schon auf der nächsten Seite sehen Sie dann die ausgewählten Rechnungen. In den Versionen pro und premium können Sie die Auswahl der Rechnungen über einen Fälligkeitszeitraum begrenzen. Außerdem müssen Sie hier die Daten **Gebucht bis** und **Fristsetzung bis** ausfüllen, so wird das Mahnschreiben vollständig ausgefüllt.

Schritt 3: Rechnungen auswählen und Mahnungen erstellen

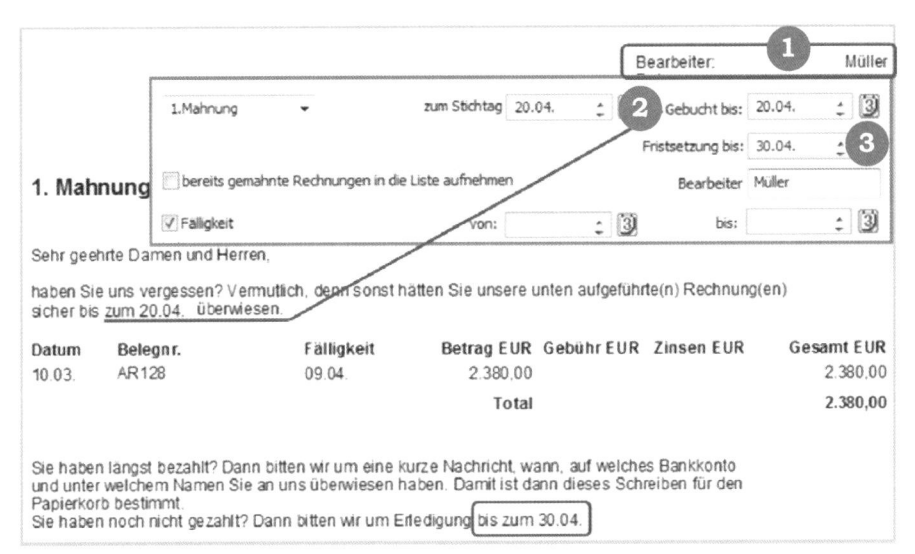

Abb. 5: **Eingaben für das Mahnschreiben in den Versionen pro und premium:**
Hier können Sie zusätzlich den **Bearbeiter** ❶ sowie die Daten **Gebucht bis** ❷ und **Fristsetzung bis** ❸ hinterlegen. Hier sehen Sie, wo diese Daten im Mahnschreiben erscheinen.

Die Mahnschreiben erstellen

Ist das Auswahlfenster ausgefüllt, sehen Sie nach dem Klick auf **Weiter** eine Vorschlagsliste mit allen Rechnungen, für die eine Mahnung erstellt werden könnte. Ist Ihnen die Auswahl zu groß oder fehlt eine Rechnung, sollten Sie über die Funktion **Zurück** Ihre Angaben im Auswahlfenster noch einmal überprüfen. Diese Liste können Sie auch noch bearbeiten.

Entfernen Sie zum Beispiel einen Haken, wird diese Rechnung nicht gemahnt. Außerdem können Sie die Mahngebühren oder Zinsen bei dem einen oder anderen Kunden wieder herausnehmen. Ist die Vorschlagsliste in Ordnung, werden Ihnen die Mahnschreiben nach dem Klick auf **Mahnen** zum Druck in einer Lexware-Formatvorlage oder zum Export in Word angeboten.

> **Übung**
>
> Erfassen Sie bitte zunächst die Angaben zum Mahnwesen in Ihren Firmenstammdaten im Menü **Bearbeiten**. Geben Sie die Daten ein, die auf den vorherigen Bildern gezeigt wurden. Erstellen Sie anschließend die Mahnungen für die beiden offenen Kundenrechnungen, die im vorherigen Beispiel gezeigt wurden. Wählen Sie unter **Extras → Mahnwesen** im Auswahlfenster **1. Mahnung** und geben Sie unter **Stichtag** den 20.04. ein.

Das Mahnwesen nutzen

> Lösung

Ist das erste Fenster ausgefüllt, werden Ihnen nach dem Klick auf **Weiter** alle Rechnungen, für die eine Mahnung erstellt werden soll, angezeigt. Das ist eine Vorschlagsliste, die Sie noch bearbeiten können. Steht dort eine Rechnung, die Sie nicht mahnen möchten, entfernen Sie einfach den Haken. Weiterhin können Sie Zinsen und Mahngebühren auch manuell eingeben oder ändern. Nach dem Klick auf **Mahnen** erhalten Sie die gewünschten **Mahnschreiben**.

*Abb. 6: **Mahnungen erstellen Teil 2:** Hier wird Ihnen die Vorschlagsliste ❶ gezeigt. Nach dem Klick auf **Mahnen** ❷ erhalten Sie zum Beispiel dieses Mahnschreiben ❸. Hier handelt es sich um eines der Standardformulare von Lexware.*

→ Schritt 4: Das Mahnschreiben anpassen und den Vorgang abschließen

Haben Sie das Mahnschreiben an Ihre Bedürfnisse angepasst und an den Kunden geschickt, müssen Sie den Vorgang abschließen, um die Voraussetzungen für die nächste Mahnung zu schaffen.

Schritt 4: Das Mahnschreiben anpassen und den Vorgang abschließen

Das Mahnschreiben anpassen

In den Standardschreiben können Sie Ihr Logo hinterlegen, den Einleitungs- sowie den Haupttext so formulieren, wie er Ihnen gefällt, und vieles mehr. Dazu klicken Sie vor dem Druck auf die Funktion **Formularverwaltung** und wählen eine Formatvorlage aus. Anschließend öffnen Sie über **Bearbeiten** das folgende Fenster.

Dieses Fenster ist in drei Bereiche unterteilt. Wählen Sie zum Beispiel links **Einleitung**, dann sehen Sie in Mitte in rot, wo diese Einleitung im Schreiben steht und rechts sehen Sie den Text, den Sie direkt hier überschreiben können. Klicken Sie auf **Haupttext**, können Sie auch diesen anpassen. So können Sie sich Schritt für Schritt durch die Vorlage klicken und ggf. Änderungen vornehmen. Anschließend speichern Sie Ihre individuelle Vorlage und vergeben dabei unbedingt einen neuen Namen. So finden Sie Ihre Vorlage nicht nur schneller, sie kann auch nach einen Update von Lexware nicht überschrieben werden.

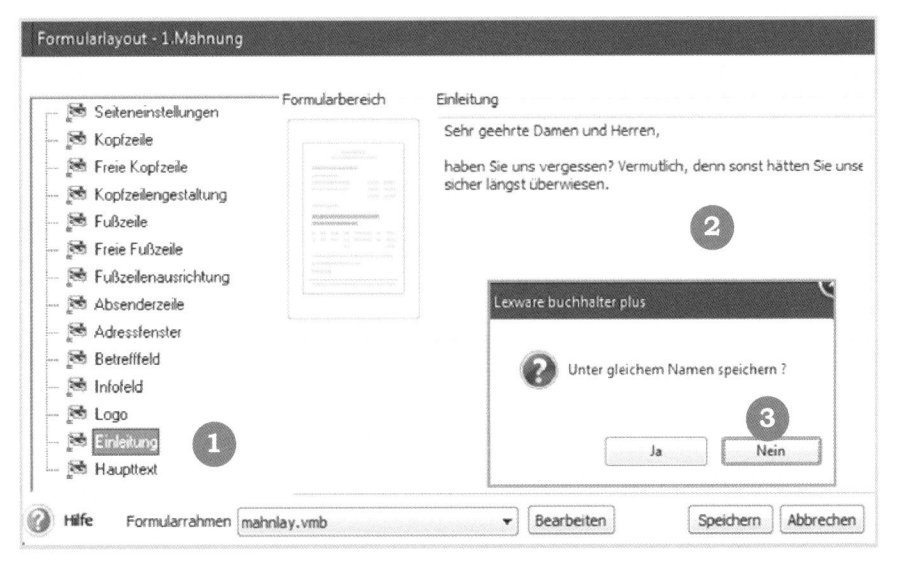

Abb. 7: ***In der Formularverwaltung das Mahnschreiben anpassen:*** *Links wählen Sie den Formularbereich* ***Einleitung*** *aus* ❶ *und rechts können Sie den Text überschreiben* ❷ *. Anschließend sollten Sie dieses Formular unter einem eigenen Namen speichern* ❸ *.*

Die Mahnstufe setzen

Nach dem Druck oder dem Export der Mahnungen stellt Ihnen die Software die Frage: „Soll die Stufe der Mahnung jetzt gesetzt werden?" Erst, wenn Sie diese Frage mit „ja" beantworten, wird der Vorgang abgeschlossen. Denn erst, wenn eine Rechnung zum Beispiel auf die Mahnstufe 1 gesetzt wurde, kann dafür die zweite Mahnung erstellt werden. Gleichzeitig wird der entsprechende Mahnungsstand, M1, M2 oder M3, in der Offenen-Posten-Liste angezeigt.

Weitere Informationen
Video unter www.lexware.de
- Mahnformulare – Texte gestalten, Layout anpassen
- Anpassen von Mahnformularen
- Das Mahnwesen im Lexware buchhalter plus

Den Zahlungsverkehr erledigen

Sie können mit dem Lexware buchhalter Eingangsrechnungen bezahlen oder Geld von Kunden einziehen, wenn Ihnen eine Einzugsermächtigung vorliegt. Sind Bankverbindungen und Einstellungen hinterlegt, können Sie Ihren Zahlungsverkehr mit wenigen Klicks erledigen. Ist der Zahlungsvorgang abgeschlossen, können Sie die offenen Posten automatisch ausbuchen lassen.

Schritt 1: Voraussetzungen für den Zahlungsverkehr	
Die Angaben in den Personenkonten prüfen	Die Offene-Posten-Liste prüfen

Schritt 2: Einmalige Einstellungen für den Zahlungsverkehr	
Ihre Bankverbindung hinterlegen	Programmeinstellungen

Schritt 3: Rechnungen bezahlen und Gelder einziehen	
Die fälligen Rechnungen bezahlen	Gelder von Kunden einziehen

Schritt 4: Die Zahlungen automatisch verbuchen	
Die Zahlungen automatisch verbuchen	Den Kontoauszug nach der Verbuchung erfassen

Den Zahlungsverkehr erledigen

Voraussetzungen für die Übungen	
Hinweise zu den Eingaben	In der ersten Übung werden die Daten von jeweils einem Debitorenkonto und einem Kreditorenkonto ergänzt. Wenn diese noch nicht angelegt sind, können Sie das in der Übung nachholen. Direkt nach der ersten Übung zeigt ein Beispiel zwei Rechnungen, die gebucht sein sollten.

→ Schritt 1: Voraussetzungen für den Zahlungsverkehr

Das Modul **Zahlungsverkehr** holt sich die Bankverbindungen sowie das Fälligkeitsdatum aus den Angaben der Kreditoren- und Debitorenkonten und die offenen Rechnungen aus der Offene-Posten-Liste.

Die Angaben in den Personenkonten prüfen

Für die Buchführung bzw. das Führen einer Offene-Posten-Verwaltung genügt es, beim Personenkonto den Namen und die Zahlungskonditionen zu hinterlegen. Für den Zahlungsverkehr ist die Bankverbindung erforderlich.

> **Tipp**
> Möchten Sie prüfen, bei welchem Lieferanten oder Kunden die Bankverbindung noch fehlt, können Sie sich unter **Datei → Drucken → Kontenplan** eine Adressliste der Personenkonten ansehen.

Fehlt eine Bankverbindung, öffnen Sie den Kontenplan, suchen dort das entsprechende Kreditoren- oder Debitorenkonto aus und markieren es. Nun wählen Sie über die rechte Maustaste die Funktion **Konto bearbeiten** und öffnen links das Register **Bank**. Bei den Debitorenkonten müssen Sie zusätzlich unter **Zahlungskonditionen** die Funktion **Einzugsermächtigung liegt vor** aktivieren.

In den Versionen standard und plus geben Sie hier direkt die Daten ein. Da Sie in den Versionen pro und premium mehrere Adressen hinterlegen können, erscheint nach dem Klick auf **Anschrift** zunächst eine Tabelle. Hier können Sie über die Funktion **Neu** eine neue Adresse anlegen oder über **Bearbeiten** eine Vorhandene ergänzen oder ändern. Sowie ein Adressfenster geöffnet ist, können Sie die Register **Zahlungskonditionen** und **Bank** ausfüllen.

Schritt 1: Voraussetzungen für den Zahlungsverkehr

Übung

Folgende Personenkonten wurden bereits angelegt. Wenn nicht, können Sie das jetzt nachholen. Bisher wurden lediglich die Daten für die Buchführung hinterlegt, die Bankverbindung noch nicht. Bitte erfassen Sie bei den folgenden Personenkonten die Bankverbindung im Kontenplan über die Funktion **Konto bearbeiten**. Aktivieren Sie beim Debitorenkonto zusätzlich die Funktion **Einzugsermächtigung liegt vor**.

	Bürohandel Maurer	Braun GmbH
Kontonummer	72000	20200
Kontoname	Bürohandel Maurer	Braun GmbH
Kundennummer	72000	20200
Firma	Bürohandel Maurer	Braun GmbH
Anrede	Firma	Firma
Bank	Volksbank Freiburg BLZ 68090000, Konto 2222	Volksbank Freiburg BLZ 68090000, Konto 3333
Einzugsermächtigung	nein	ja
Zahlungskonditionen	14 Tage 2%, 30 RG	14 Tage 2%, 30 RG

Sind alle Angaben in den Personenkonten erfasst, können Sie unter **Datei → Drucken → Kontenplan** die „Adressliste Personenkonten" drucken. In dieser Liste sehen Sie auf einen Blick, ob Ihre Eingaben stimmen.

Die Offene-Posten-Liste prüfen

Haben Sie eine Rechnung auf ein Personenkonto gebucht, müssen Sie die Zahlung bzw. den Geldeingang ebenfalls auf dieses Konto buchen. Außerdem müssen Sie vor dem Buchen auf das Feld **OP** klicken und erst dann, wenn die Rechnung ausgewählt ist, auf **Buchen**.

Beispiel

Folgende Rechnungen wurden erfasst und stehen noch in den OP-Listen des Programms. Wenn nicht, können Sie das jetzt nachholen.

Rechnungen Buchen → Stapelbuchen						
Datum	Beleg	Text	Betrag	SOLL	HABEN	Steuer
15.04.	ER 4	RG 570	5.950,00	3400	72000	VSt.19%
10.03.	AR 128	RG 128	2.380,00	20200	8400	USt.19%

Unter **Ansicht** → **OP-Kreditoren** und **OP-Debitoren** können Sie die OP-Listen öffnen. Stehen in der Liste Minusbeträge, sollte es sich um Gutschriften handeln, nicht um Zahlungen oder Geldeingänge.

Hier sehen Sie zwei OP-Listen, beide weisen den gleichen Verbindlichkeitsstand von 5.950 Euro aus. In der oberen Liste sehen Sie was passiert, wenn Sie beim Erfassen der Zahlung gleich auf **Buchen** klicken, statt vorher auf das Feld **OP.** Die Rechnung der Firma Bürohandel Maurer vom 7.04. sowie deren Zahlung vom 11.05. stehen noch in der OP-Liste, obwohl diese beiden Positionen ausgeglichen sind. Das muss bereinigt werden.

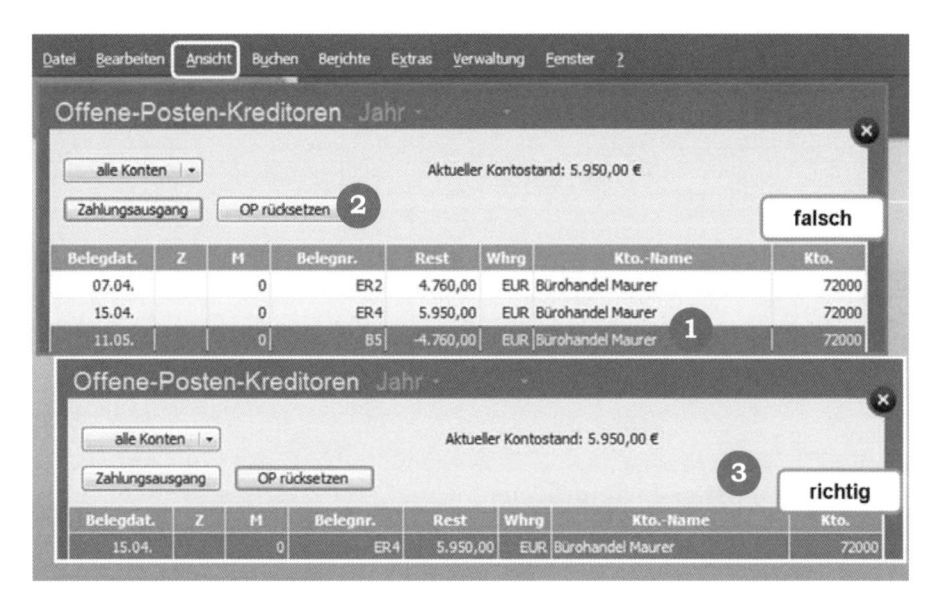

Abb. 1: ***Die OP-Liste überprüfen und bereinigen:*** *Ist die Rechnung über 4.740 Euro sowie deren Zahlung in der „OP Liste"* ❶ *zu sehen, müssen Sie beide Positionen aus der Liste löschen über die Funktion* ***OP rücksetzen*** ❷ *. Erst dann stimmt die OP-Liste* ❸ *.*

In diesem Fall müssen Sie beide Positionen zurücksetzen über die Funktion **OP-Rücksetzen**. Danach sehen Sie, wie in der unteren Liste, nur noch die tatsächlich offenen Rechnungen, denn nur diese sollen bezahlt werden.

Schritt 2: Einmalige Einstellungen für den Zahlungsverkehr

→ Schritt 2: Einmalige Einstellungen für den Zahlungsverkehr

Auch Ihre Bankverbindung sowie die Angaben im Verwendungszweck der Überweisung können Sie fest hinterlegen.

Ihre Bankverbindung hinterlegen

Mit welchem Konto soll gezahlt werden? Auf diesem Konto hinterlegen Sie die Bankverbindung. Dazu wählen Sie im Kontenplan das entsprechende Bankkonto aus, zum Beispiel das Konto „1200 Bank". Über die Funktion **Konto bearbeiten** öffnen Sie das Konto und hinterlegen im Register **Bank** Ihre Bankverbindung.

> **Übung**
>
> Wählen Sie bitte das Konto „1200 Bank" im **Kontenplan** aus und hinterlegen Sie über die Funktion **Konto bearbeiten** folgende Bankverbindung: Volksbank Freiburg, BLZ 68090000, Konto 1111

Abb. 2: ***Bankverbindung im Sachkonto „1200 Bank" hinterlegen:*** *Öffnen Sie dazu das Konto im Kontenplan über* **Konto bearbeiten**. *Ist die Bankverbindung erfasst* ❶ *, können Sie hier zusätzlich Ihre Online-Banking Daten* ❷ *hinterlegen.*

Den Zahlungsverkehr erledigen

Lösung

Ist die Bankverbindung auf dem Sachkonto im Register **Bank** hinterlegt, kann das Programm diese automatisch in die Überweisung übernehmen.

Möchten Sie online-banking mit der Software durchführen, müssen Sie ein Onlinekonto einrichten. Setzen Sie dazu den Haken bei Onlinekonto und klicken Sie auf **Online-Kontakt anlegen/bearbeiten.** Dann öffnen sich weitere Fenster, die Sie durch den Vorgang leiten. Nutzen Sie an dieser Stelle die angebotenen Programmhilfen und sprechen Sie im Zweifel mit Ihren Banksachbearbeitern, sie wissen welche Zugangsdaten Sie bereits haben und nutzen können und welche Ihnen noch fehlen.

Programmeinstellungen

Im Menü **Extras** unter **Optionen** → **Zahlungsverkehr** hinterlegen Sie, welche Daten im Verwendungszweck der Überweisung bzw. des Lastschrifteinzugs übernommen werden, zum Beispiel die Belegnummer, der Buchungstext oder die Lieferanten/Kundennummer. In den Versionen pro und premium können Sie zusätzliche Daten auswählen, wie zum Beispiel das Belegdatum oder den Rechnungsbetrag.

Abb. 3: **Einstellungen für den Zahlungsverkehr:** *Unter* **Extras** → **Optionen** *legen Sie fest, welche Daten im Verwendungszweck der Überweisung oder der Lastschrift stehen sollen* ❶ *. Hier ist die Funktion* **Automatische Buchung Zahlungslauf** *aktiviert* ❷ *.*

Möchten Sie die Funktion **Automatische Buchung Zahlungslauf** nutzen, die im letzten Schritt gezeigt wird, können Sie diese hier aktivieren und zum Beispiel das Konto „1360 Geldtransit" hinterlegen.

→ Schritt 3: Rechnungen bezahlen und Gelder einziehen

Unter **Extras → Zahlungsverkehr** wählen Sie entweder Überweisungen oder Lastschrifteinzug aus, d. h. in einem Durchgang können Sie nur Rechnungen bezahlen und im nächsten nur Gelder einziehen.

Aktivieren Sie die Funktion **Überweisungen,** müssen Sie im nächsten Fenster die gewünschte Zahlungsart auswählen. Hier werden zum Beispiel Überweisung, Scheck, Datenträgeraustausch oder online-banking angeboten. Wählen Sie **Lastschrifteinzug,** stehen Ihnen der Datenträgeraustausch sowie online-banking zur Verfügung. Gleich hier, auf der ersten Seite, wählen Sie auch das Bankkonto aus, mit dem gezahlt werden soll.

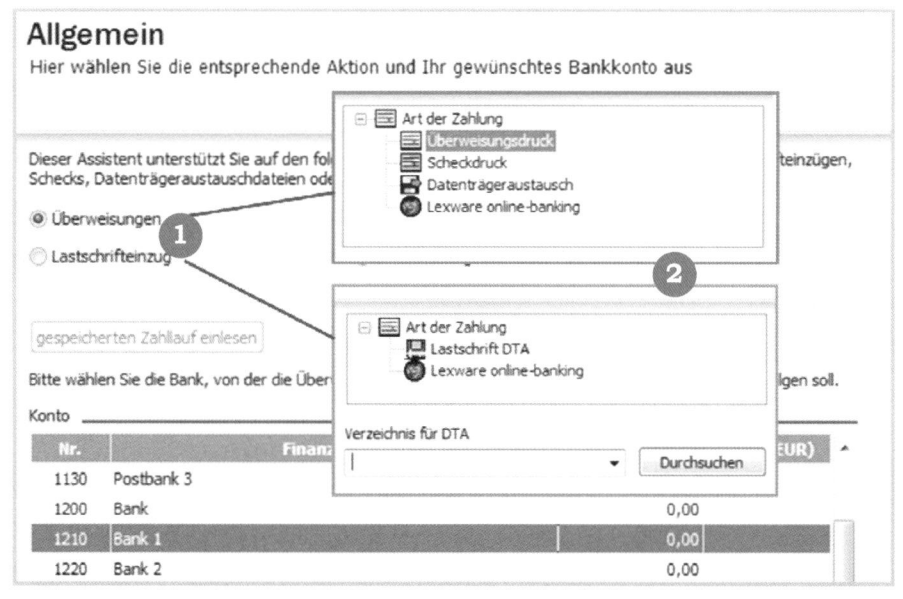

Abb. 4: **Die Zahlungsmöglichkeiten:** *Zunächst müssen Sie sich für* **Überweisung** *oder* **Lastschrift** ❶ *entscheiden. Danach sehen Sie, welche Zahlungsmöglichkeiten Sie jeweils haben* ❷ *.*

Die fälligen Rechnungen bezahlen

Ist die Funktion **Überweisungen** aktiviert und wurde das entsprechende Bankkonto sowie die Zahlungsart ausgewählt, öffnet sich ein Auswahlfenster.
Die verschiedenen Auswahlmöglichkeiten helfen Ihnen, aus allen offenen Rechnungen nur die Gewünschten auszuwählen. Das Programm wird auch Skonti berechnen, wenn Sie diese Funktion aktivieren. Nach einem Klick auf **Weiter** sehen Sie eine Vorschlagsliste mit allen Rechnungen, die gezahlt werden könnten. Ist Ihnen die Auswahl zu groß oder fehlt eine Rechnung, sollten Sie über die Funktion **Zurück** Ihre Angaben im Auswahlfenster noch einmal überprüfen.

Diese Liste können Sie auch bearbeiten. Entfernen Sie zum Beispiel einen Haken, wird diese Rechnung nicht bezahlt. Außerdem können Sie bei jeder Rechnung den Betrag sowie den Verwendungszweck ändern oder ergänzen. Ist die Vorschlagsliste in Ordnung, werden die Zahlungen vorbereitet.

Übung

Erfassen Sie bitte zunächst die Angaben zum Zahlungsverkehr im Menü **Extras → Optionen**. Geben Sie die Daten ein, die auf den vorherigen Bildern gezeigt wurden.

Erstellen Sie anschließend eine Überweisung für die offenen Eingangsrechnungen, die im vorherigen Beispiel gezeigt wurden. Wählen Sie unter **Extras → Zahlungsverkehr** die Funktion Überweisungen und das Konto „1200 Bank". Klicken Sie auf **Überweisungsdruck** und im nächsten Auswahlfenster auf **Alle offenen Rechnungen markieren**.

Lösung

Ist das erste Auswahlfenster ausgefüllt, werden Ihnen nach dem Klick auf **Weiter** alle Rechnungen, die gezahlt werden könnten, angezeigt. Das ist eine Vorschlagsliste, die Sie noch bearbeiten können. Steht dort eine Rechnung, die Sie nicht bezahlen möchten, entfernen Sie einfach den Haken. Weiterhin können Sie den Verwendungszweck sowie den Betrag manuell ändern. Danach wird über den Klick auf **Weiter** die Zahlung ausgeführt.

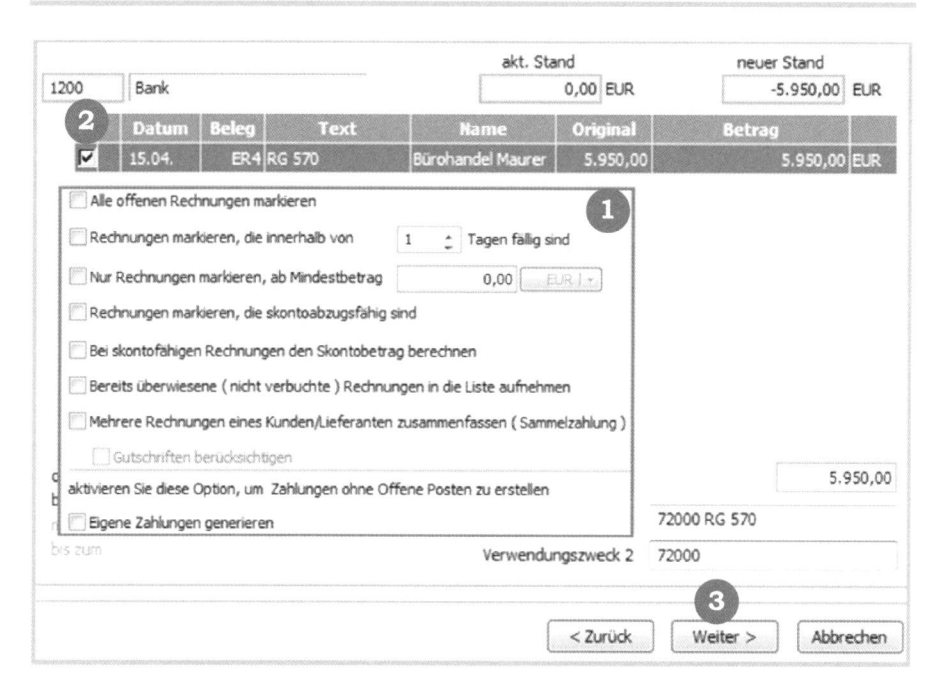

Schritt 3: Rechnungen bezahlen und Gelder einziehen

Abb. 5: **Überweisung durchführen:** *Ist das Auswahlfenster* ❶ *ausgefüllt, wird Ihnen im nächsten Fenster diese Vorschlagsliste* ❷ *gezeigt. Die Rechnung ist angehakt, mit dem Klick auf* **Weiter** ❸ *kann die Zahlung ausgeführt werden.*

Je nach gewählter Zahlungsart wird nach dem Klick auf **Weiter** die Zahlung vorbereitet. Bei Überweisung und Scheck wählen Sie das entsprechende Formular aus und schon kann der Zahlungsträger gedruckt werden. Bei Datenträgeraustausch und online-banking wird der Datensatz erstellt, der an die Bank übergeben oder online übertragen wird.

> **Tipp**
> Sie können mit dem Modul Zahlungsverkehr auch Rechnungen bezahlen, die zuvor nicht gebucht wurden. Aktivieren Sie dazu im Auswahlfenster ganz unten die Funktion **Eigene Zahlungen generieren**.

Gelder von Kunden einziehen

Wählen Sie die Funktion **Lastschrifteinzug**, das entsprechende Bankkonto sowie die Zahlungsart aus, können Sie den Einzug von Kundengeldern vorbereiten. Die Vorgehensweise ist die Gleiche wie bei den Zahlungen.

→ Schritt 4: Die Zahlungen automatisch verbuchen

Haben Sie die Funktion **Automatische Buchung Zahlungslauf** unter **Extras → Optionen → Zahlungsverkehr** aktiviert, können Sie diese jetzt ausführen.

Die Zahlungen automatisch verbuchen

Sowie der Zahlungsvorgang abgeschlossen ist, öffnet sich ein weiteres Fenster für die automatische Verbuchung. Hier tragen Sie das Datum ein und wählen, ob die Buchungen erst in den Stapel oder direkt in das Journal gebucht werden sollen.

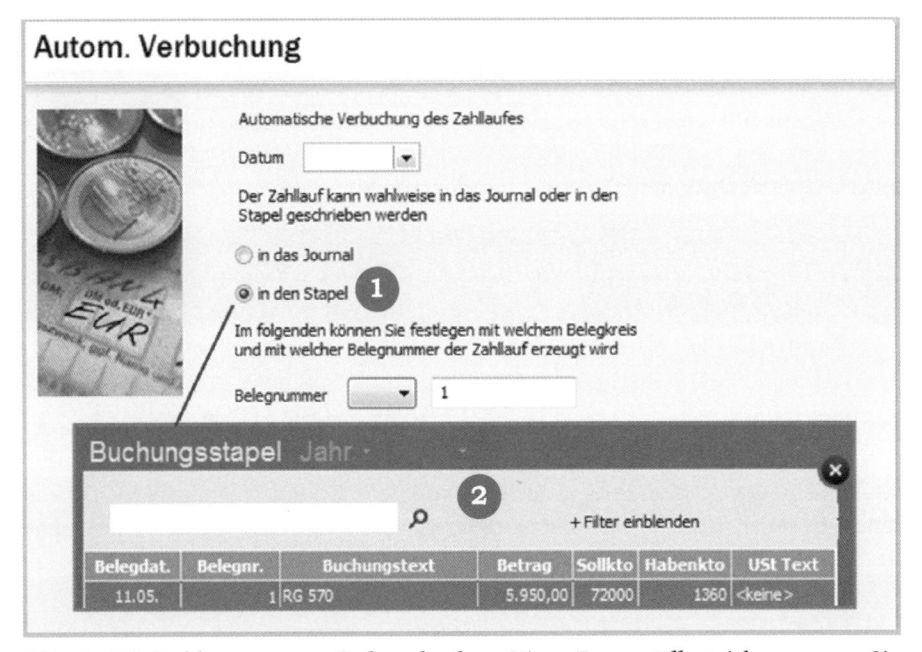

Abb. 6: ***Die Zahlung automatisch verbuchen:*** *Dieses Fenster öffnet sich nur, wenn Sie diese Funktion unter* **Extras → Optionen** *aktiviert und ein Interimskonto hinterlegt haben. Da hier „in den Stapel"* ❶ *gewählt wurde, finden Sie die Buchungen danach im „Buchungsstapel"* ❷ *.*

In diesem Fall wurde beim Aktivieren der Funktion das Interimskonto „1360 Geldtransit" hinterlegt. Im Buchungsstapel sehen Sie, dass die Zahlung über dieses Konto verbucht wurde.

Schritt 4: Die Zahlungen automatisch verbuchen

Durch diese Verbuchung werden automatisch alle Offenen-Posten ausgeglichen, allerdings erst, wenn die Buchungen in das Journal übertragen bzw. der Stapel ausgebucht wurde.

Bei verminderten Zahlungen, z. B. durch Skontoabzug, öffnet sich ein weiteres Fenster. Sobald Sie hier das Minderungskonto eingeben, beispielsweise „3736 Erhaltene Skonti 19% USt.", wird dieser Posten ebenfalls ausgeglichen.

Den Kontoauszug nach der Verbuchung erfassen

Erfassen Sie nun den Kontoauszug, müssen Sie diese Zahlungen und Geldeingänge nicht mehr auf die Personenkonten buchen, sondern immer auf das gleiche Konto, nämlich „1360 Geldtransit".

Sie können auch jederzeit ein neues Konto für diese Buchungen anlegen, indem Sie im Kontenplan das Konto „1360" kopieren, zum Beispiel die Nummer „1361" vergeben sowie eine neue Bezeichnung. Denken Sie daran, anschließend das neue Konto unter **Extras → Optionen → Zahlungsverkehr** zu hinterlegen.

Stichwortverzeichnis

A

abweichendes Wirtschaftsjahr 26, 37
Anlage EÜR 100, 170
Arbeiten mit mehreren Stapeln 53, 187
Ausgangsrechnungen 105, 207, 219
Auswertungen 52, 165

B

Bankverbindung hinterlegen
   – Mahnwesen 109, 213
   – Zahlungsverkehr 109, 121, 223
Belegnummernkreis 29, 41, 58, 73, 82
Berichtseinstellungen 163
Betriebsvermögensvergleich 25, 40
Bilanz 25, 40, 167
   – Handels-/Steuerbilanz 39, 54, 168
Buchungsjahr anlegen 172, 187
Buchungsmaske 49, 67
Buchungsstapel 161
Buchungsvorlagen 60, 63, 88, 146
BWA 104, 167

D

Datenexport 19
Datenimport 21
Datensicherung 17
DATEV
   – DATEV-Export 20, 195
   – DATEV-Kontenzuordnung 195, 204
   – DATEV-Schnittstelle 20, 195

Debitorenkonto 77, 208
Dialogbuchen 45

E

Eingangsrechnungen 117, 219
Einnahmen-Überschussrechnung 25, 40, 107, 119, 169, 177, 183, 191
Elster 166
Eröffnungsbilanz 75, 111, 123, 176, 191

F

Firmenstammdaten
   – ändern 31, 42, 211
   – anlegen 23, 34

G

Gelder einziehen 225
Gewinn- und Verlustrechnung 25, 40, 167
Gewinnermittlungsart 25, 40

I

Internetaktualisierung 13
Ist-Versteuerung 28, 41, 107

J

Jahresabschluss 178, 191
Jahreswechsel 171, 183
Journal 91, 148

K

Kassenbelege erfassen 84
Kassenbericht 91
Konfigurationsassistent 69
Kontenplan 93, 107
Kontensuche 84, 143
Kontenübersicht, individuelle 102
Kontoauszüge erfassen 50, 129, 141, 229
Kreditoren anlegen 117
Kreditorenkonto 118, 126

L

Listeneinstellungen 161

M

Mahnwesen
 - Mahnschreiben anpassen 217
 - Mahnungen erstellen 109, 207, 215
Monatsabschluss 181

O

Offene Posten-Verwaltung 117
Offene-Posten-Liste prüfen 210, 221
OP-Debitoren 114
OP-Kreditoren 126

P

Perioden 54
Periodenabschluss 193
Programmeinstellungen 65

R

Rechnungen bezahlen 225
Rücksicherung 17

S

Saldenvortrag 177, 187
Skontoabzug 136
Soll-Versteuerung 28, 41, 107
Splittbuchung 151
Stapelbuchen 45, 74, 111, 123
Summen- und Saldenliste 21, 104, 150, 198

U

Überweisungen 225
Umsatzsteuerpflicht 28, 35
Umsatzsteuer-Voranmeldung 29, 35, 47, 166

V

Vorjahresbestände 173, 184
Vortragsaktualisierung 183, 191

W

Wirtschaftsjahr 37

Z

Zahlungsverkehr
 - automatisch verbuchen 228
 - Einstellungen 109, 121, 220